Juan Eslava Galán

La Revolución rusa contada para escépticos

Planeta

El papel utilizado para la impresión de este libro es cien por cien libre de cloro y está calificado como **papel ecológico**.

El editor quiere agradecer las autorizaciones recibidas para reproducir las imágenes protegidas en este libro. Se han realizado todos los esfuerzos para contactar con los propietarios de los *copyrights*. Con todo, si no se ha conseguido la autorización o el crédito correcto, el editor ruega que le sea comunicado

Adaptación de la cubierta: Booket / Área Editorial Grupo Planeta
Fotografía de la cubierta: Guardianes de la Revolución en Petrogrado. Rusia, 1917. © Culture-images / fai / Album
Fotografía del autor: © Ricardo Martín
Primera edición en Colección Booket: septiembre de 2018
Segunda impresión: noviembre de 2018
Tercera impresión: febrero de 2019

Depósito legal: B. 16.058-2018
ISBN: 978-84-08-19377-7
Impresión y encuadernación: Liberdúplex, S. L.
Printed in Spain - Impreso en España

La abuela del escritor y vividor José Luis de Vilallonga, novena condesa de la Mejorada, una aristócrata de las de antes, observó mientras tomaba el té en su servicio de plata: «Siento un infinito desprecio hacia los pobres». Y como sus contertulios se quedaran con la boca abierta, explicó: «Sí, porque, ¿cuántos son ellos? Millones. Y los ricos, ¿cuántos somos? Muy pocos. Pero aquí estamos desde hace siglos sin que a nadie se le ocurra hacernos nada».[1]

No

No hay bandera que valga un solo muerto.
No hay fe que se sujete con el crimen.
No hay dios que se merezca un sacrificio.
No hay patria que se gane con mentiras.
No hay futuro que viva sobre el miedo.
No hay tradición que ampare la ignominia.
No hay honor que se lave con la sangre.
No hay razón que requiera la miseria.
No hay paz que se alimente de venganza.
No hay progreso que exija la injusticia.
No hay voz que justifique una mordaza.
No hay justicia que llegue de una herida.
No hay libertad que nazca en la vergüenza.

ENRIQUE GRACIA TRINIDAD

1. Villalonga, 2001, p. 354.

Índice

Introducción

Me llamo Mijaíl Petrov.

He asesinado a nobles, he incendiado palacios, he saqueado mansiones.

No soy un bárbaro. Solo soy un revolucionario, un hombre libre, un patriota que ha enmendado la gran injusticia de la madre patria, de Rusia.

Antes de juzgarme os conviene saber que, en tiempos de mi bisabuelo, más de la mitad de los campesinos rusos, los *krepostnoy krestyanin* como nos llamaban, éramos esclavos propiedad de los señores locales.

¿Creéis que exagero? Más de veintidós millones de criaturas se compraban y vendían con las fincas, como las vacas y los árboles. El amo podía venderlos o hipotecarlos. Éramos ganado. A un tío mío su amo lo cambió por un galgo.

Ya sé que os resultará difícil admitir que en Europa hace tan solo medio siglo perdurara la esclavitud, pero ese era el orden natural en Rusia desde muchas generaciones atrás. Decíamos: Dios es el dueño del mundo; el zar es dueño de Rusia y el amo es el dueño de la tierra y de las almas que la habitan.[2]

2. Para contar el número de siervos se usaba la palabra *alma*. Según el censo de 1834 existían en Rusia unos catorce mil propietarios de más de mil almas. Los latifundios eran proporcionales a la escala de Rusia: el famoso mecenas de Beethoven, el conde Andréi Razumovski (después

La vida de un siervo consistía en deslomarse trabajando de sol a sol sin más compensación que un pegujal miserable del que debía sacar alimento para que su familia no pereciera de hambre.

Mi bisabuelo se ponía a cuatro patas sobre el barro para que su amo se sirviera de él como escabel para subirse al caballo. Un día lo pisó en mala postura y le quebró una costilla. Se la curaron mal, se infectó por dentro y, como consecuencia, murió.

En su memoria, mi Mosin Nagant, este fusil que me acompaña como una novia, se llama Costilla Rota. Su culata ha aplastado algunos costillares nobles y ha pulverizado muchas vitrinas y muchos espejos en los palacios dorados que incauta la revolución.

Mi bisabuelo murió en 1859, dos años antes de que el zar Alejandro II liberara a los siervos.

Os parecerá que el zar fue generoso. No, el suyo fue un gesto inútil. Sobre el papel los antiguos esclavos se convertían en ciudadanos libres con derecho a comprar las tierras de los amos, pero ¿de dónde iban a sacar el dinero? Seguimos como estábamos, con la diferencia de que el amo dejó de cuidarnos (ya no éramos propiedad suya), pero no de explotarnos.

Algo cambió, lo reconozco. Mi abuelo labraba en las fincas del amo como había hecho siempre, pero ya no servía de escabel al señor como su padre. Él solo juntaba las dos manos, los dedos trenzados en forma de estribo, para que el señor apoyara la puntera de la bota al subirse al caballo.

Mi padre se atrevió a dejar la tierra y se vino a San Petersburgo, a las fábricas. No penséis que mejoró mucho su suerte. Al principio dormía en el propio taller, sobre la tarima de los remachadores, respirando humo y miseria. Después pudo trasladarse a una vivienda de obreros en la que se hacinaban veinte en una habitación.

Mi padre trabajaba quince horas diarias, seis días por semana. Y si caía enfermo, dejaba de percibir el salario. Murió en el

---

príncipe), poseía 140.000 almas o siervos machos, número que, si contamos las hembras, asciende a más de 300.000. El duque Nikolái Yusúpov poseía 250.000 hectáreas y 17.000 almas.

Domingo Sangriento de 1905, cuando la guardia zarista disparó sobre una manifestación pacífica que se acercaba al palacio real para entregar una carta al zar.

Yo no he ido a la universidad, pero he leído libros de historia. Algo he aprendido sobre la explotación del débil por el poderoso.

En tiempos remotos todos los hombres eran iguales, vivían en cuevas y se repartían lo que recogían del campo o lo que cazaban. Eso duró hasta que descubrieron la manera de cultivar cereales y de criar ganado. Al convertirse en agricultores y ganaderos produjeron excedentes que permitían alimentar a individuos no directamente productivos, pero necesarios (burócratas y guardias). Así surgieron la propiedad y el Estado.

Lo malo es que la producción de excedentes también favorece la especulación (acaparar recursos y negociar con ellos) y pronto hubo pobres y ricos, explotadores y explotados.

El débil busca la protección del fuerte y se la paga trabajando para él. Por la ley de la fuerza bruta, el matón se promocionó a jefe del poblado. Los matones se establecieron como gobernantes y administraron el granero comunal (o dicho en términos económicos, los excedentes de riqueza, las plusvalías), lo que les permitía adquirir los bienes de prestigio propios de su estatus.

Eso es lo que nos enseña la historia: que de esos matones proceden, en última instancia, las monarquías en las que una minoría privilegiada, la nobleza y el alto clero, explotaba al pueblo llano. Eso duró hasta que la Revolución francesa acabó con los privilegios de la nobleza; dijeron: a partir de ahora, igualdad, libertad y fraternidad.

Fue un paso adelante, pero no suficiente, porque nació una nueva aristocracia, la del dinero. La burguesía propietaria de la tierra y de las fábricas dominaba los medios de producción y amasaba fabulosas fortunas exprimiendo al obrero a cambio de salarios de miseria.

Un obrero produce con su trabajo cien rublos mensuales, pero solo recibe un salario de diez. Si descontamos a esa unidad de trabajo treinta rublos de materia prima y renovación de maquinaria, el dueño de la fábrica gana sesenta rublos por cada obrero.

Esos sesenta rublos de plusvalor que el proletario crea por encima del valor de su fuerza de trabajo, de su salario, se los apropian los capitalistas. Ellos son cada vez más ricos mientras que los proletarios somos cada vez más pobres.

El proletariado (óleo de Pelliza da Volpedo, 1901).

CAPÍTULO 1

Marx en la Británica

Hace unos años, el que esto escribe pasó una temporada trabajando en Londres, en la National Library cuando la venerable institución todavía compartía edificio con el British Museum. Después de unos días noté que por muy temprano que llegara siempre había dos o tres usuarios aguardando impacientes a que abrieran la puerta. Cuando el ujier apartaba solemnemente el cordón de la entrada, exactamente *at nine o'clock*, los susodichos salían disparados como galgos y se disputaban el asiento 07.

¿Qué tenía de particular el 07? En apariencia era uno más de los cerca de doscientos asientos que ofrecía la sala de lectura bajo la imponente cúpula de cristal y hierro colado diseñada por Sydney Smirke.

—¿Por qué se disputan ese asiento, qué tiene de especial? —le pregunté a uno de los bibliotecarios de bata azul que servían en el *request desk*.

Se sonrió.

—Esperan recibir un soplo de inspiración del profeta, supongo.

—¿El profeta?

—Sí, hombre, Karl Marx, el fundador de la última gran religión monoteísta. En ese preciso pupitre instaló sus posaderas durante años. Venía aquí en busca del sosiego tan necesario para un intelectual, que en su casa no tenía, aparte de por ahorrar calefacción. Ahí escribió gran parte de su obra.

En aquel tiempo no diferenciaba yo mucho a Karl de Groucho, el otro Marx famoso. Movido por la curiosidad me dirigí a las estanterías de referencia y consulté la omnisciente *Enciclopedia británica*. No sin asombro descubrí que el hombretón barbudo está considerado la figura histórica más influyente, detrás de Jesucristo y seguido de cerca por Mahoma (que, viendo cómo está el mundo, quizá pronto lo sobrepase).

Supe que el gran benefactor de la humanidad había nacido en el reino de Prusia, en el seno de una acomodada familia judía recientemente convertida al luteranismo para ahorrarse disgustos.

Supe que se escapó de hacer el servicio militar alegando «debilidad de pecho» y que el padre se empeñó en que estudiara derecho, aunque él, rebelde, prefirió historia y literatura.

Supe que fue un alumno irregular y algo jaranero. Aficionado a la cerveza y al aguardiente, llegó a ser vicepresidente de la Taberna de Tréveris, un alegre club de estudiantes.

Supe que el famoso intelectual, filósofo y profeta padre del socialismo científico, del comunismo moderno, del marxismo y del materialismo histórico, no consiguió sustraerse a la institución burguesa de la familia: a los dieciocho años se comprometió con una amiga de su infancia, la atractiva baronesa Jenny von Westphalen, cuatro años mayor que él, con la que tendría seis hijos.

Terminados los estudios, el joven Marx concibió el proyecto de redimir a la humanidad de sus lacras y empezó a predicar su buena nueva en la prensa radical, una actividad que le acarreó frecuentes disgustos y lo obligó a exiliarse primero en París y luego en Londres.

¡Marx en Londres! Un apuesto mozancón treintañero con poblada barba y sin un céntimo en el bolsillo. Desembarcó en el Támesis y se instaló en un apartamento miserable de Dean Street, en el Soho, el barrio bohemio de las tabernas y los prostíbulos. Allí sobrevivió en condiciones de extrema pobreza, sin un penique para un café o un corte de pelo, incluso con desahucios y acoso de acreedores.[3] De estos apuros lo redimieron la ayuda

3. Un visitante describe así la vivienda: «Los muebles y los accesorios del piso de dos habitaciones en que vivían estaban rotos, raídos o desga-

pecuniaria de su amigo y colega Friedrich Engels, y, sobre todo, la herencia de la sufrida esposa.

Más repuesto económicamente, se pudo mudar a una casita con siete habitaciones y jardín en Grafton Terrace, 9, cerca de Hampstead Hill. Aquí el gran filósofo pudo permitirse incluso una criada (hoy él preferiría llamarla asistenta), Helene Demuth, a la que, consecuente con sus ideas desprejuiciadas, trató con tanta familiaridad que le hizo un hijo, Freddy Demuth, cuya paternidad, temeroso de la reacción de la legítima, endosó a su amigo y benefactor Engels, un hombre paciente que lo mismo servía para un roto que para un descosido. Tampoco molestó mucho el rapaz porque lo dieron en adopción y acabó siendo un solvente tornero, sin interés alguno por la política.[4]

Cerré el tomo de la *Británica*, ese pozo de sabiduría, enterado por fin de quién era Marx, el profeta que predicó a la humanidad la nueva religión socialista.

El empleado que me había revelado el secreto del asiento 07 se me acercó con una sonrisilla de conejo.

---

rrados, con un dedo de polvo cubriéndolo todo. En el centro del salón principal que daba a Dean Street había una gran mesa cubierta con un hule en el que se apilaban manuscritos, libros y periódicos de Marx, además de los juguetes de los niños, trapos y retales del costurero de su mujer, varias tazas con los bordes rotos, cuchillos, tenedores, lámparas, un tintero, vasos, pipas de arcilla holandesas y una gruesa capa de cenizas de tabaco. Encontrar un lugar donde sentarse no estaba exento de peligro. "Hay una silla con solo tres patas; en otra silla, los niños han estado jugando a las cocinillas; casualmente esta silla tiene cuatro patas —informó un invitado—. Esta era la que se ofrecía a las visitas, pero los potingues de los niños no han sido retirados; si uno se sienta, se arriesga a perder un par de pantalones"» (Wheen, 2015, p. 127).

4. Breve inciso: es un hecho que los grandes benefactores de la humanidad suelen descuidar a la propia familia. Otro que tal, Jean-Jacques Rousseau, el apóstol precursor de la Revolución francesa *(El contrato social)* y gran teórico de la educación infantil *(Emilio o De la educación)*, se casó con una modista analfabeta, Thérèse Levasseur, a la que hizo cinco hijos que, sin solicitar la opinión de la madre, entregaba al hospicio a medida que nacían.

—Como veo que usted se interesa por el tema le revelaré que otro famoso comunista también frecuentó esta biblioteca.

—¿Otro?

—Vladimir Lenin, solo que el taimado andaba siempre de incógnito, la barba al hombro, temeroso de los agentes de la Ojrana y firmaba Jacob Richte.

—¿La Ojrana?

—La policía secreta del zar, hombre de Dios. ¿Es que no ha visto *Doctor Zhivago*, la inmortal película de David Lean?

—Sí que la vi, pero solo me fijé en Julie Christie.

Lenin en su ficha policial de 1895.

CAPÍTULO 2

El huevo de cuco moscovita

En sus comienzos, Marx y su socialismo tuvieron que habérselas con la enconada competencia del anarquismo representado por Mijaíl Bakunin, otro barbudo empeñado en redimir a la humanidad.

El caso es que Bakunin comenzó su andadura como discípulo de Marx, pero luego dio en pensar por su cuenta, lo que Marx jamás le perdonó, por eso lo difamaba acusándolo de ser agente al servicio del Gobierno zarista, «el huevo de cuco moscovita».[5]

En este punto hemos de hacer un inciso para notar que en los inicios mismos del comunismo, aún en el vientre de sus barbudos padres, cuando aún no han expulsado la placenta, ya inician los odios africanos al hermano que se aparta un milímetro de la doctrina oficial. En ello se manifiesta su carácter religioso: desde

5. Bakunin describió su amistad con Marx en muy cálidos términos: «Fuimos bastante amigos [...]. Entonces yo no sabía nada de economía política y aún no me había liberado de las abstracciones metafísicas. Mi socialismo era tan solo instintivo [...]. Nos vimos a menudo, porque yo lo respetaba mucho por su sabiduría [...]. Buscaba con avidez su conversación, siempre instructiva y espiritual cuando no estaba inspirado por un odio mezquino, lo que, por desgracia, sucedía con mucha frecuencia. Sin embargo, no existió entre nosotros una verdadera intimidad. Nuestros temperamentos no se soportaban. Él me llamaba idealista sentimental, y tenía razón; y yo a él, vanidoso y pérfido, y también tenía razón» (López Cortezo, 1976, pp. 14-15).

el comienzo las desviaciones se consideran herejías que deben castigarse severamente.

Debido al avance de los tiempos, los comunistas, aunque tienen sus inquisiciones (las checas), no incurren en barbaridades retro como condenar a la hoguera, pero castigan al desviado expulsándolo a las tinieblas exteriores o, si las circunstancias lo permiten, enviándolo a un gulag de Siberia, albergándolo para una larga temporada en una cárcel castrista, o simplemente eliminándolo con el típico tiro en la nuca (Stalin, Mao, Pol Pot). En casos de extrema artesanía, cuando sobran tiempo y ganas, lo pueden desollar como a san Bartolomé (lo que le hicieron a Andrés Nin). Conste que no es criticar, es referir. Si en el fondo no sintiera una viva simpatía por el comunismo, no estaría escribiendo este libro.

El caso es que Marx y Bakunin coincidían en ciertas cosas: los dos querían arrebatar a la burguesía los medios de producción para devolvérselos a la clase trabajadora.

El campo para el campesino; las fábricas para los obreros. Que los propietarios se pongan el mono de trabajo y arrimen el hombro como currantes. Fuera privilegios. Seamos todos iguales.

Sonaba bien. En lo que Marx y Bakunin diferían era en el camino para lograrlo.

—Los obreros tienen que formar partidos políticos y concurrir a elecciones —sostenía Marx.

Bakunin discrepaba.

—¿Qué pinta un obrero en un partido burgués? Lo que los liberará de las cadenas del capitalismo son los sindicatos de clase.

Marx creía en un Estado regido por los obreros industriales (la dictadura del proletariado).

Bakunin aspiraba a una revolución campesina que suprimiera el Estado sin pasar por ninguna otra etapa.

Al principio, las dos figuras se toleraron mutuamente, a pesar de sus discrepancias, pero las cortesías se convirtieron en odio africano cuando Marx se involucró en la Asociación Internacional de Trabajadores (también conocida como Primera Internacional) en 1864.

Desde entonces, socialismo y anarquismo se han disputado a la clase obrera. Con ventaja, hay que reconocerlo, para los socialistas, más disciplinados que los anarquistas.[6]

Bakunin nos ha dejado un retrato moral de Marx poco favorecedor: «Es el ser magnánimo que concede honores a los que lo obedecen, pero también es el instigador pérfido y alevoso, nunca abierto, de la persecución de las personas de las que desconfía o que han tenido la desgracia de no rendirle los honores que esperaba [...]. Basta con que él designe a una persona para que sea víctima de persecución y al punto se abata sobre ella una oleada de injurias, sucias invectivas y ridículas e infames calumnias en todos los periódicos socialistas, republicanos y monárquicos».[7]

No es mi intención descabalgar a san Marx de los altares en que lo encumbran los miembros de su secta, pero rastreando otras opiniones de personas que lo trataron en vida se confirma que, al parecer, estaba aquejado de cierta soberbia intelectual. Su tocayo, compatriota y conmilitón Carl Schurz[8] nos ha dejado este retrato del prócer:

> Treintón, corpulento, de frente ancha, de cabello y barba intensamente negros como su fulgurante mirada. Poseía fama de gran erudito en su especialidad, y dado que yo sabía muy poco de sus descubrimientos y teorías socioeconómicas, estaba deseoso de escuchar palabras sabias de los labios de ese hombre famoso [...]. El caso es que me defraudó: nunca he conocido a una persona tan presuntuosa e hiriente. A ninguna opinión que divergiera de la suya le concedía el honor de una consideración mínimamente respetuosa. A cualquiera que le contradecía lo trataba con un desprecio apenas encubierto. Cualquier argumento que le desagradaba lo contestaba con una cáustica burla sobre la deplorable ignorancia,

6. La disolución casi completa del anarquismo ocurrió a principios del siglo xx, excepto en España, donde se mantuvo saludable hasta la guerra civil.

7. Enzensberger, 2009, p. 103.

8. Carl Schurz moderó sus ardores revolucionarios después de emigrar a Estados Unidos, combatió en la guerra de Secesión y llegó a embajador en España.

o bien sospechando de los motivos de aquel que se había atrevido a manifestarse.[9]

O sea, el típico sectario dogmático que se cree en posesión de la verdad.

Indagando sobre Marx y aprovechando que estaba en Londres fui a visitar su tumba en el cementerio de Highgate, distrito de Camden. Después de aflojar las cuatro libras que te extirpan por la entrada (una vergüenza hasta qué punto se aprovechan los capitalistas de la devoción del obrero) accedí a la tumba del apóstol costeada por comunistas británicos en 1955. Es minimalista, pero lujosa: una cabeza gigantesca del gran hombre sobre un pedestal de granito rosado en el que han esculpido su frase más famosa, la última línea del *Manifiesto comunista*: *Workers of all lands, unite* (o sea, «Proletarios de todos los países, uníos»).

Marx y Engels.

9. Enzensberger, 2009, p. 122.

CAPÍTULO 3

La vidorra de los privilegiados

En páginas venideras vamos a asistir a los horrores de la revolución soviética. Conviene que antes nos asomemos al abismo social que imperaba en Rusia, que veamos cómo vivían los ricos y cómo vivían los pobres.

Por el tiempo en que Marx componía su obra monumental en la British Library, el escritor y diplomático Juan Valera estuvo destinado en la embajada española en San Petersburgo. En sus cartas, interesantísimas y a ratos picantonas, encontramos abundantes referencias al obsceno boato en que vivía la aristocracia rusa.

> Le he hablado a usted del lujo asombroso de los grandes señores rusos. Cada día me maravillo más de este lujo [...]. Cada día tenemos una comida y cada día vemos un nuevo y magnífico palacio. Ayer comimos en casa de la princesa Yusúpov. La escalera, de mármol, es regia y estaba brillantemente iluminada. Desde la entrada de la casa hasta el último salón, todo a una temperatura de dieciséis a dieciocho grados. Plantas y árboles intertropicales adornaban todas las estancias [...]. Lacayos de gran librea estaban en gran número en las escaleras y en la antesala. En los salones dorados, en que nos recibió la princesa, había mil objetos preciosos y del mejor gusto. El comedor es una obra maestra de arquitectura. La hermosa bóveda que lo cubre se apoya en una infinidad de elegantes columnas corintias de notable grandeza [...]. Ocultos detrás de una cortina, y en otra sala inmediata, treinta músicos,

criados todos de la casa, tocaron y tocan diariamente durante la comida, con gran primor e inteligencia. Cuando cesaba por un momento la orquesta, se percibía claramente el murmullo del agua de las fingidas grutas y el canto de los pájaros allí aprisionados, en el metal de las doradas rejas. Lindísimos primores artísticos de antigua porcelana de Sajonia, pastores y zagalas Pompadour, figuras alegóricas y divinidades del Olimpo cubrían la mesa. La comida no hay más que decir sino que, como otras de las que ya le he hablado a usted, y aun acaso mejor que otras, fue la quinta esencia de todo lo fungible y grato al paladar. Después de la comida fuimos a tomar el café a un salón elegantísimo e inmenso, donde hasta entonces no habíamos estado y que debe de ser el cuarto donde de diario está la princesa. No he visto nunca habitaciones más cómodas, ni muebles mejor dispuestos y agrupados para la *causerie*. Los muros de este gran salón estaban, en parte, cubiertos de riquísimas maderas esculpidas con prolijidad y buen gusto; en parte pendían de ellos antiguos y costosos tapices de gobelinos, que representan las aventuras de Meleagro y que es, cada uno de ellos, una obra de arte. No describo los demás objetos por no cansarlo a usted; solo mencionaré tres vasos de porcelana de Sèvres, que pertenecieron a María Antonieta, y que son, en efecto, dignos de una reina.

La princesa, que está viuda, y que tiene en París un hijo, agregado a la legación de Rusia, es una señora ya de cierta edad, pero amable y simpática por todo extremo. Las alhajas con que se adorna la hacen parecer hermosa todavía. Cuenta, entre sus diamantes, la célebre Estrella Polar, y tiene collares de perlas blancas, negras, de color de rosa, y hasta de color de chocolate [...]. Los helados son aquí excelentes. Escuela napolitana, como en París, pero llevada a tal extremo de delicadeza, que no los encontrarás iguales en Tortoni ni en el Café de Europa, en Nápoles, [...] los mejores vinos del mundo llegan aquí para que esta gente los beba. Los vinos del país, juzgan estos señores que aún no son dignos de servirse en las mesas elegantes.[10]

En el palacio de Tsárskoye Seló, residencia de la familia imperial, fuimos presentados al emperador [...]. Luego nos retiramos a

10. Carta a Leopoldo Augusto de Cueto fechada en San Petersburgo, 1 de enero de 1857.

nuestras habitaciones, porque como el palacio está a cuatro o cinco leguas de Petersburgo, nos habían alojado en él.

A las siete y media de la noche fuimos presentados a la emperatriz. A las ocho asistimos a una función dramática que se dio en una gran sala de palacio preparada como teatro. La Magdalena Erohan era la principal actriz. Por último tuvimos una gran cena. Había mucha gente. Esclavos negros, con turbantes y muchos oros y colorines; y unos ciudadanos, con unas mitras singularísimas, de las cuales salen penachos de plumas de avestruz que caen formando ramos como los de las palmeras, nos sirvieron de comer y de beber.

El palacio es inmenso y rico, pero de un mal gusto y de una extravagancia churriguerescas. Para llegar desde nuestro cuarto al salón en que nos recibió el emperador tuvimos que andar, siempre en línea recta, 457 pasos, que mi compañero Quiñones, que es matemático, tuvo la paciencia de contar, y atravesamos veintiocho salones a cual más lujoso. Los esclavos negros nos abrían las puertas de par en par cuando nos acercábamos. Dos de mitras y plumas nos precedían. El gran maestro de ceremonias marchaba al lado del duque. Al mi lado caminaba un acólito suyo. El duque iba resplandeciente como un sol, todo él lleno de relumbrones, collares y bandas. Su excelencia comió al lado derecho del archiduque Konstantino, que a su vez estaba al del emperador, y cenó al lado de su majestad la emperatriz.[11]

11. El archiduque Konstantino Nikoláievich de Rusia (1827-1892) era el segundo hijo varón del zar Nicolás I y de la zarina Carlota de Prusia (Alejandra Fiódorovna) y miren por dónde tatarabuelo de la reina emérita de España doña Sofía. La hija mayor de Konstantino, la archiduquesa Olga Konstantinovna Románova, se casó con el rey Jorge I de Grecia (un príncipe danés nacido Guillermo de Schleswig-Holstein-Sonderburg-Glücksburg, que modificó su nombre cuando los británicos le regalaron el trono de Grecia, reino de nueva creación recién liberado de los turcos). Lo sucedió su hijo Konstantino, rey de los helenos (1868-1923), que se casó con la princesa Sofía de Prusia. El hijo de esta pareja, Jorge II, rey de Grecia, tío de Sofía, transmitió la corona a su hermano Pablo I, padre de nuestra Sofía. Por eso nuestra reina emérita se llama Sofía de Grecia y Dinamarca y pertenece a la casa de Glücksburg (en realidad Schleswig-Holstein-Sonderburg-Glücksburg), rama de la dinastía danesa de Oldemburgo. Debido a los intrincados enlaces entre casas reales europeas, lo

> Después de tantos agasajos y honores, nos volvimos a nuestros cuartos, nos quitamos las galas y regresamos a San Petersburgo en un tren especial del ferrocarril que hay desde aquí a aquel sitio. Eran las tres de la mañana.
>
> Hoy he visto el Palacio de Invierno, que es portentoso. El tesoro imperial, esto es, las joyas de la corona, y no sé cuántas grandezas más.[12]

Repasando la correspondencia de Valera da la impresión de que la aristocracia rusa era, con mucho, la más rica y derrochona de Europa.

—Porque era también la más explotadora de la masa proletaria —habría observado, con mucha razón, nuestro amigo Marx (Karl, no Groucho).

Sigamos con Valera:

> Llueven sobre nosotros los obsequios y los convites. Ya hemos ido a comer en casa de Gortchakov, de Nesselrode, del ministro de Austria, del gran maestro de ceremonias, conde de Borch, y aún estamos convidados por el ministro de Holanda, por el de Prusia, por la princesa Kotchubey, y por no sé cuántos personajes más. Las tertulias empiezan también, y, como creo haberle ya dicho a usted, he asistido a dos clases de tertulias: las de las Aspasias y Lais,[13]

---

normal hasta que los herederos empezaron a casarse con plebeyas, nuestra Sofía desciende de siete zares de Rusia, dos emperadores de Alemania, ocho reyes de Dinamarca, cinco de Suecia, cinco de Grecia, un rey de Noruega y una reina de Inglaterra. Don Juan Carlos tampoco se queda corto de linaje, pues desciende de los Borbones, de los Puigmoltó, de los Austria, de los Trastámara y de la casa de Borgoña. En lo sucesivo prometo ser menos prolijo. Es que hablar de la realeza es como sacar cerezas de un cestillo.

12. Carta a su madre fechada en San Petersburgo, 16 de diciembre de 1856. El Palacio de Invierno era la residencia oficial de los zares, hoy Museo del Hermitage.

13. Aspasia y Lais eran dos prostitutas de alto *standing* en la Grecia clásica. Tratando con Valera es inevitable que aparezcan estas referencias erótico-culturales. Además de sabio en saberes clásicos era aficionado a cuanto ellas puedan tener de hospitalario.

donde siempre se termina la función en cancán y semiborrachera, y las de la alta sociedad, que no pueden ser más elegantes y encopetadas. En estas tertulias se cena siempre. Aquí no se concibe diversión alguna en que no se manduque algo. Anoche recibió la princesa Kotchubey en su magnífico palacio. Se bailaron muchos rigodones, valses, polcas y mazurcas, que es el baile nacional de por aquí, y lo bailan divinamente, y terminó la función a las cuatro de la mañana, después de haber cenado opíparamente.

Ni en las casas más aristocráticas y ricas de París y Londres se come mejor y con tanta elegancia [...].[14]

El arte culinario ha llegado aquí al último extremo de perfección, y no puede usted imaginarse qué combinaciones tan sabias y qué inventiva tan acertada y fecunda forman y tienen los cocineros. Pero yo sé de buena tinta que no son ellos solos los que combinan, inventan y discurren. Siempre que un señor *comm'il faut* da una comida *priée*, hace venir a su cocinero a su gabinete y discute con él concienzudamente la mejor manera de agasajar a sus huéspedes, y de saturar deliciosamente el estómago con los más alambicados extractos de todas las cosas fungibles. De estas discusiones nacen luego estas comidas tan maravillosas.[15]

No fue solo nuestro paisano, que era *bon vivant* e inclinado a disculpar las debilidades, el que se escandalizó del lujo y la holganza de la aristocracia rusa. La propia zarina Alejandra, de origen alemán y no demasiado boyante, quedó escandalizada cuando constató cómo se despilfarraba en Rusia: del norte de Francia se importaba champán, la bebida de moda, a todas las cortes de Europa, pero solo la rusa importaba además rosas, lilas y mimosas frescas que Dios sabe a qué costo llegaban puntualmente del sur de Francia para que los caballeros cortejaran a sus esposas y amantes.

14. Carta fechada en San Petersburgo, 6 de enero de 1857.

15. Carta a Leopoldo Augusto de Cueto fechada el 28 de diciembre de 1856. Añadamos que muchos de estos cocineros eran franceses y que en esta Rusia zarista pudiente y manirrota se forjaron algunos de los más celebrados platos de la cocina francesa, como la famosa ensaladilla rusa, creada hacia 1860 por Lucien Olivier, chef del restaurante moscovita Hermitage. No se parecía demasiado a la nuestra.

Cuando supo Alejandra que las damas rusas que vivían rodeadas de ese lujo indecente también se implicaban en empresas caritativas con los pobres dijo: «Probablemente las que lo hacen serán excepciones, porque no veo cómo mujeres que van al baile cada noche durante el invierno pueden pensar en nada serio durante el verano y, además, invierten casi todo su tiempo en el extranjero comprando vestidos para la próxima temporada».[16]

Un aristócrata ruso reciclado en revolucionario (muchos lo hicieron por convicción o por salvar el pellejo) describía la vida de los de su clase en estos términos:

> En aquel tiempo la riqueza se medía en el número de almas que un propietario rural poseía. Tantas almas equivalían a tantos siervos machos, las mujeres no contaban.[17] Mi padre, que poseía casi mil doscientas almas, podía considerarse rico. Para mantener esta reputación, su mansión estaba permanentemente dispuesta para recibir no importa cuántos visitantes, lo que lo obligaba a mantener una nutrida servidumbre. Éramos ocho de familia, pero manteníamos cincuenta personas de servicio en nuestro palacio de Moscú y veinticinco en nuestra casa de campo, cifras que se consideraban discretas. Cuatro cocheros atendían a una docena de caballos, tres cocineros a los patronos, dos más a la servidumbre. En el comedor nos servían doce pajes, uno por cada persona sentada a la mesa. También pululaban por el palacio innumerables doncellas. ¿Cómo podría cualquiera arreglárselas con menos?
>
> Mantener la cantidad de sirvientes que teníamos en nuestra mansión hubiera resultado ruinoso si las provisiones se hubieran tenido que comprar en Moscú, pero en los tiempos de la servidumbre las cosas resultaban más sencillas. El empeño de cada propietario rural era que todo lo necesario para el mantenimiento de la casa procediera de sus posesiones. Cuando llegaba el invierno,

16. Radzlwill, 1928, p. 81.

17. Existían dos clases de siervos: los labriegos ligados a la tierra *(krepostnye)* y los domésticos, pajes, cocheros, cocineros, etcétera *(dvorovye)*. El señor podía disponer de la servidumbre a voluntad, pero los ligados a la tierra no podían separarse de ella. Tras la emancipación, los *krepostnye* debían pagar treinta rublos al señor (diez por mujer) o servirle gratis dos años.

mi padre se sentaba y le escribía lo siguiente al encargado de las fincas: «Al recibo de la presente veinticinco trineos de carga traerán tantos sacos de avena, tantos de trigo, tantos de centeno y tantas gallinas, gansos y patos bien congelados que habrá que sacrificar este invierno». Lo acompañaba con una lista detallada de géneros supervisada por un experto que ocupaba varias páginas. A esta seguía la enumeración de castigos a los que se hacían acreedores los responsables si las provisiones pedidas no llegaban a tiempo y en buenas condiciones.

Un poco antes de Navidad los veinticinco trineos entraban por nuestras puertas y ocupaban por completo el patio [...]. Mi padre examinaba los contenidos y tomaba nota. Como sospechara que le estaban sisando montaba en cólera y tomando asiento a la mesa redactaba la siguiente nota: «Al recibo de la presente se llevará a Makdr con esta nota a la comisaría para que le administren cien latigazos con una vara de abedul».

El caso es que mi padre no era de los propietarios peores. Sus siervos lo consideraban de los mejores. Lo que veíamos en mi casa era lo que ocurría por todas partes, solo que en otras los castigos eran más crueles. El apaleamiento de los siervos formaba parte de las labores rutinarias de la policía y de los bomberos.[18]

Confrontado con la miseria de los siervos y con los derroches de la corte, de los que fue testigo en el tiempo en que sirvió al zar como *page de chambre*, el príncipe Piotr Kropotkin se preguntaba: «¿Qué derecho tenía yo a esta abundancia cuando todo lo que me rodeaba no era más que miseria y lucha por un triste bocado de pan, cuando por poco que fuese lo que yo gastase para vivir en aquel mundo de agradables emociones, había por necesidad de quitarlo de la boca misma de quienes cultivaban el trigo y no tenían suficiente pan para sus hijos? De la boca de alguien ha de tomarse forzosamente, puesto que la agregada producción de la humanidad permanece aún tan limitada...».[19]

Nuestro paisano Valera abunda en la misma idea de la mise-

18. Cita del libro de Piotr Kropotkin, *Memorias de un revolucionario* (1917), tomada de Robinson y Beard, 1908, pp. 345-348.

19. Kropotkin, 2006, p. 228.

ria de los siervos: «En estos tiempos de frío y entre la gente pobre el vestido es una zalea de carnero, amarrada al cuerpo con una soga, y todo ello ahumado y negro como una morcilla. El pellejo va por fuera y la lana por dentro».[20]

Finalmente, Kropotkin le dio la espalda a su propia clase y fundó, con otros socios de su cuerda, el anarcocomunismo, que propone la utópica asociación voluntaria e igualitaria de los hombres, sin necesidad de Estado, a través de la propiedad comunitaria o comunización de los bienes y servicios. Para Kropotkin «solo una moral basada en la libertad, la solidaridad y la justicia, puede superar los instintos destructivos que también forman parte de la naturaleza humana», un elevado pensamiento que también suscribirían otros grandes teóricos del comunismo con Mao, Fidel Castro y Pol Pot.

Lo difícil es llevarlo a la práctica.

Campesinos rusos.

20. Valera, 1950, p. 162.

CAPÍTULO 4

Los dos grandes y el inmenso país

Ya ha quedado suficientemente demostrado que en Rusia la aristocracia (y la burguesía adjunta) vivía en una indecente abundancia. Como suele suceder allá donde los ricos son muy ricos, los pobres son muy pobres, y Rusia no era excepción.

En el tiempo del que estamos hablando el Imperio ruso era el país más extenso del mundo: 22.800.000 kilómetros cuadrados. Se extendía desde las costas del mar Negro hasta Vladivostok, en las costas del mar del Japón, y abarcaba territorios de tres continentes: Europa, Asia y América (Alaska y parte de la actual Canadá se vendieron a Estados Unidos en 1867).[21] Pensemos que España abarca 504.645 kilómetros cuadrados, o sea, en el Imperio ruso se hubieran podido acomodar holgadamente, moviendo mapas, unas cuarenta y cinco Españas.

Este inmenso territorio, para cuyo manejo eran necesarios nada menos que catorce husos horarios, estaba poblado por 125 millones de habitantes que se concentraban predominantemente en la parte europea, es decir, al oeste de los Urales (solo uno de cada cinco en las inmensas y casi despobladas estepas siberianas).

Dicha población distaba de ser uniforme. Los rusos propia-

21. El Imperio ruso incluía territorios de los Estados bálticos, Ucrania, Bielorrusia, parte de Polonia (Zarato de Polonia), Moldavia (Besarabia), Rumanía (Valaquia y Moldavia), el Cáucaso, Finlandia, Asia Central y las provincias turcas de Ardahán, Artvin, Iğdır y Kars.

mente dichos solo eran la mitad. El resto estaba formado por unos cien grupos étnicos que presentaban distinto grado de desarrollo económico, social y cultural: finlandeses, estonios, chechenos, fineses, polacos, armenios, lituanos, caucásicos, etcétera.

Existía un verdadero abismo entre la población del campo y la de las ciudades. El 95 por ciento de la población vivía de la agricultura. Casi no había industria o estaba muy atrasada, y el comercio también dejaba que desear si lo comparamos con el de la emergente Europa.

Atraso y miseria, eso venía siendo Rusia desde tiempo inmemorial.

El primer zar que intentó modernizar Rusia fue Pedro I el Grande (1672-1725). Consciente del atraso del país que había heredado, el joven rey viajó de incógnito por Europa para asimilar avances tecnológicos que luego aplicaría en Rusia. En los Países Bajos se empleó de simple carpintero de ribera para aprender los secretos de la construcción naval; en Prusia aprendió lo concerniente a la artillería más moderna; en Inglaterra visitó fábricas y hospitales y se informó sobre el funcionamiento del Parlamento... A su regreso, contrató técnicos que contribuyeran al desarrollo de una incipiente industria, especialmente en los aspectos naval y militar.

Con su enorme capacidad de trabajo, Pedro el Grande se esforzó en elevar a Rusia al rango de potencia europea: reorganizó la Administración y la Hacienda pública, fomentó la industria y el comercio, apadrinó una Academia de Ciencias que becaba a estudiantes para que se formaran en universidades extranjeras y reformó el Ejército, permitiendo el acceso de plebeyos al cuerpo de oficiales. Además impuso una educación a la europea, calendario juliano, alfabeto similar al latino, números arábigos y obligación de los hijos de los nobles de matricularse en escuelas de corte occidental, con el propósito de criar una generación más culta y menos bestia que la de los progenitores. Incluso suprimió las largas barbas de los nobles y los obligó a observar un manual de buenas prácticas que prohibía escarbarse los dientes con el cuchillo y meterse el dedo en la nariz.

Finalmente fundó San Petersburgo («la Ciudad de San Pedro»), una población europea a orillas del Báltico destinada a ser la rutilante capital de su Imperio, «la Venecia del Norte», una sucesión de palacios erigidos sobre el agua y «sobre los huesos de los campesinos rusos».

Treinta y siete años y ocho zares después de Pedro, ascendió al trono de Rusia Catalina II, también llamada la Grande (1729-1796). Esta mujerona de potentes hechuras había nacido prusiana y luterana (bautizada Sofía Federica Augusta), pero dio el braguetazo de casarse con el zar y, como París bien vale una misa, cambió de nombre a Catalina Alexéievna y se convirtió a la fe ortodoxa.

No fue un flechazo: Pedro III, nieto de Pedro el Grande y en nada parecido a su abuelo, era débil e inmaduro, además de feo (marcado de viruela) y excesivamente aficionado a las costumbres extranjeras, lo que le enajenó la voluntad de los rusos. Es fama que tardó ocho años en consumar el matrimonio, no solo por desinterés hacia la follenda, sino porque se pasaba las noches jugando con soldaditos de plomo.

¿Qué hacía mientras tanto la impetuosa prusiana?

Lejos de guardarle ausencias, coleccionaba amantes y los iba abandonando en cuanto los notaba deslechados. Finalmente derrocó al esposo y lo confinó en un palacio donde el desventurado falleció de allí a poco, oficialmente por problemas hemorroidales, en realidad envenenado por agentes de Grigori Orlov, el más perdurable amante de la reina.

Catalina reformó la Administración, aplicó las ideas ilustradas heredadas de Pedro el Grande y fijó las bases para la expansión imperial del siglo XIX.

CAPÍTULO 5

Nace la subversión y, con ella, la Ojrana

Muchos aristócratas rusos, afrancesados como eran, acataron con entusiasmo las ideas renovadoras de la Ilustración que triunfaban en Europa en el siglo XVIII. No obstante, como una cosa es predicar y otra dar trigo, se abstuvieron de aplicarlas en casa. Fueron los oficiales de grado medio que regresaban de las guerras napoleónicas, inoculados con las ideas revolucionarias de los derechos humanos, el gobierno representativo y la democracia, los que comenzaron a cuestionar aquel sistema basado en la semiesclavitud.

Alarmado por las nuevas ideas que empezaban a instalarse en los núcleos urbanos, en significados miembros de la intelectualidad, del Ejército y hasta de la aristocracia, el Gobierno instituyó una policía secreta, la Tercera Sección (nuevamente copiada de la eficaz policia francesa del ubicuo Fouché) con la que intentó combatir a los levantiscos.

Esta Tercera Sección, que se llamaría Ojrana desde 1866, disponía de una nutrida red de informadores no solo en Rusia, sino entre las comunidades rusas en el extranjero, especialmente en Francia, tradicional refugio de los exiliados que huían de la justicia zarista.[22]

22. Caído el régimen zarista, la odiada Ojrana se transformó sucesivamente en Comisión Extraordinaria (Checa), 1917; Directorio Político Unificado del Estado (OGPU), 1922; Comisariado del Pueblo para

En 1853 Rusia se enzarzó en la guerra de Crimea, que pondría de manifiesto el atraso de su ejército y del país en general. La chispa del conflicto fue la disputa larvada con Francia por influir sobre el decadente Imperio otomano. Francia se había proclamado defensora de los derechos de los súbditos católicos en el dilatado Imperio turco. Rusia, por no ser menos, se postulaba como defensora de los derechos de los ortodoxos.

Cualquier mezquina rencilla entre frailes católicos y ortodoxos en la basílica del Santo Sepulcro de Jerusalén (dominio turco a la sazón), podía provocar un conflicto diplomático.[23] A los rifirrafes religiosos entre católicos y ortodoxos sucedían las consiguientes presiones diplomáticas sobre el sultán, que se veía obligado a conceder nuevos privilegios a unos y a otros para atemperar los ánimos.

Así se desencadenó la guerra de Crimea: el zar envió tropas para proteger las iglesias ortodoxas de Valaquia y Moldavia. Los ingleses y los franceses reaccionaron enviando sendas flotas a los Dardanelos (como aliados que eran del Imperio otomano).

Mientras las cancillerías europeas discutían, el sultán atacó a los rusos y estos respondieron hundiéndole la flota (batalla de Sinope, 1853). Alarmados, el Reino Unido y Francia declararon la guerra a Rusia y le tomaron Sebastopol, su principal base en el mar Negro.

La guerra acabó con el Tratado de París (1856) por el que Rusia cedía territorios y derechos a las potencias vencedoras.

¿Por qué apoyaron el Reino Unido y Francia al turco? Más que por filantropía, por atajar los avances de Rusia. Desde Pedro el Grande y Catalina no menos Grande, los zares rusos ansiaban

---

Asuntos Internos (NKVD), 1934; Comité para la Seguridad del Estado (KGB), 1954, y, tras la caída del comunismo, Servicio de Inteligencia Exterior (SVR), desde 1991.

23. Era y es un caso frecuente de conflicto. La basílica del Santo Sepulcro es propiedad, desde tiempo inmemorial, de las dos sectas cristianas. Los frailes católicos y los ortodoxos, a cual más mezquino e intrigante, se la tienen repartida hasta extremos ridículos, incluido el inventario de altares, columnas, tejas y baldosas pertenecientes a cada facción.

una salida de su flota a mares calientes, o sea, al Mediterráneo, lo que solo podía hacerse desde los puertos del mar Negro, a través de los estrechos del Bósforo y los Dardanelos, propiedad de los turcos. Pero el Reino Unido y Francia querían a toda costa atajar el peligro de que una flota rusa con libre acceso a ese mar pudiera amenazar el tráfico marítimo de los ingleses o el de los franceses con sus respectivas colonias.[24]

En esta guerra de Crimea ocurrió la célebre carga de la brigada ligera, en Balaclava: por una confusión al interpretar las órdenes, cinco regimientos de dragones ligeros, lanceros y húsares, todos ataviados con vistosos uniformes, cargaron con lanzas y sables contra posiciones artilleras rusas.[25]

El disputado estrecho del Bósforo (cromo hacia 1920).

24. El apoyo interesado del Reino Unido no fue obstáculo para que los ingleses se quedaran con Egipto en 1882 como pago por la deuda que su gobernador había contraído con el Gobierno de su graciosa majestad.

25. Esta empresa suicida, en la que pereció casi toda aquella caballería, es el tema de un poema de Tennyson que, a su vez, ha inspirado varias películas, entre ellas *La carga de la brigada ligera*, dirigida por Michael Curtiz (1936), y *La última carga*, de Tony Richardson (1968), más crítica.

CAPÍTULO 6

La emancipación de los siervos

Los rusos habían quedado en Crimea como Cagancho en Almagro.

El nuevo zar, Alejandro II, comprendió que Rusia era un gigante con pies de barro: un atrasado país agrícola no podía enfrentarse a las potencias industriales de Occidente. El progreso requería reformas en el Gobierno, la educación, el Ejército y la economía, y sobre todo requería la abolición de la servidumbre, un arbitrio urgente que sus predecesores habían ido aplazando por temor a enfrentarse con la aristocracia propietaria de las *almas*.

Ya vimos páginas atrás que los siervos de Rusia se deslomaban sobre el surco de sol a sol, a veces de sol a luna, a cambio de la mínima cantidad de pan adulterado, col en vinagre y cebolla necesaria para no morirse de hambre.

El sistema estaba calculado para explotarlos como si fueran animales de granja: producción óptima con el mínimo gasto. Si el año venía malo, ese mínimo gasto se traducía en hambruna.

A veces, los siervos hambrientos y desesperados se rebelaban. Solo entre 1844 y 1849, se produjeron seiscientos cincuenta levantamientos locales. También menudeaban las fugas de siervos (curiosamente, como las de negros en las plantaciones de Luisiana). Pueblos enteros huían hacia el Cáucaso convencidos de que más allá de las montañas azules y blancas encontrarían el reino de Opona, un paraíso a la orilla de un río donde los campesinos viven felizmente sin caballeros y sin Estado opresor.

Alejandro II era un hombre culto y realista. Comprendía que la anacrónica institución de la servidumbre tenía que desaparecer de Rusia como había desaparecido en Europa siglos antes. Comprendía también que la servidumbre era una carga para el Estado, y que, mientras hubiera siervos, Rusia no podría progresar hasta situarse a la altura de las otras naciones europeas, su sueño largamente acariciado. Y que la mano de obra liberada en el campo era necesaria en la naciente industria.

«Es preferible abolir la servidumbre desde arriba que esperar a que comience a abolirse desde abajo», declaró en un discurso a la nobleza moscovita el 30 de marzo de 1856.

En 1861 Alejandro II se ató los machos y emprendió la era de las grandes reformas: emancipación por decreto de casi veinte millones de siervos a los que se concederían lotes de tierra a bajo precio. A los propietarios perjudicados por tal medida les ofreció una adecuada compensación.

La reforma no causó el efecto esperado porque resultó más *de iure* que *de facto*. Los propietarios quedaron arruinados y los siervos siguieron siéndolo, aunque sobre el papel se hubieran emancipado.

—El pájaro que ha vivido siempre en la jaula no es fácil que sobreviva en libertad —sentencia Katia Kozlovsky.

—Son unos desagradecidos que muerden la mano que les da de comer —replica su amiga Yelizaveta Fen.

En 1879 y 1880 el zar ha sufrido sendos atentados por parte de pistoleros pertenecientes a la organización anarquista Voluntad del Pueblo (Naródnaya Volia) que está empeñada en acabar con la vida del soberano.

La policía tiene barruntos de la preparación de un nuevo atentado. Esta vez es posible que no envíen a un pistolero inexperto incapaz de acertar al voluminoso Alejandro II a pocos pasos de distancia. Escarmentados por los anteriores fracasos, los de Naródnaya Volia han decidido matar al zar con explosivos.

—¿Explosivos?

—Sí, hombre: hay que modernizarse.

En un principio habían pensado en usar nitroglicerina, un explosivo cien veces más potente que la pólvora, pero desistieron porque ese líquido infernal resulta tan inestable y volátil que al menor contratiempo estalla en las manos o en el bolsillo del portador.

En una de las tenidas anarquistas surge la solución: en los campos petrolíferos de Bakú se está utilizando para las voladuras un nuevo explosivo inventado por el químico sueco Alfred Nobel (que se hizo millonario con el invento y fundó los famosos Premios Nobel).

—¿Qué explosivo?

—En realidad no deja de ser la peligrosa nitroglicerina, pero el químico sueco ha conseguido domesticarla al mezclarla con tierra de diatomeas, tan rica en dióxido de silicio. El explosivo resultante es una especie de barro inofensivo que se puede percutir o quemar sin que estalle. Para que explote hay que utilizar un detonador eléctrico o químico.

¡Volar al zar con dinamita! El progreso industrial al servicio del progreso ideológico. En noviembre el zar regresará de Livadia a San Petersburgo en el tren imperial. Una estupenda ocasión para volarlo. Los terroristas adquieren dinamita en Suiza y la depositan en tres zulos a lo largo de la vía férrea que utilizará el zar.

La Providencia, si existiera, parece que acude en ayuda del tirano. El día de autos el tren imperial sufre un retraso y los anarquistas vuelan el tren equivocado, un mercancías cargado de fruta.

—¿Por qué ese empeño en matarme? —se queja Alejandro, incapaz de comprender que haya descontentos en Rusia a pesar de las medidas liberalizadoras que ha tomado.

Nuevo intento: los anarquistas infiltran a uno de los suyos entre la servidumbre del Palacio de Invierno, un joven carpintero llamado Stepán Jalturin, un chico servicial, quizá un poco bobo, lo que lo libra de sospecha y, lo más importante, bastante manitas.

El muchacho llega todos los días temprano al trabajo con la bolsa del almuerzo y saluda jovial a los guardias que lo dejan pasar sin registrarlo, tan inofensivo les parece. Gracias a ese descuido, Naródnaya Volia consigue acumular más de cien kilos de dinamita bajo el suelo del salón donde el zar ofrecerá un banquete el 17 de febrero de 1880. El temporizador detonará la carga a las seis de la tarde, cuando los comensales estén dando cuenta del segundo plato.

Otra vez la Providencia o la casualidad acuden en auxilio del zar: el tren del ilustre huésped alemán al que homenajeaban llega con retraso. La carga explota causando once muertos y treinta heridos en ausencia del zar y su ilustre invitado.[26]

—Hemos pinchado en hueso —se lamenta Andréi Zhelyabov, líder de Naródnaya Volia.

—Habrá que intentarlo de nuevo —lo consuela su amante Sofía Perovskaya.

San Petersburgo, 13 de marzo de 1881. Alejandro II, hombre de costumbres rutinarias, se dirige al cuartel de la Academia de Equitación de San Miguel (hoy Zimny Stadion), donde todos los domingos asiste al alarde de los cadetes. Para el breve itinerario entre el palacio y la academia, el zar utiliza un carruaje blindado regalo de Napoleón III. Lo escolta un escuadrón de jinetes circasianos.

La zarina ha tenido esa mañana un mal presagio. Últimamente los informes policiales alertan sobre posibles atentados terroristas.

—¿Cuándo no? —la tranquiliza Alejandro.

Ella insiste. Le ruega que esta vez escoja un itinerario alternativo. El zar se lo promete: regresaré del cuartel por la calzada del canal de Catalina.

Después de asistir al alarde de los cadetes, el zar altera su rutina dominical y en lugar de regresar directamente a palacio se

26. Fue un berrido memorable que voló medio palacio, lo que se explica por la ignorancia que los anarquistas tenían del verdadero poder del nuevo explosivo. Ellos, voluntariosos como eran, pensaban: «Más vale que sobre y no que falte». Otro ejemplo de explosivo innecesariamente potente fue el que usaron para asesinar al gran duque Serguéi Alexándrovich Románov, hermano de Nicolás II, el 17 de febrero de 1905: los restos del carruaje que lo transportaba no subían dos palmos del suelo y al infortunado magnate hubo que recogerlo a cucharadas.

desvía para visitar a su prima, la archiduquesa Yekaterina Mijáilovna.

Gran decepción para los de Naródnaya Volia, que habían excavado túneles bajo la calzada habitualmente usada por el zar y los habían cebado con cargas de dinamita (un atentado similar al que mató a Carrero Blanco).

Sofía Perovskaya, la directora de la operación, no se arredra. Esto es solo un pequeño contratiempo. Cambia el plan sobre la marcha: habrá que hacerlo con bombas. El posible itinerario alternativo discurre por la calzada paralela al canal de Catalina, atraviesa el puente Pévchesky, y pasa frente a la catedral de San Isaac. Lo más probable es que la comitiva del zar regrese por esa calzada, que es bastante estrecha y por lo tanto ideal para un atentado. Envía allí a tres de sus más entusiastas alevines pertrechados con explosivos.

En la calzada del canal de Catalina, flanqueada por estrechas aceras, la comitiva del zar se cruza con un joven de insignificante aspecto, envuelto en un tabardo negro, que porta un paquete. La guardia lo toma por un inofensivo transeúnte y no le presta atención. Craso error: al llegar a la altura del carruaje imperial, el joven le arroja el paquete. Explosión considerable, pero insuficiente. Protegido por la sólida estructura del coche blindado, Alejandro II solo sufre una ligera conmoción. La bomba mata a uno de los escoltas y hiere al cochero y a varios de los transeúntes que circulan por la acera.

Los escoltas caen sobre el terrorista y lo reducen. Él no se resiste, pero grita «Acábalo tú» en dirección al público espectador. ¿Tiene algún compinche entre los mirones? Alarmado por la posibilidad de un segundo atentado, Dvorzhitsky, jefe de la policía, se dirige al zar:

—Señor, permanezca en la carroza.

El cochero algo repuesto del zambombazo avisa que el vehículo no ha recibido daños importantes y solicita permiso para transportar al zar a un sitio seguro. Pero Alejandro considera que largarse del lugar sin interesarse por sus fieles circasianos heridos sería indigno de él. Desoye los ruegos del jefe de policía y se apea. Los guardias acuden a protegerlo:

—¿Se encuentra bien su majestad imperial? —le preguntan.

—Gracias a Dios estoy bien —responde el zar—. Ahora ocupémonos de los heridos.

En ese momento se adelanta el segundo terrorista que ha asistido a la escena confundido entre los espectadores.

—Demasiado pronto se lo agradece a Dios, Alexandr Nikoláievich —sentencia al tiempo que deja caer una segunda bomba a los pies mismos del zar.

El artefacto estalla levantando una nube de cascotes y nieve. Los horrorizados guardias ven al zar tendido en la nieve ensangrentada. Entre los jirones del pantalón se ve un amasijo de carne y esquirlas de hueso. El zar ha perdido las piernas. El terrorista también ha resultado herido de gravedad y morirá pocas horas después.[27]

Cosacos de la guardia, auxiliados por algunos cadetes que andaban en su paseo dominical, recogen al zar, lo tienden sobre uno de los trineos de la escolta y lo llevan al Palacio de Invierno.

Confundido entre los espectadores se disimula el tercer terrorista del grupo, Iván Yemelyanov cuyo cometido era arrojar una tercera bomba si las dos anteriores fallaban.

Los médicos de la corte, eminencias todos, hacen lo que pueden por detener la hemorragia, aunque desde que subieron la escalinata viendo el reguero de sangre que el ilustre paciente había dejado sospechan que cuanto hagan será en vano (en aquel tiempo no se hacían transfusiones de sangre).

El zar muere después de recibir la extremaunción de manos del barbado patriarca de San Petersburgo.

—Su majestad imperial ha expirado —anuncia un doctor.

La zarina, que no se ha apartado un momento de la cabecera del moribundo, se desmaya. Sus damas la llevan en volandas a otra estancia. Junto al cadáver queda desamparado el nieto de

27. La víspera había redactado su testamento: «El destino me ha asignado morir joven y me priva de asistir al triunfo del proletariado. No viviré un solo día, una sola hora, en el radiante tiempo de la victoria, pero creo que con mi muerte he realizado mi tarea y nadie en el mundo me puede pedir que haga más».

Alejandro, Nicky, futuro zar Nicolás II, un niño tímido y retraído de trece años cuyo destino trágico, víctima de la revolución, nadie puede todavía adivinar.

La noticia del asesinato del zar causa una tremenda impresión. ¡Se ha cumplido la profecía! El beato Fiódor, un hombre santo, saludó el nacimiento de Alejandro con unas palabras misteriosas: «Será un zar poderoso, glorioso y fuerte, y morirá con unas botas rojas».

Fiódor no pudo entrever en su visión que no había tales botas, sino unas piernas ensangrentadas.

Lo que son las cosas: el mismo día que lo asesinaron el zar iba a firmar un paquete de reformas liberales destinadas a cambiar la vida política, social y económica de Rusia. En el Gobierno llamaban al conjunto «la Constitución de Lorís-Mélikov», por el reformista ministro del Interior Mijaíl Lorís-Mélikov.

En el lugar del magnicidio, en torno a los adoquines manchados con la sangre del zar, hoy enmarcados por un cerco de topacio, lazurita y otras piedras semipreciosas, se levantó la medievalizante iglesia del Salvador sobre la Sangre Derramada, que a causa de sus magníficos mosaicos es hoy uno de los monumentos más visitados de San Petersburgo.

El segundo terrorista arroja la bomba a los pies de Alejandro II. Imagen de la época.

CAPÍTULO 7

El chivo expiatorio judío

Los que más lamentaron el asesinato de Alejandro II fueron los judíos. No porque le profesaran especial afecto, entiéndase, sino porque el atentado suministró el pretexto para un sangriento pogromo.[28]

El pueblo de Israel, disperso entre pueblos cristianos que lo miraban atravesado por rechazar a la Iglesia y seguir contumaces en la sinagoga, con frecuencia ha servido de chivo expiatorio a los Gobiernos y al público en general.

Como respuesta a cualquier problema social se culpa a los judíos, se saquean sus comercios, se destrozan sus viviendas, se viola a sus mujeres, se degüellan sus reses y se apalea o se ahorca al que se defienda. El pueblo se ha desfogado y en lugar de atacar al Gobierno que lo oprime, que es poderoso y puede romperle las costillas, la toma con el judío, que es débil y no se puede defender.

28. *Pogromo*, palabra rusa que significa devastar, arrasar y más específicamente propiedades de la minoría judía. Pogromos los ha habido de toda la vida y en todas partes (recordemos las matanzas de judíos en España en 1391), pero en Rusia casi formaban parte del folclore nacional. Algunas veces eran solo pequeños actos de violencia rutinarios, como la irrupción de cosacos en la boda de Tzeitel y el sastre Motel que vimos en la memorable película de Norman Jewison *El violinista en el tejado* (1971), pero en otras ocasiones degeneraban en orgías de sangre y violencia.

Tras el asesinato de Alejandro II, el zar heredero, Alejandro III, consideró a los judíos responsables de la muerte de su padre (ciertamente algún judío estaba implicado en el atentado) y extremó las leyes antisemitas. Fomentados por la policía y las autoridades locales se produjeron pogromos en unas ciento setenta ciudades.[29]

Hacia 1902 el editor antisemita Pável Krushevan publicó en San Petersburgo el libelo *Los protocolos de los sabios de Sion*, supuestas actas de reuniones secretas de miembros de un Gobierno mundial judío durante la celebración del I Congreso Sionista de Basilea (Suiza), del 20 al 31 de agosto de 1897. Las presuntas actas demostraban que los «sabios» allí reunidos habían acordado controlar la política mundial y pervertir a las sociedades cristianas mediante la masonería y el comunismo hasta alcanzar el poder mundial.

Los protocolos eran, en realidad, un torpe plagio del panfleto *Diálogo en los infiernos entre Maquiavelo y Montesquieu o La política de Maquiavelo en el siglo XIX*, publicado en 1864 por Maurice Joly, un abogado y satirista empeñado en desprestigiar a Napoleón III. Al parecer, un ejemplar de esta obrita llegó a manos del delegado de la Ojrana en París, Piotr Rachkovski, que concibió la idea de adaptarla para atribuir a los judíos una conspiración mundial.[30]

Examinados de cerca *Los protocolos* resultan inverosímiles e incluso ridículos. Los pretendidos «sabios» incurren en numerosas simplezas que hacen sospechar su falsedad al lector avisado,

29. Los más sonados, en 1903 (Besarabia, Ucrania), y en 1905 y 1919 en toda Rusia.

30. Una posible inspiración de Maurice Joly pudo ser el corrosivo opúsculo satírico de Quevedo *La isla de los monopantos* (1650), dirigido contra el conde-duque de Olivares, el poderoso valido de Felipe IV. La obrita, inspirada en la *Carta de los judíos de Constantinopla*, falsificada un siglo antes por Juan Martínez Guijarro, arzobispo de Toledo, describe un cenáculo de rabinos europeos con malos cristianos en el que acuerdan apoderarse del mundo. Temeroso de la reacción de Olivares, Quevedo firmó el libelo con un complejo anagrama (Nifroscancod Diveque Vagello Duacense).

especialmente cuando cometen la ingenuidad de enorgullecerse de haber provocado los males del mundo.

El primer ministro Piotr Stolypin ordenó una investigación sobre el tema, al término de la cual informó a Nicolás II de la falsedad de *Los protocolos*. El zar, en un rasgo de honradez, ordenó confiscar la edición porque «una buena causa no puede ser defendida con medios sucios». La buena causa era la antisemita en la que él militaba por influencia de su padre y *padrone*, Alejandro III, y porque esa era la tendencia dominante en la corte.

A pesar de la prohibición zarista, *Los protocolos* circularon profusamente entre la aristocracia rusa y fueron reiteradamente editados. Un ejemplar se encontró en el equipaje de Nicolás II después de su asesinato, lo que prueba que era una de las escasas lecturas que el desventurado zar se llevó al exilio.

Que *Los protocolos* se probaran falsos no los desacreditó. Conspicuos antisemitas (Ford, el de los coches, Hitler, etcétera) les reservaron un lugar de honor en sus bibliotecas y basaron en ellos buena parte de sus argumentos antisemitas.

Edición española de *Los protocolos*, 1939.

CAPÍTULO 8

¿Por qué eran los anarquistas tan aficionados a los magnicidios?

A esta gente, a los anarquistas me refiero, era ver un rey, un presidente de República, un duque, un obispo, o un simple director de fábrica con automóvil, botines lustrados y diamante en el meñique, y ya les goteaba el colmillo.

En el catecismo anarquista existía un mandamiento denominado «propaganda por el hecho» basado en el principio de que «el impacto de una acción violenta es mucho más eficaz que la palabra para despertar las energías rebeldes del pueblo».[31] Esto explica que en el medio siglo que se encabalga entre las centurias XIX y XX menudearan los magnicidios de inspiración anarquista a manos de fundamentalistas empeñados en el «exterminio del jerarca», entendiendo por tal a reyes, dignatarios del Gobierno o de la Iglesia y a prominentes burgueses en general.[32]

Sin salirnos de España cabe mencionar los repetidos atentados contra Alfonso XII (1878 y 1879), la bomba lanzada por el joven Paulino Pallás contra Martínez Campos en 1893; la mucho más sonada lanzada ese mismo año por el desempleado Santiago Salvador Franch al patio de butacas del teatro del Liceo de

31. Avilés Farré, 2006, p. 21.

32. No exagero. En veinte años se cargaron a cinco jefes de Estado: Alejandro II (1881); Sadi Carnot, presidente de Francia (1894); Isabel de Austria, la famosa Sissi (1898); Humberto I de Italia (1900) y William McKinley, presidente de Estados Unidos (1902).

Barcelona, el escaparate social de la oligarquía, donde las damas de la burguesía catalana lucían sus pieles y sus joyas. Esta resultó en veinte muertos y treinta y cinco heridos, entre ellos muchos mutilados.[33] Menos escándalo causó la bomba lanzada en 1896 contra el público asistente a la tradicional procesión del Corpus Christi de Barcelona, dado que mató a siete trabajadores y un soldado sin herir a ningún representante de la odiada burguesía. Para acabar el recuento mencionemos los asesinatos del presidente Cánovas del Castillo por el italiano Michele Angiolillo (1897); el intento frustrado del anarquista Joaquín Miguel Artal contra Antonio Maura, presidente del Consejo de Ministros (1904); el atentado contra el cardenal de Barcelona Salvador Casañas i Pagès (1905); la bomba lanzada por Mateo Morral contra la carroza nupcial de Alfonso XIII y la reina Victoria Eugenia (1906), que deslució la boda y mató a veinticuatro personas; el asesinato del presidente del Gobierno José Canalejas en 1912 por disparos de Manuel Pardiñas; y el atentado contra el presidente del Gobierno Eduardo Dato en 1921.

Si atendemos a Rusia, encontramos casi natural que cualquier

33. En realidad, el joven Santiago Salvador lanzó dos bombas Orsini, pero una de ellas no detonó. Conducido ante la justicia declaró: «Mi deseo era destruir la sociedad burguesa, a la cual el anarquismo tiene declarada la guerra abierta; y me propuse atacar la organización actual de la sociedad para implantar el comunismo anárquico. No me propuse matar a unas personas determinadas. Me era indiferente matar a unos o a otros. Mi deseo consistía en sembrar el terror y el espanto» («Un día en la memoria de Barcelona», en *La Vanguardia*, Barcelona, 6 de noviembre de 1990). La bomba del Liceo, una esfera de hierro cromado del tamaño de un pomelo, o de una teta de copa D, erizada con veinticuatro percutores y capaz de causar «lesiones incompatibles con la vida» según el circunspecto informe de los Mossos d'Esquadra, fue tan sonada que el pío arquitecto Antonio Gaudí escogió la escena del diablo entregando una bomba Orsini a un obrero para su grupo escultórico *La tentación del hombre* (1895), en el templo de la Sagrada Familia de Barcelona. Es de notar que aprovechando la confusión y el pánico creado por la explosión, «ciertos ladrones se apoderaron de algunos relojes y hasta los hubo que tuvieron el cinismo incalificable de despojar de sus joyas a los muertos».

persona destacada muera en atentado. El embajador estadounidense en San Petersburgo, George von Lengerke Meyer, hace el recuento en un informe: «Entre 1900 y 1906 van muertos o heridos por bomba, revólver o asaltos: 1.937 oficiales y personas importantes, un archiduque, 67 gobernadores provinciales y prefectos, 985 oficiales de policía y agentes, 500 oficiales del Ejército y soldados, 214 funcionarios civiles, 117 empresarios y 53 clérigos».[34]

Es de reseñar que a la emperatriz Isabel de Baviera (la Sissi emperatriz de Austria de las edulcoradas películas de nuestra juventud) la asesinó en 1898 un albañil anarquista apuñalándola con un estilete fabricado a partir de una lima (tan pobre era que no disponía de cuchillo) y que el detonante de la primera guerra mundial fue el asesinato en Sarajevo del heredero del Imperio austrohúngaro y de su esposa por disparos de un nacionalista.

Los anarquistas justificaban sus acciones porque se consideraban el brazo armado de la guerra que el capital explotador sostenía con el obrero. El joven Iván Kaliaev, asesino del archiduque Serguéi Alexándrovich Románov, tío de Nicolás II, declaró a los jueces: «Somos dos bandos en guerra, dos mundos en furioso conflicto. Ustedes son los representantes del capital y de la opresión. Yo, un vengador del pueblo».[35]

34. Lengerke Meyer citado por Rappaport, 2015, p. 457.

35. Por cierto, que el escritor francés Albert Camus se inspiró en este episodio y en el atentado contra el Románov para componer su obra *Los justos* (1949).

CAPÍTULO 9

Un apóstol en la Rusia profunda

Vladimir Vasiliev es un joven pertersburgués de buena familia y licenciado en literatura. Podría hacer carrera en la Administración, pero en la universidad se unió a uno de esos círculos de estudio clandestinos *(krutzhki)* que tanto persigue la policía, y tras profesar la religión socialista ha abrazado la exigente vocación de liberar al pueblo ruso de sus cadenas burguesas.

Hasta hace poco, muchos jóvenes universitarios de origen burgués estaban destinados al cada vez más numeroso funcionariado del Estado. Hoy muchos se rebelan contra ese destino, rechazan ser instrumentos del Gobierno y prefieren consagrarse a la causa del pueblo. Los más exaltados incluso se convierten en terroristas profesos de la bomba y la pistola.

> Hemos advertido —escribe el radical Nikolái Mijáilovski— que hemos alcanzado la conciencia de la verdad universal gracias al prolongado sufrimiento del pueblo. Se lo debemos al pueblo y esta deuda pesa sobre nuestras conciencias.[36]

Muchos compañeros suyos, tan idealistas como él, están empeñados en pagar esa deuda que tienen con el pueblo. Desafiando al sistema y a la Ojrana, estos apóstoles propagan el nuevo credo revolucionario en las fábricas del entorno de San Peters-

36. Figes, 2010, p. 166.

burgo. Es una labor meritoria, sin duda, y peligrosa, pero ¿y del campo, quién se ocupa? Los verdaderos esclavos del sistema son esa masa de campesinos analfabetos que habitan el más de medio millón de aldeítas diseminadas por toda Rusia.[37]

Como el que marcha a las misiones, el joven Vladimir Vasiliev hace la maleta (en la que debajo del forro ha disimulado algunos panfletos subversivos)[38] y toma el tren en la línea de Moscú. A la familia le ha hecho creer que antes de buscar un trabajo en la Administración quiere tomarse unos meses sabáticos y conocer algo de su bello país.

Después de unas horas de traqueteo en un vagón de tercera, proletario, entre bosques tupidos y campos de cereal cultivados por siervos de mirada bovina que se incorporan para contemplar el paso del tren, Vladimir Vasiliev alcanza su destino, un humilde apeadero señalado por una placa oxidada como Unyugan.

Cerca del apeadero está la aldea *(seló)* de Uvra, una treintena de casas *(dvorý)* que forman una comuna *(obschina)*. Las casas, más bien establos (puesto que las familias conviven con los animales), están diseminadas por el campo, si bien media docena de ellas se alinean a lo largo de una calle embarrada y llena de desperdicios que el atildado forastero recorre con el alma en los pies, pensando «dónde me he metido».

El joven revolucionario intenta reponerse de la primera impresión. Los campesinos están mucho peor de lo que sospecha-

37. Durante el «verano loco» de 1874, millares de estudiantes dejaron sus aulas para «ir al pueblo». No existió una organización central, aunque muchos de estos misioneros pertenecían a los círculos de Lavrov y Chaikovtsy, que profesaban extender la propaganda entre los campesinos para preparar la revolución (Figes, 2010, p. 175).

38. Lleva especialmente sus dos libros de cabecera, *Pobres gentes*, de Dostoievski, cuyo héroe se propone conducir al pueblo a una nueva vida, y el libro de Chernyshevski *¿Qué hacer?*, cuyo héroe, Rajmetev, es una inspiración para él, un revolucionario puro que ha renunciado a su posición y a las comodidades de la vida, así como al viejo orden moral, para curtirse y prepararse para su alta misión de liberar al pueblo. El libro de Chernyshevski constituye una activa levadura entre los intelectuales y activistas rusos que preparan el camino de la revolución.

ba, cierto, pero esa confirmación no debe desanimarlo. A mayor dificultad, mayor será el mérito. ¿Qué dice el *Catecismo*? En su equipaje lleva también el *Catecismo revolucionario*, de Nechayev. Se sabe la cita de memoria: «El revolucionario es un hombre dedicado. No tiene sentimientos personales, ni asuntos privados, ni emociones, ni compromisos, ni propiedad ni nombre. Todo en él se subordina a un compromiso único, y exclusivo a un único pensamiento y a una única ilusión: la revolución».[39]

Estas personas dejadas de la mano de Dios necesitan su ayuda. Él les trae el progreso. No solo habrá que enseñarles letras, sino también nociones de higiene, piensa camino del edificio comunal donde una vez cada quincena se reúne el mercado y cada tanto tiempo el *mir*, o asamblea de ancianos que rige el lugar en ausencia del terrateniente propietario de la aldea.

El amo absentista es miembro de la nobleza *(dvoryanstvo)* propietaria del campo y de sus almas. Hace años que no aparece por aquí. Al parecer vive en París, eso dicen, medio arruinado, y va desprendiéndose de parcelas cuando los antiguos siervos reúnen el dinero suficiente para comprarlas.

En la comuna existe una plaza de maestro de escuela desde la que Vladimir Vasiliev piensa predicar su evangelio revolucionario que redimirá de su esclavitud a las masas semianalfabetas.

Nota Vasiliev que la gente lo mira con curiosidad hostil, como a un intruso. Se encuentra de sopetón con una señora de pañuelo en la cabeza que sale precipitadamente de una casa. Le sonríe educadamente. La mujer murmura una imprecación entre dientes y no le devuelve la sonrisa.

A medida que avanza y ve el lugar y las gentes entre las que va a vivir, al joven Vasiliev se le va haciendo un nudo en la garganta.

—¿Habrá sido juicioso venir aquí a redimir a esta gente? —se pregunta—. ¿No estarían cargados de razón mis conmilitones que prefieren hacer la revolución en la ciudad, entre obreros industriales?

Es solo un desánimo pasajero. Como el héroe de la novela de

39. Figes, 2010, p. 172.

Turgueniev *Tierras vírgenes*, otro evangelio revolucionario, viene dispuesto a aceptar cualquier sacrificio como camino del heroísmo. «Lavarás cacharros y desplumarás pollos. Quizá sea ese el camino para salvar a tu país.»[40]

Rechazando la tentación de regresar sobre sus pasos y aguardar a que pase el tren que puede devolverlo a San Petersburgo, se presenta en el *mir*, donde cubre los trámites para tomar posesión de la plaza. El secretario *(selski stárosta)* designado por los cabezas de familia para llevar los asuntos comunales observa al joven Vladimir como se observa a un loco.

—Así que es usted maestro.

—Sí, señor.

—Y va a poner escuela para enseñar a leer y a contar.

—Eso es.

—Bueno. Usted sabrá.

Los ancianos de la aldea se oponían a que se contratara a un maestro, pero al final, *rara avis*, prevaleció el deseo de los más jóvenes.

—Un libro no da de comer —decía un patriarca a sus hijos.

—El libro nos enseñará a leer y saber leer nos servirá para irnos a la ciudad y emplearnos en una fábrica. Queremos dejar de ser esclavos.[41]

Ignoran los jóvenes que en la ciudad seguirán siendo esclavos. No existe una legislación que proteja a los obreros industriales. Trabajarán largas jornadas por un salario mísero y vivirán junto a la fábrica, en barracas superpobladas, durmiendo en colchonetas de borra compartidas por obreros de diferentes turnos. Privados de los adelantos que creyeron encontrar en la ciudad, comerán en cantinas comunales y se asearán una vez al mes en un baño público.

40. *Ibid.*, p. 176.

41. En los años que estamos tratando hubo un gran movimiento de alfabetización en Rusia. En 1897 solo un 20 por ciento de la población del Imperio sabía leer. En 1914 el número se había duplicado: un 40 por ciento de los rusos sabía leer. Las escuelas primarias pasaron de veinticinco mil a cien mil entre 1878 y 1911 (Figes, 2010, pp. 129-130).

Los antiguos siervos han prosperado poco desde que el decreto del padrecito zar los emancipó. Se supone que son libres, sí, pero siguen sin poder abandonar la aldea hasta que satisfagan su parte alícuota en el impuesto fiscal que corresponde a la colectividad, y continúan privados de los derechos legales que otorga la ciudadanía.

El agrario es otro mundo. Los hombres visten blusón y pantalones anchos, generalmente sucios y remendados; las mujeres, falda oscura, camisa y un pañuelo en la cabeza. Las solteras llevan trenzas. Los hombres gastan pelo cortado a tazón y casi siempre barba hirsuta manchada del tabacazo que ellos mismos cultivan y fuman liado en papel de periódico.

Es raro encontrar alguna dentadura sana: las mujeres pierden los dientes con los partos y a los hombres se les ennegrecen y pudren por el tabaco. Los rostros gastados del trabajo y las privaciones aparentan ser mucho mayores de lo que son. Sabe Vasiliev que en las aldeas la esperanza de vida raramente excede la treintena, especialmente en las mujeres, muy gastadas por los sucesivos alumbramientos.

Gran decepción. El buen salvaje que Vasiliev esperaba encontrar es, más bien, un mal salvaje, un bestiajo desprovisto de la afabilidad natural que los socialistas de la escuela de Rousseau creían encontrar en el hombre incontaminado por la civilización. Lo reciben con recelo, como a todo el que llega de la ciudad, y a los pocos días de impartir clases, lejos de entender su postura redentora, lo denuncian a la policía. Suerte que el sargento es también joven y tiene ciertas ideas progresistas, aunque se guarda mucho de manifestarlas.

—Esta gentuza no se merece que se haga algo por ella —le dice en confianza, bajando la voz, después de servirle otro trago de vodka.

Están en comisaría, una habitación modesta y destartalada presidida por el retrato de Nicolás II.

—Siglos de esclavitud han embrutecido al campesino y lo han convertido en un cazurro malicioso cargado de mala entraña. No esperes de ellos ningún comportamiento noble ni agradecido. Tu generosidad hacia ellos la interpretan como una astucia de la que sacas algún provecho. Varios a los que has hecho favores, aquellos a los que has ayudado con las cuentas y les has escrito cartas o instancias a la Administración han venido luego a denunciarte. No, no temas, no daré curso a los papeles. Uno de ellos me ha pedido tus botas cuando te encarcele. ¿Conoces a Dostoievski, el escritor?

—Algo he leído de él.

El comisario extrae un libro del cajón de la mesa, busca una página y lee: «Los que amamos al pueblo, en realidad lo que amamos es la idealización de un pueblo que nada tiene que ver con la realidad».

El policía mira con simpatía a Vladimir Vasiliev.

—Voy a pedirte un favor: refrena tus ansias de redimir a esta gente hasta que la conozcas de verdad. Será quizá cosa de un mes. Hasta entonces limítate a observar la vida de la aldea y luego decides si vale la pena. De ese modo te evitarás disgustos y me los evitarás a mí. No me gustaría tener que ponerte unos grilletes y enviarte a la prisión provincial.

Vladimir Vasiliev no agota el plazo del mes. Tres semanas de convivencia con los aldeanos a dieta de sopa de col y pan de centeno, la complicada mediación entre varias peleas a puñetazos de sus alumnos adultos por una fruslería, y una boda en la que el esposo desflora a la novia en presencia de los invitados según costumbre bastante extendida en Rusia, le bastan para saber que el lugarejo de apariencia tan apacible cuando se mira su nombre en el mapa es un lugar abominable. Aparte de que no se acostumbra a defecar a la vista de todos y el hecho de apartarse detrás de unas zarzas lo han tomado como menoscabo de su virilidad.

No, nunca se ha sentido cómodo. Pensó al principio que se acostumbraría, pero cada día que pasa se ha sentido más ajeno a este mundo primitivo y brutal. Además, en cuanto ha empezado a tratar a estas gentes ha descubierto que la aparente paz de la aldea esconde un vivero de enconos, de chismes, de calumnias, de odios heredados, de envidias porque la vaca del vecino prospera más, de mezquinas venganzas.

Vista de cerca, la familia extensiva campesina que Vasiliev

idealizaba pierde mucho. Hacinados bajo el techo de la nauseabunda cabaña de troncos conviven el patriarca y dueño de la hacienda, sus hijos, sus nueras y sus nietos.

El patriarca abusa de todos porque sabe que tiene la sartén por el mango. En lugar de poner paz, se complace en avivar las rencillas entre los que aspiran a sucederlo cuando sea viejo y quede inútil.

Los maridos suelen regresar borrachos y propinan memorables palizas a las esposas. Las concuñadas contienden por el favor de la suegra, que a su vez venga en ellas la desatención del marido que solo atiende a la carne más joven.

La forzada convivencia en el cuchitril, sin intimidad alguna, y la miseria en la que viven a pesar del esfuerzo excita odios africanos y genera un ambiente familiar irrespirable.

El campo, cultivado con procedimientos ancestrales, arado de madera tirado por un solo caballo, rinde poco y ese poco que rinde está pésimamente administrado porque en primavera venden el grano a bajo precio a los usureros para recuperarlo en otoño pagando el doble.

Fuera de la época de intensa actividad agrícola, entre la arada de abril y la recogida de noviembre, hay poco trabajo en el campo. Muchos jóvenes optan por marcharse de la aldea a buscarse la vida. Otros se ausentan reclamados por el Ejército para el servicio militar. En su ausencia el patriarca se acuesta con las nueras. Es un derecho sexual que no se discute, el *snojachestvo*.

La brutal institución del *snojachestvo* está más extendida de lo que el sínodo quisiera reconocer. En la provincia de Vorónezh, se dio el caso de un cura de aldea que compró una campana para la iglesia y convocó a todos los hombres del pueblo para tirar de la polea que debía elevarla hasta el campanario. Tiraron de las sogas durante un buen rato, pero no hubo manera: la campana no se movía.

—Traed el santo icono de *María consuela mi dolor*.

El viejo tablero pintado y abarquillado, en el que apenas se distingue la figura de la Virgen debajo de las capas acarameladas de barniz viejo, se tiene por muy milagroso.

Nuevo intento después de las bendiciones, pero la testaruda campana se mantiene en sus trece.

—Esto va a ser porque está cargada con nuestros pecados —declara al fin el cura—. A ver, los que se acuestan con sus nueras que dejen la soga.

Más de la mitad de los hombres suelta la cuerda. Aun así, con solo los hombres libres de ese pecado (demasiado jóvenes para tener nueras) no hay manera de mover la campana. Al final tienen que uncir unos cuantos bueyes para que tiren de la soga.

Decepcionado, nuestro amigo Vladimir Vasiliev vuelve a hacer la maleta. Que le den morcilla a toda esta sordidez.

No tiene de quién despedirse. No le ha dado tiempo a hacer amigos. Va a ver al sargento de la policía.

—Llevabas razón —le dice—. Lo que no entiendo es por qué tú aguantas todo esto.

El sargento se sonríe. Le da una chupada a su pipa y señala con ella la desconchada pared donde ha sujetado con chinchetas un amarillento plano de las parcelas del pueblo.

—Por curiosidad científica. Como el médico que vive en un laboratorio rodeado de ratas. Y porque sé que después de un tiempo podré optar a una comisaría en Moscú.

Familia de campesinos, hacia 1895.

CAPÍTULO 10

Revolución: libro de instrucciones

Nuestro desencantado amigo Vladimir Vasiliev es un socialista populista, o al menos lo era hasta que la amarga experiencia lo ha desencantado.

En Rusia se consideraba que había dos maneras de hacer la revolución, la populista y la marxista.

Al principio, digamos entre 1860 y 1870, los revolucionarios creyeron que el modelo ideal era el populista *(naródnichestvo)*, un socialismo agrario que tenía por lema «Tierra y libertad» *(Zemliá i volia)*.

Mientras que en los países avanzados de Europa, Marx y otros profetas predicaban que para establecer el socialismo era imprescindible la existencia de una clase obrera urbana, la propia de la Revolución Industrial, los de «Tierra y libertad» estaban convencidos de que en Rusia no haría falta aguardar al desarrollo del obrero industrial, que la masa de campesinos hambrientos se rebelaría contra la monarquía y traería el socialismo.

Los revolucionarios, casi todos intelectuales como Vladimir Vasiliev, salidos de un medio urbano, visitaban las aldeas, y se esforzaban en hablar a los campesinos en su propio empobrecido lenguaje, en vestir y comer como ellos.

Los campesinos intercambiaban miradas suspicaces. «¿Qué ganancia saca este señorito con soliviantarnos?»

El intento fracasó. Incluso se produjeron linchamientos de misioneros socialistas en la Rusia profunda.

Conscientes de su fracaso, los populistas dieron la espalda al campesinado. Vasiliev es uno de ellos.

—Con esta gente cerril de mentalidad asiática *(aziatchina)* no se puede hacer carrera —explica en Moscú a sus correligionarios—. Lo entienden todo al revés, creen que venimos a aprovecharnos de ellos, muerden la mano que se les tiende para redimirlos de su esclavitud... En el fondo tienen lo que se merecen.

Los socialistas se convencen de que hay que predicar la revolución entre los receptivos obreros industriales. Lo mismo que sostenía Marx.

Marx no pisó Rusia. Un editor progresista de San Petersburgo, Nikolái Poliakov, publicó su obra monumental, *El capital*, en 1872. Los censores la dejaron pasar porque les pareció que la crítica marxista se refería al sistema industrial británico y, en cualquier caso, encontraron inofensivo aquel tocho de casi setecientas páginas plagado de ininteligibles conceptos económicos.

Se equivocaron. El libro de Marx se vendió en Rusia más que en ningún otro país. Los socialistas desencantados de la experiencia populista lo estudiaban, lo subrayaban, lo discutían en círculos de estudio. Marx los convenció de que la revolución social solo era factible entre la población obrera industrial.

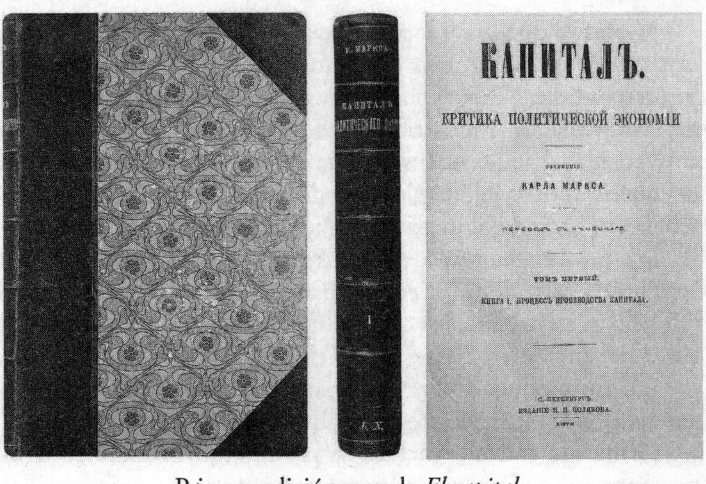

Primera edición rusa de *El capital.*

CAPÍTULO 11

El hermano de Lenin

No eran los revolucionarios los únicos que no se ponían de acuerdo sobre qué fórmula seguir para alcanzar sus fines. También sus enemigos naturales, los privilegiados de la monarquía zarista, se debatían entre dos modelos: el de las monarquías europeas, en el que una Constitución o un Parlamento limitaban los poderes del rey, y el asiático de la antigua tradición bizantina, en el que el zar era un autócrata de carácter divino y el padrecito del pueblo.[42]

El modelo europeo insistía en convertir San Petersburgo en una gran ciudad a la occidental. El asiático, insistía en dar la espalda a Europa y radicar su capitalidad en Moscú, «la tercera Roma», como la llamaban (la segunda había sido Constantinopla). Esta oposición se manifestaba incluso en la arquitectura: el europeo gustaba del estilo clásico; el asiático se inclinaba por

42. En la corte, el título del zar o de la zarina era «su majestad imperial», pero en el ámbito popular, en las miserables aldeas habitadas por el pueblo descalzo, les gustaba que los recordaran como *batiushka tsar* y *matiushka tsarina*, «padrecito zar» y «madrecita zarina». La Iglesia ortodoxa apoyaba firmemente a esta monarquía subrayando su origen divino. En el catecismo escolar, una especie de Ripalda ortodoxo que memorizaban los alumnos, leemos: «¿Cómo mostramos respeto al zar?». Respuesta: «Con lealtad completa hasta sacrificar la vida por él. Cumpliendo sus órdenes con diligencia y obedeciendo a las autoridades por él nombradas. Rezando por su salud y salvación, así como por la de la dinastía».

reproducir edificios forrados de mosaicos y rematados por cúpulas de cebolla al estilo oriental.

Alejandro II quiso ser un monarca al estilo europeo, quizá forzado por las circunstancias. «El trono no puede descansar sobre un millón de bayonetas y un ejército de funcionarios», argumentaba su ministro de Finanzas y consejero Alexandr Abaza. Por eso inició la que se conoce como época de las grandes reformas, que, sin embargo, no fueron suficientes ni suficientemente rápidas.

Entre estas reformas, Alejandro II había proyectado la creación de un Parlamento electivo, la Duma, imitado de los Parlamentos europeos.

Conmocionado por el asesinato de Alejandro II, su hijo y sucesor Alejandro III pensó que el liberalismo de su padre solo había servido para crear más revolucionarios. Por tanto, se dejó de aperturismos, dio un golpe de timón y regresó al absolutismo y la autocracia.

No reparó Alejandro III, hombre inquieto y resolutivo, en que ya era demasiado tarde para imponer una contrarreforma. En la medida en que Rusia se acercaba a Europa (y las ideas de la modernidad penetraban a raudales de la mano de la *intelligentsia* revolucionaria) resultaba más anacrónico que buena parte de su población estuviera sometida a una semiesclavitud medieval. Tampoco ayudaba una anquilosada Administración en la que el funcionario carecía de estímulos, dado que un absurdo sistema de ascenso automático promocionaba por igual al inepto y al competente.

En el sistema tradicional, el zar designaba personalmente a quienes ocupaban los cuatro grados superiores del funcionariado, reservados a la nobleza. Estos altos funcionarios, que residían en la corte como grandes príncipes, raramente abandonaban sus poltronas como no fuera para visitar, muy de tarde en tarde, sus posesiones. En San Petersburgo y las grandes ciudades abundaban los potentados absentistas temerosos de enfrentarse a las incomodidades del viaje, las distancias que había que recorrer por infames carreteras de macadán.

La Administración provincial quedaba en manos de gobernadores que actuaban con gran autonomía y no se ocupaban más que de sangrar a sus gobernados y mantener el orden con ayuda de la policía o de la milicia. Entre ellos abundaban más los tiranuelos que las personas decentes. Algún caso se dio de encarcelar a un campesino porque no se había quitado el sombrero con la necesaria diligencia en presencia del gobernador. Estos caciques a menudo entraban en conflicto con las agencias ministeriales, allá donde existían, debido a que las competencias estaban mal delimitadas.

Malestar social y desorganización administrativa formaban combinados un caldo de cultivo adecuado para el crecimiento del fermento revolucionario. El malestar con el sistema crecía y se extendía tanto entre el obrero analfabeto como entre la emergente clase ilustrada de las ciudades.

Tradicionalmente la Iglesia ortodoxa había asegurado la fidelidad al zar de la población rural, que, como decíamos, en Rusia sobrepasaba el 85 por ciento. En la Iglesia ortodoxa (como en la católica española del Antiguo Régimen) existían dos estamentos: el de los príncipes de la Iglesia asociados a la corte, y con frecuencia vástagos menores de la aristocracia, y el de los curas rurales de baja extracción social, nuestro «cura de misa y olla», que predicaban conformidad y ciega obediencia al padrecito zar. En el caso ruso, el cura rural solía ser además de ignorante, borracho y confidente de la policía.

Las oleadas emigratorias hacia las ciudades industriales escaparon del control ideológico de la Iglesia para caer en la órbita de los líderes obreros que predicaban la revolución en los barrios de los cinturones industriales.

Desengañado de la conveniencia de europeizar Rusia, Alejandro III era partidario de más palo y menos zanahoria. Más policía, más deportaciones a Siberia y menos contemplaciones con los revolucionarios profesionales y con sus incautos compañeros de viaje, los estudiantes pasados por las universidades y escuelas que se prestaban a hacerles el juego.

Entre los estudiantes progres que abrazaban la causa revolucionaria figuraba Alexandr Ulianov (1866-1887), el hermano mayor de Lenin.

Este Alexandr quizá sea una figura menor, pero merece toda

nuestra atención porque su ejecución empujó a su hermano hacia el liderazgo de la revolución que destruyó el zarismo y contribuyó a la entronización del comunismo, la nueva religión de la modernidad.[43]

El joven Alexandr tenía ante sí un brillante porvenir. Proveniente de una familia acomodada (su padre era un prestigioso consejero civil), sacaba las máximas notas (medalla de oro) tanto en el bachillerato como en la Universidad de San Petersburgo, donde se licenció en ciencias naturales, especialidad zoología. En estos años universitarios se sintió atraído, como tantos estudiantes hijos de la burguesía, por las nuevas doctrinas revolucionarias. Militó en Naródnaya Volia y participó en la preparación de un atentado contra Alejandro III.

Para planear la nueva acción, el joven Ulianov y sus camaradas se reunieron el 22 de febrero de 1887 en el café Polonais. Tras enconada discusión se decidió que el atentado se realizaría el primero de marzo, séptimo aniversario de la eliminación del zar anterior. Lo harían por el mismo procedimiento: dinamita al paso del carruaje que trasladaría al zar a la misa de réquiem en memoria de su padre.

El día de autos Alejandro III había ordenado que dispusieran su carruaje y escolta para las 10.45 de la mañana, pero el cochero olvidó encomendar al jefe de las caballerizas que tuviera enjaezados los caballos de tiro de la carroza imperial. Tan providencial retraso permitió que la policía, abundantísima en el trayecto que iba a seguir la carroza imperial, detuviera a tres jóvenes que merodeaban con pinta de sospechosos. Del interrogatorio de los susodichos, a los que les incautaron sendas bombas, derivaron otras detenciones, entre ellas la de Alexandr Ulianov quien, tras consejo de guerra sumarísimo, fue condenado a la horca.

El joven Lenin sintió en lo más profundo la ejecución de su hermano. Treinta años después, ya dueño de la Rusia soviética, se tomó cumplida venganza cuando decretó la ejecución del hijo del odiado Alejandro III, el zar Nicolás II, con toda su familia.

43. Si el cristianismo tal como lo conocemos se debe más a san Pablo que a Jesucristo, de la misma manera el comunismo tal como lo conocemos se debe más a Lenin que a Marx.

Alejandro III fue un autócrata autoritario al viejo estilo. Aunque poco sensible a la cuestión social, se preocupó del progreso de Rusia. La empresa de su vida fue el ferrocarril transiberiano, nueve mil y pico kilómetros de línea férrea que atraviesa, en siete días de viaje, el inmenso Imperio desde Moscú a Vladivostok, en la costa del Pacífico.

Era además, Alejandro, un hombre detallista. Como los ortodoxos suelen celebrar la Pascua regalando un huevo decorado a los seres queridos, él encargó al famoso orfebre Peter Carl Fabergé una joya singular en forma de huevo para regalarla a la emperatriz María Fiódorovna, su esposa, en la Pascua de 1885.

El resultado fue un huevo de platino que al abrirse contenía otro de oro y dentro de este último una gallina de oro rematada por la corona imperial rusa.

El regalo tuvo tanto éxito que Alejandro renovó el encargo: un huevo de Pascua para cada año, todos distintos y a cual más original, siempre con una sorpresa dentro. Pronto otros millonarios como los banqueros Rothschild, el industrial Kelch, dueño de minas de oro en Siberia, o Alfred Nobel, el de la dinamita, no quisieron ser menos y encargaron a Fabergé huevos de Pascua tan maravillosos como los de la zarina.

Alejandro III falleció de nefritis en 1894, a la temprana edad de cuarenta y nueve años, dejando el trono de Rusia al inexperto y joven Nicolás II.

Alejandro III y su esposa.

CAPÍTULO 12

Golod

En 1891 la prolongada sequía agostó las cosechas en la región del Volga. En un espacio equivalente a tres veces la extensión de España, entre los montes Urales y el mar Negro, no hubo cosecha ese año. Lo poco que se produjo se exportó siguiendo el lema del Gobierno: exportar lo que se pueda y consumir el resto.

El resultado de tan demencial medida fue que casi cuarenta millones de personas no tuvieron nada que comer cuando llegó el invierno. Con sus últimas energías los campesinos desmontaron los tejados de paja de sus humildes viviendas para alimentar al ganado. La cabaña se redujo considerablemente. Apareció un pan amargo hecho de brotes de centeno, hierbas y musgo que producía terribles ardores y después de un penoso tránsito intestinal se defecaba formando cagarrutas, como las cabras.

Los campesinos se encerraban en sus cabañas y se echaban en sus jergones a morir. Una epidemia de cólera y tifus se llevó consigo a medio millón personas.

La lenta burocracia reaccionó tarde y mal. Algunos envíos de víveres se pudrían en las estaciones porque el funcionario responsable no se atrevía a dar salida al tren hasta que le llegaran los papeles de la expedición. Los periódicos de la capital hablaban de escasa cosecha *(neurozhai)* y evitaban la palabra *golod* (hambruna). Con todo, la noticia cundió y se formaron diversas asociaciones civiles que acudieron en ayuda de los necesitados. Entre las personas que se desvivieron por socorrer a los afectados figuraban los escritores Antón Chéjov y León Tolstoi. Este último organizó comedores sociales en las zonas afectadas y denunció repetidamente la desigualdad social y la miseria del campesino ruso en la prensa y en el libro *El reino de Dios* (1892).

—La hambruna traerá la revolución —señaló agudamente Lenin.

El revolucionario estaba cargado de razón. La sociedad rusa, especialmente la urbana, se radicalizó políticamente. Hasta los más recalcitrantes admitieron que el sistema zarista estaba en bancarrota y por lo tanto había que sustituirlo por otro más justo.

El marxismo cundió en las universidades y entre los cenáculos cultos, la *intelligentsia* o élite intelectual. Muchos que hasta entonces se consideraban simplemente liberales, terratenientes progresistas y estudiantes, vieron en el marxismo la salvación de Rusia. Terratenientes rentistas y burócratas cómodamente instalados en la Administración sintieron removerse sus conciencias y acudieron en ayuda de los damnificados.

Más de uno se arrepentiría demasiado tarde.

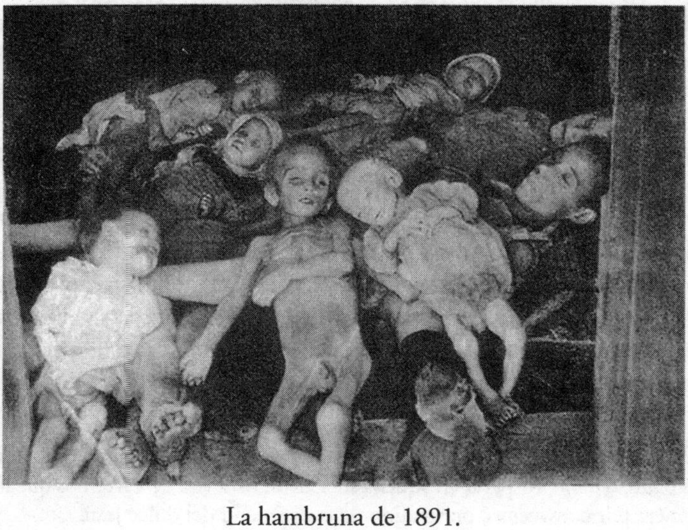

La hambruna de 1891.

CAPÍTULO 13

Lenin en el camino de Damasco

San Pablo, el fundador del cristianismo, no fue cristiano hasta que cayó, milagrosamente, en el camino de Damasco.

También Lenin, el fundador del comunismo, tuvo su camino de Damasco, un antes y un después.

Lenin nació en el seno de una familia acomodada, terratenientes de ideología conservadora. El padre, Ilia Ulianov, inspector escolar, con derecho al tratamiento de su excelencia *(vashe vysokoprevosjodítelstvo)* prefirió olvidar que el abuelo era sastre y el bisabuelo siervo emancipado.

Otra tacha que la familia procuraba ocultar era el origen racial de los Ulianov, que no era ruso sino calmuco (lo que explica los rasgos tártaros de nuestro personaje). Tenía además, como Marx y muchos revolucionarios rusos, sangre judía, otro origen que las hagiografías comunistas procuraron ocultar.[44]

Stalin fabricó una biografía de Lenin, modélico y angelical desde su infancia, muy alejada de la realidad. El verdadero Lenin, de acuerdo con los recuerdos de su hermana, solo aprendió a hablar a los tres años y era tan propenso a las rabietas y ataques de histeria que su madre dudaba de su salud mental. Desde pequeño mostraba cierta tendencia a la crueldad: destripaba jugue-

44. La madre de Lenin era hija de un médico y terrateniente judío que se bautizó para prosperar en aquella sociedad hostil (no descartemos que lo hiciera por convicción, persuadido de la divinidad del dulce Jesús).

tes, les sacaba los ojos a las muñecas y destazaba los caballos de juguete.

En su conducta particular, Lenin se apartó con frecuencia de lo que predicaba. Es lo que suele ocurrir a los líderes religiosos (recordemos que el comunismo es una religión): una cosa es predicar y otra dar trigo.

Cuando las hambrunas de 1891, demandó a sus linderos por daños y perjuicios, y «mientras en sus primeros escritos condenaba las prácticas del capitalismo nobiliario, él mismo estaba viviendo holgadamente de sus beneficios, obteniendo casi todos sus ingresos de las rentas e intereses derivados de la venta de la hacienda materna».[45]

El joven Lenin se matriculó en derecho, pero lo expulsaron de la universidad por sus actividades subversivas. Bien es cierto que terminaría la carrera por libre con excelentes notas. Solo ejerció dos años como abogado. El resto de su vida fue un «revolucionario profesional» que vivía, o malvivía, de los fondos del partido y del dinero de la familia.

Desterrado a Siberia, se casó por la iglesia con Nadia Krúpskaya, una revolucionaria entregadísima a la causa. No fue una gran historia de amor, sino de camaradería. Ella se adaptó al papel de eficiente secretaria hasta que tuvo que hacer de enfermera, ya en sus últimos años.

Lenin nunca se implicó en la lucha directa, callejera, contra el sistema. Eso lo dejaba para la tropa, a la carne de cañón del partido con vocación de mártir que recibía los sablazos de los cosacos y los disparos de la policía. Él era físicamente cobarde y en cuanto barruntaba el peligro salía por pies.[46]

Como corresponde a un líder religioso, Lenin fue siempre dogmático, intolerante, manipulador, cruel e indiferente al sufrimiento ajeno. En realidad comulgaba con esa ideología de las antiguas monarquías absolutistas: todo por el pueblo, pero sin el

45. Figes, 2010, p. 183.

46. «Llegó a tales extremos la ansiedad que le causaba su instinto de conservación, que uno se sentía obligado a preguntarse si no era, simplemente, un hombre sin valor personal» (Figes, 2010, p. 434).

pueblo. Esto se manifiesta especialmente en su obrita *¿Qué hacer?* (1902). No es casual que para esta especie de vademécum del revolucionario escogiera el mismo título de la famosa novela del socialista utópico Nikolái Chernyshevski, mencionada páginas atrás, aquella cuyo personaje Rajmetev sirvió de modelo al propio Lenin y a otros revolucionarios de su hornada.

Como Rajmetev, Lenin era en su vida privada un asceta que rechazaba toda comodidad y todo vicio burgués. Incluso cuando ya había alcanzado el poder siguió durmiendo en un catre de campaña. Se aseaba en una humilde palangana, vestía como un maestro de provincias, comía modestamente, a veces en la cafetería del Kremlin, no fumaba, no bebía y leía preferentemente textos doctrinarios e informes que pudieran ayudarle en su única obsesión y en su única meta: el poder.

Como su maestro Marx, Lenin despreciaba toda opinión que no concordara con la suya y perseguía con saña a todo disidente. Cuando se le llevaba la contraria agarraba berrinches monumentales y apostrofaba al discrepante de «basura», «adoquín», «cretino», «hijoputa» o, si se trataba de mujeres, «solterona boba» o «puta».

Conclusión: no era el hombre de fácil trato que nos han vendido. Ni siquiera era un genio de la oratoria: cuando peroraba desde su púlpito laico suplía con pasión y estrujamientos de gorra lo que le faltaba de comunicador. Por otra parte, su público tampoco era muy exigente: entregado a la nueva religión con fervor catecúmeno, se conformaba con unas cuantas consignas claras con las que regir sus vidas.

Lenin predicando.

CAPÍTULO 14

El *grand tour* de un príncipe

Alejandro III intentó educar a su hijo para la alta misión de sucederlo a la que estaba destinado: «Ni yo ni María Fiódorovna (la zarina) queremos hacer de nuestros hijos "plantas de invernadero" —decía—. Tienen que saber rezar a Dios y ser estudiosos, aunque también jueguen y hagan travesuras. Enséñenles bien [...] que no sean holgazanes [...]. Necesito unos hijos normales, rusos; si se pelean, clemencia, pero si alguno sale chivato, látigo».

El programa parece razonable: vida sana y mano dura para curtir cuerpos y voluntades, pero el heredero del trono, el enclenque Nicky siguió siendo Nicky incluso después de entronizado como Nicolás II.

El último zar nunca alcanzó la talla que su padre le exigía, ni siquiera físicamente, pues medía apenas 168 centímetros en un contexto en el que todos los reyes y emperadores europeos, retoños de familias bien comidas, alcanzaban estaturas aventajadas.[47]

Nicolás II no parecía hijo de aquel trueno. Agravaba su in-

47. Sin salir de Rusia, Pedro I el Grande había medido dos metros cinco centímetros y el propio Alejandro III medía un metro noventa, y tenía un aspecto imponente que casaba bien con su carácter autocrático, anchas espaldas, fuertes brazos, cerrada barba negra y unas manazas como palancas. Cuando el coloso se tomaba cuatro copas divertía a sus amigos «atravesando puertas cerradas y doblando rublos de plata con su pulgar imperial» (Figes, 2010, p. 49).

significancia física con un carácter tímido y apocado, una expresión dulce, casi risueña, que se intensificaba con una ocasional caída de párpados de sus ojos de gacela,[48] tachas que su padre intentó contrarrestar con una severa formación militar junto a la crema de la aristocracia rusa.

—Los Románov somos todos militares.

—Sí, padre.

Como Nicky era dócil se adaptó de buena gana a la vida del cuartel, donde te ordenan y obedeces, sin cuestionarte nada y sin preocuparte, porque siempre hay un superior responsable. Sus camaradas de armas tomaron por modestia su timidez, lo que le granjeó la simpatía del regimiento.

Al zar Nicolás muchos historiadores lo tienen por un infeliz. Probablemente lo fuera, pero la propaganda revolucionaria lo apellidaba *el Sanguinario*, en memoria del Domingo Sangriento de 1905, cuando la Guardia Imperial disparó contra aquella pacífica manifestación de obreros y mató a más de mil, entre ellos mujeres y niños (pronto lo veremos). Luego se ha demostrado que fue su tío el que ordenó abrir fuego, pero ya Nicolás arrastraba el sambenito del que no se despojaría en vida.

A Nicky, en su vertiente infantil que tanto preocupaba a su padre, le encantaban los ejercicios de tiro y equitación, los paseos fluviales y el *tennis*, los vistosos uniformes, los desfiles, las fanfarrias... aficiones que quizá merecieran un par de hostias bien dadas, pero que en ningún caso justifican su ejecución por los bolcheviques.

Ya empezaba a ser objeto de malévolas murmuraciones su gusto por el ambiente viril de los cuarteles cuando conoció a la bailarina Matilde Kshesinskaya, menudita pero de firmes muslos endurecidos por la danza, se aficionó a ella y le hizo dos hijos.[49]

48. Lejos de mi intención hacer mofa o befa del ilustre personaje. Lo de los ojos de gacela no es lirismo mío: lo tomo literalmente de Isvolsky, 1921, p. 256.

49. Aunque Nicky se apartó de ella, no por eso la desatendió. Le regaló un palacio a orillas del Neva, en el mejor barrio de San Petersburgo, frente a la embajada norteamericana, y la nombró directora del Ballet

Preocupado por el encoñamiento de su hijo, el zar lo envió a recorrer mundo para airearlo un poco, lo que Nicky aceptó con resignación, porque su interés por las otras naciones era nulo.

Llegado a Japón, país que nunca le gustó un pelo, un atentado contra su real persona lo reafirmó sobre sus recelos acerca del «peligro amarillo». Uno de los policías encargados de protegerlo, Tsuda Sanzo, intentó asesinarlo con su catana. Afortunadamente, Nicky esquivó el golpe, aunque lo alcanzó de refilón y le dejó una cicatriz en el cuero cabelludo y un sombrero hongo irrecuperable.

El incidente de Otsu, como se denominó el atentado en la correspondencia diplomática, precipitó el regreso del joven Nicky a Rusia, vía Vladivostok, donde puso la primera piedra de la estación terminal del transiberiano.[50]

Nicolás II, turista en Japón.

Imperial (Reeves, 1921, p. 18). En su momento, los bolcheviques tomarían ese palacio, al asalto naturalmente, e instalarían en él su sede.

50. Lensen, 1961, pp. 238-239.

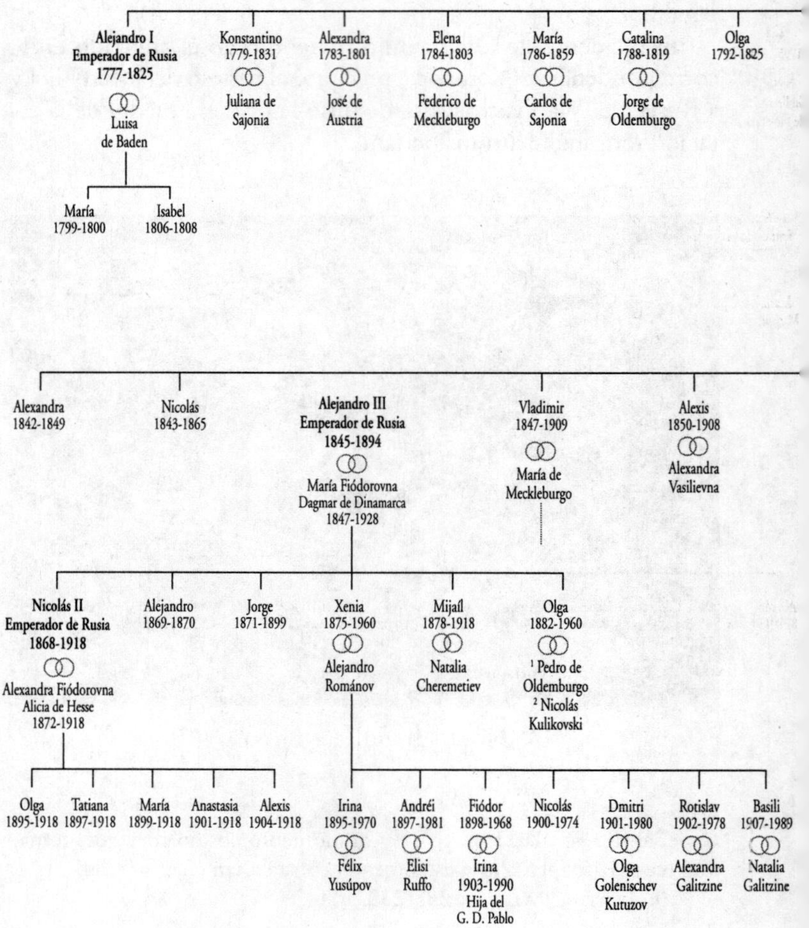

Alejandro I
Emperador de Rusia
1777-1825
Luisa
de Baden
Konstantino
1779-1831
Juliana de
Sajonia
Alexandra
1783-1801
José de
Austria
Elena
1784-1803
Federico de
Meckleburgo
María
1786-1859
Carlos de
Sajonia
Catalina
1788-1819
Jorge de
Oldemburgo
Olga
1792-1825
María
1799-1800
Isabel
1806-1808
Alexandra
1842-1849
Nicolás
1843-1865
Alejandro III
Emperador de Rusia
1845-1894
María Fiódorovna
Dagmar de Dinamarca
1847-1928
Vladimir
1847-1909
María de
Meckleburgo
Alexis
1850-1908
Alexandra
Vasilievna
Nicolás II
Emperador de Rusia
1868-1918
Alexandra Fiódorovna
Alicia de Hesse
1872-1918
Alejandro
1869-1870
Jorge
1871-1899
Xenia
1875-1960
Alejandro
Románov
Mijaíl
1878-1918
Natalia
Cheremetiev
Olga
1882-1960
1 Pedro de
Oldemburgo
2 Nicolás
Kulikovski
Olga
1895-1918
Tatiana
1897-1918
María
1899-1918
Anastasia
1901-1918
Alexis
1904-1918
Irina
1895-1970
Félix
Yusúpov
Andréi
1897-1981
Elisi
Ruffo
Fiódor
1898-1968
Irina
1903-1990
Hija del
G. D. Pablo
Nicolás
1900-1974
Dmitri
1901-1980
Olga
Golenischev
Kutuzov
Rotislav
1902-1978
Alexandra
Galitzine
Basili
1907-1989
Natalia
Galitzine

Árbol genealógico de la Casa Imperial de Rusia ROMÁNOV

Pedro III Emperador de Rusia 1728-1763
Catalina II la Grande Emperatriz de Rusia 1729-1796
María Fiódorovna María Sofía de Wurtemberg
Pablo I Emperador 1754-1801
Natalia Alexéievna
Ana 1795-1865
Guillermo II de Holanda
Nicolás I Emperador de Rusia 1796-1855
Alexandra Fiódorovna 1798-1860
Mijaíl 1798-1849
Carlota de Wurtemberg
Alejandro II Emperador de Rusia 1818-1881
María Alexándrovna María de Hesse y del Rin 1824-1880
María 1819-1876
Maximiliano de Leuchtenberg
Olga 1822-1892
Pedro de Wurtemberg
Alejandra 1825-1844
Federico de Hesse-Cassel
Isabel 1826
Konstantino 1827-1892
Alexandra de Sajonia-Altemburgo
Nicolás 1831-1891
Alexandra de Oldemburgo
Mijaíl 1832-1909
Cecilia de Baden
María 1853-1920
Alfredo de Inglaterra
Sergio 1857-1905
Isabel de Hesse
Pablo 1860-1919
1 Alejandra de Grecia
2 Princesa Paley
Alfredo 1874-1899
María 1875-1938
Fernando de Rumanía Reyes de Rumanía
Victoria Melita 1876-1936
1 Ernesto de Hesse
2 Cirilo Románov
Alexandra 1878-1942
Ernesto de Hohenlohe
Beatriz 1884-1966
Alfonso de España
1
2
María 1890-1958
Guillermo de Suecia
Dmitri 1891-1942
Audrey Emery
Vladimir 1897-1918
Irina 1903-1990
Teodoro Hijo de la G. D. Xenia
Natalia 1905-1981

CAPÍTULO 15

La esposa dominante

La reina Victoria de Inglaterra (y emperatriz de la India) había casado a su segunda hija, Alice, con el archiduque Luis IV de Hesse-Darmstadt, heredero de uno de los minúsculos Estados que un día pertenecieron al Sacro Imperio Romano Germánico.

En 1884 una de las hijas de Alice, la princesa Isabel, se casó con el archiduque Serguéi Alexándrovich, hijo del zar Alejandro II. Bodas traen bodas, como suele decirse. En esta celebración, una hermana de la novia, la princesa Alix de Hesse-Darmstadt, captó la atención de Nicolás, el sobrino del novio, nuestro Nicky de esta historia.

Nicolás ascendió al trono de Rusia a la muerte de su padre, en 1894. Unos meses después contrajo matrimonio con su amada Alix, quien al convertirse a la fe ortodoxa (antes era rigurosa luterana), adoptó el nombre de Alejandra Fiódorovna Románova.[51]

Con este acto el recién estrenado zar pasaba de la tutela de su madre a la de una esposa igualmente dominante. Nicolás necesi-

51. El lector no ignora que entre las casas reales europeas existía la costumbre de intercambiar esposas y que estas se convertían a la religión oficial del reino recipiendario. Así, nuestra reina Victoria Eugenia, que era anglicana, se hizo católica al casarse con Alfonso XIII y nuestra reina Sofía, que era ortodoxa, se convirtió al catolicismo al matrimoniar con Juan Carlos I.

tó toda la vida a una mujer cercana que apuntalara su débil voluntad.

En una ocasión la zarina le hizo esta confidencia al embajador británico: «Me incomodan los ministros que lo apartan de su deber. La situación requiere determinación. El emperador desafortunadamente es débil, pero yo no lo soy y me propongo sostenerlo».[52]

Los tenía bien puestos la zarina.

El caso es que Alejandra, *el Solecito*, como la llamaba su enamorado marido, era tan tímida y retraída como él, pero contrarrestaba estos defectos con un punto de altanería y con un desprecio apenas disimulado por la cultura y las costumbres rusas, tan distintas a las alemanas e inglesas en las que se había criado.

Alejandra Fiódorovna se entrometía en el trabajo de su marido porque lo tenía por un calzonazos que se dejaba manejar por su tío (el gran príncipe Nikolái Nikoláievich) o por su primer ministro (Stolypin). En parte llevaba razón: Nicolás era incapaz de llevar la contraria a nadie. «Cuanto más te sonríe —escribe Serguéi Witte, otro ministro que lo tenía bien calado—, más posibilidades tienes de que te destituya.»

Lo único que aceptó Alejandra de Rusia fue lo que más se adaptaba a su carácter amante de la pompa y la ceremonia: la religión. Educada en la adusta secta luterana, cuando se vio obligada a convertirse a la religión ortodoxa se encontró muy a gusto con las elaboradas ceremonias de regusto medieval. Incluso desarrolló cierta tendencia al misticismo del todo inédita en el seco tronco luterano.

Hay que señalar que los zares solían casarse con extranjeras.[53] También muchos aristócratas rusos emparentaban con cepas alemanas procedentes del viejo tronco del Imperio Romano Germánico. El sencillo pueblo rechazaba esta transfusión de sangre

52. Buchanan, 1923, I, p. 238.

53. Los reyes españoles también. Desde los Reyes Católicos solo Felipe II (en su cuarto enlace con Ana de Austria, nacida en Cigales, Valladolid, pero criada en Viena); Alfonso XII (en su primer enlace) y Felipe VI han escogido esposas españolas.

extranjera, por más que muchas nobles importadas gustaran de vestir a la moda rusa, tan favorecedora, y se lucieran con un *sarafán* bordado y la diadema *kokóshnik* en la cabeza[54] (compruébelo el lector en el cuadro de la coronación de Alejandro II que aparece en las páginas de color).

A la aristocracia rusa le encantaba el refinamiento francés e italiano (de hecho, entre ellos conversaban en francés y solo empleaban el ruso con la servidumbre).

Las mujeres de la aristocracia gustaban de la moda parisina; los hombres, de la inglesa. Todos ellos eran adictos a la cocina francesa y a la ópera italiana (algunos extravagantes incluso mantenían su propia compañía de ópera). Muchos nobles pasaban más tiempo en París, en Niza y en la Riviera que en San Petersburgo. Esto explica que la emperatriz Alejandra apenas se molestara en aprender el idioma de sus súbditos. En palacio hablaban inglés, y en la corte, francés. El ruso, para la chusma que nos mantiene y sirve.

Como declaró Iván Bunin (el primer premio Nobel de literatura ruso) en una entrevista a *Noticias de Moscú* en 1912: «En ningún otro país existe un abismo más profundo entre las clases cultas y las incultas».[55]

El pueblo ruso, como todo pueblo viejo, era supersticioso. Por eso interpretó como un mal presagio que la coronación de Nicolás II como emperador y autócrata de todas las Rusias se viera empañada por una tragedia.

Durante las solemnes fiestas de coronación era costumbre repartir regalos al pueblo. Unas veces consistían en vodka de garrafón, salchichas, salazones y otros consumibles a punto de estropearse en los almacenes estatales y otras en medallitas de cobre, cintas conmemorativas y variada quincalla patriótica. En ocasiones especiales se ofrecía una comida gratis y esto volvía loca a una gente que nunca se había hartado de comer.

54. También las aristócratas españolas tuvieron un periodo en el que gustaban de ataviarse como las majas, recordemos a la duquesa de Alba retratada por Goya.

55. Smith, 2015, p. 90.

Quizá el lector haya asistido a una de esas inauguraciones en las que se ofrece una copa de vino español. En tal caso habrá observado que el personal asalta a los camareros a la salida de la cocina para arrebatarles los canapés y las bebidas. Gente a la que no le faltan cincuenta euros en la cartera para comer en un restaurante.

Esa compulsión cuando se nos ofrece comer de balde, no es una característica privativa de los españoles; ocurre en todas partes. Añadamos el agravante de que en Rusia el pueblo estaba realmente hambriento y de pronto se le ofrecía la posibilidad de sacar el vientre de mal año.

En las celebraciones de la entronización de Nicolás II se dispuso que se ofreciera un refrigerio al pueblo en el lugarejo de Jodýnskoye Pole, a las afueras de Moscú. La elección del lugar no fue muy acertada porque era un terreno de uso militar cruzado de zanjas y otros obstáculos. Una muchedumbre de hasta medio millón de personas se fue allegando en espera de que abrieran las puertas mientras numerosos carros de cerveza y regalos accedían por la puerta de los proveedores.

A las seis de la mañana, con los chiringuitos debidamente surtidos de bebida y comida, se abrieron las puertas y se produjo la previsible estampida de la famélica muchedumbre. Los que iban delante tropezaron en las zanjas y los que venían detrás no pudieron frenar. La melé resultó en 1.390 personas muertas, aplastadas, las cajas torácicas crujiendo como nueces, y otros tantos heridos de diversa consideración.[56]

La tragedia de Jodýnskoye Pole causó sensación en toda Rusia.

56. Un testigo excepcional, el oficial de la Guardia Real Carl Gustaf Mannerheim, relata la tragedia con estas palabras: «Junto a nosotros pasó una gran caravana de carros abiertos, debajo de los colchones colgaban brazos y piernas sin vida. En el cercano Jodýnskoye Pole había ocurrido una catástrofe terrible. Una muchedumbre se precipitó hacia los puestos donde se repartían refrescos y pequeños recuerdos. Empezó el pánico, las personas cayeron y murieron a pisotones». Esta marca de aplastados por entusiasmo multitudinario solo se batiría un siglo después, en 1990, cuando 1.426 musulmanes que peregrinaban a La Meca murieron apretujados en el túnel de Muna.

—Mal empieza el reinado —murmuraron los agoreros.

Se hubiera necesitado un estadista con algunos conocimientos básicos del funcionamiento de un gobierno y con cierta mano izquierda, pero Nicky carecía de preparación para reinar. Y de ganas. Irritado por su insignificancia, Alejandro III ni siquiera había intentado que aprendiera a su lado.

Nicky era consciente de su ignorancia. El día de la muerte de su padre se echó a llorar en brazos de su primo Alejandro:

—¿Qué va a ser de mí y de Rusia? —sollozó—. No estoy preparado para ser zar. Nunca quise serlo. No sé nada de gobierno. Ni siquiera sé cómo debo dirigirme a un ministro.[57]

Al principio se dejó manejar por sus tíos, gente taimada y cortesana. Después, por su mujer (ya le había advertido en una carta que «ella llevaría los pantalones»).

Libre de las pesadas tareas del gobierno, Nicolás se concentró en pequeñeces que pudiera abarcar: responder personalmente a cartas de rendidos súbditos, supervisar el funcionamiento del garaje imperial, o pegar cuidadosamente las fotografías familiares, cientos de ellas, en decenas de álbumes encuadernados en piel verde.

En cada una de esas acciones tardaba una eternidad, a veces una hora o más en redactar una carta. Siempre deseoso de agradar extremaba su gentileza con el interlocutor hasta el extremo de resultar cargante. No le llevaba la contraria a nadie y a veces desbarataba por escrito el compromiso que antes había acordado personalmente sin atreverse a contradecir a su interlocutor.

57. Figes, 2010, p. 51.

CAPÍTULO 16

Buscando el varoncito

Alejandra no entró en Rusia con buen pie. Su primera aparición pública durante los funerales de Alejandro III concitó murmuraciones en el sencillo pueblo, que era bastante supersticioso: «Una novia detrás de un ataúd trae mala suerte».

En la boda, que fue pomposa e imperial, ya se notó que la nueva emperatriz no se sentía cómoda en las ceremonias públicas a las que la obligaba el protocolo.[58]

Alejandra nunca pudo adaptarse a la corte rusa ni a la cultura de su país de adopción. Criada en Darmstadt, un deprimente lugar pueblerino habitado por «burgueses ahítos y amas de casa satisfechas»,[59] se escandaliza de la permisividad reinante en la afrancesada corte de San Petersburgo.

La zarina no soportaba a las aristócratas rusas y ellas no desaprovechaban ocasión de desairarla. Al principio del reinado, Nicolás le encomendó la confección de las listas de invitados a las fiestas de la corte, lo que ella aprovechó para excluir a todas aquellas que no alcanzaban su exigente nivel de moralidad. En-

58. En una de las primeras apariciones públicas, en enero de 1895, tuvo que someterse al cercano escrutinio de más de quinientas damas de la corte que le besaron la mano y la escanearon de arriba abajo: «Es guapa, sí, pero me ha parecido antipática», comentaban. «Y más alta que el zar, lo que me parece una falta de respeto.»

59. Rappaport, 2015, p. 36.

tonces incluso las más decentes dejaron de asistir a las fiestas, en solidaridad con sus correligionarias. Consciente de que por ese camino se abría un abismo entre la aristocracia y la casa imperial, Nicolás eximió a su esposa de aquella obligación y en lo sucesivo encomendó la confección de las listas palatinas a su madre, la zarina María Fiódorovna Románova que, aunque de estirpe germana como Alejandra (había nacido Dagmar de Schleswig-Holstein-Sonderburg-Glücksburg, princesa de Dinamarca), se había adaptado mucho mejor que ella al pueblo ruso.[60]

Alejandra no hizo ningún esfuerzo por acomodarse al oficio. Con el tiempo fue desarrollando la facultad de soslayar las obligaciones del cargo por medio de jaquecas (de evidente carácter nervioso) a las que se uniría una dolorosa ciática. La zarina se hizo consumidora compulsiva de ácido acetilsalicílico, la forma primitiva de la actual aspirina.

Retrocedamos un poco al tiempo feliz de la luna de miel, cuando todavía no se han radicalizado las posturas. La joven pareja imperial se instaló en un ala del palacio Alexandr, en Tsárskoye Seló (la villa de los zares), un lugar idílico rodeado de versallescos jardines.

Jóvenes como eran y bien comidos y servidos como estaban, se consagraron con denuedo a la principal tarea de los titulares de las casas reales, que consiste en aparearse hasta engendrar un heredero que perpetúe la estirpe.

Un heredero varón, entiéndase, porque en virtud de la ley sálica,[61] que transmite los derechos dinásticos por línea de pri-

60. Mouchanow, 1918, p. 118.

61. La ley sálica (así llamada por su atribución a la tribu de los francos salios, en el siglo v) prohibía que una mujer heredara el trono o transmitiese los derechos al trono a sus descendientes varones. Diversas monarquías europeas la adoptaron, entre ellas la rusa (introducida por el zar Pablo I en 1797 y ratificada en 1886 por Alejandro III, y en 1906 y 1911 por Nicolás II). Ya está abolida en las monarquías europeas, que se han vuelto feministas en concordancia con los nuevos tiempos, pero sus consecuencias pueden observarse en la monarquía española actual: a ella se debe que la heredera del trono no fuese la infanta Elena, primogénita de Juan Carlos y Sofía, en lugar del actual rey don Felipe VI, que es el terciogénito.

mogenitura masculina, las hijas no sirven. O sea, si Nicolás II moría sin engendrar un heredero varón, la corona pasaría a su hermano Mijaíl (otros hermanos intermedios, Alexandr y Gueorgui, habían fallecido anteriormente).

La zarina quedó debidamente embarazada y a los nueve meses cumplidos se puso de parto. Todo San Petersburgo, salones de la nobleza, fábricas, cuarteles, colegios, etcétera, suspendieron sus actividades expectantes mientras los cañones de la fortaleza de San Pedro y San Pablo saludaban con salvas, doce por minuto, la ampliación de la familia real.

Fueron ciento una salvas. Después, ominoso silencio.

—Ciento un cañonazos —corroboró un cura barbudo al patriarca ortodoxo que los había estado contando con los dedos en la nunciatura de la catedral de San Isaac.

Ciento una salvas, ni una más, significaba que había nacido una niña, lo que en términos dinásticos viene a ser dar gatillazo, porque lo que se busca y necesita es un varón (disculpen la cruda manera de exponerlo).

Consolémonos. Fue una «hijita enorme y preciosa» (cuatro kilos y medio) a la que llamaron Olga.

Unos meses después la zarina quedó nuevamente embarazada. Alborozo en la corte. Vamos a por la parejita.

Nueva salva de ciento un cañonazos. Decepción. Otra niña: Tatiana. Solo tres kilos novecientos gramos, pero muy armónicamente repartidos: era incluso más bonita que su hermana. La zarina, cuando salió de los vapores del cloroformo y vio al bebé exclamó: «¡Otra niña! ¿Qué dirá la nación?».

Y aunque estaba débil le sobrevino un ataque de histeria.

Nuevo embarazo en busca del necesario heredero y nueva decepción. La siguiente niña, María, pesó cuatro kilos y medio. Consolémonos: con aquellos enormes ojos azules era «tan bella como un ángel de Botticelli».

Nicolás no exterioriza decepción alguna. Desde los tiempos del *padre padrone* con el tonante Alejandro III reprendiéndolo continuamente había desarrollado cierta facultad de bloquearse y excluir los sentimientos. Anotó escuetamente en su diario: «El Señor nos ha enviado una tercera hija».

El Señor, cuyos designios son inescrutables, lo puso a prueba todavía con una cuarta hija, Anastasia, otra robusta niña (cinco kilos y doscientos gramos), cuyo nacimiento causó gran contrariedad en la corte.

—¡Dios mío, qué decepción...! ¡Una cuarta hija! —exclamó la archiduquesa Xenia.

¿Es que la alemana solo sabe engendrar niñas?

La alemana se siente fracasada y culpable. Los silencios y sobreentendidos que cree captar en su entorno le acrecientan la certeza de que todo el mundo la odia. Su frustración crece hasta convertirse en paranoia. ¿No conspiran contra ella? ¿No pretenden arrebatarle el trono a su hijo nonato?

Decir que todo el mundo la odia sería exagerado. En realidad solo la odia casi todo el mundo. Con los años se ha vuelto más antipática, más autoritaria, más propensa a la histeria. Malcontenta con la vida, ya no se esfuerza en disimularlo. Observen cómo se va endureciendo su expresión en las fotos de las páginas a color.

En una recepción, Margaret Cassini, hija del embajador de Rusia en Washington, la nota ausente y melancólica. Va radiante de joyas, como siempre, pero «las lleva sin alegría».[62]

La inadaptación de Alejandra a la corte y a las costumbres rusas resulta a la postre un problema menor comparado con el de la falta de un heredero varón.

Hasta que el deseado *tsarevich* llega.

Cuando el 12 de agosto de 1904 los cañones de la fortaleza de Pedro y Pablo continúan disparando salvas después de la centésimo primera, señal inequívoca de que ha nacido un niño, una explosión de júbilo conmueve San Petersburgo. Las ventanas se llenan de banderas, el pueblo alborozado inunda las calles. Las oficinas, las fábricas, los cuarteles y los colegios conceden al personal el día libre. Es un día cálido y soleado. Que la gente salga a celebrarlo.

Disparadas las preceptivas trescientas una salvas, la buena nueva del nacimiento del ansiado heredero se divulga, gracias al

62. Rappaport, 2015, p. 88.

telégrafo, hasta los rincones más lejanos del Imperio. Por doquier se celebra con fiestas y redoble de campanas...

Al menos eso fue lo que dijeron los periódicos al día siguiente. Es de suponer que a los revolucionarios que conspiraban contra el zar los contrarió la noticia.

El niño que nace *tsarevich* se llamará Alexis en memoria de Alexis I (Alexéi o Alejo), uno de los zares más gloriosos de la dinastía, padre de Pedro el Grande.

En el paritorio imperial, la euforia inicial al ver al precioso bebé de cuatro kilos, rubito y de ojos azules, que acaba de nacer, va dando paso a una cierta preocupación porque el sangrado del cordón umbilical dura más de lo normal.

Los médicos tuercen el gesto. Lo que parece una pequeña contrariedad se revelará con el tiempo una gran contrariedad: el heredero de los Románov es portador de una terrible enfermedad, la hemofilia.

Los afectados de hemofilia son deficitarios del factor coagulante de la sangre. Pueden desangrarse hasta morir por cualquier herida, por mínima que sea.[63] Curiosamente, las mujeres no padecen esta enfermedad, pero pueden transmitirla a sus hijos varones.

Al pobrecito Alexis algunos médicos le pronostican que no vivirá más de trece años. Hay que reconocer que, por una vez, acertaron.

63. La hemofilia heredada por la zarina Alejandra de su abuela, la reina Victoria del Reino Unido, procedía de una alteración cromosómica fruto del cruce de la casa de Kent con la de Hannover, cuya sangre llegaba degenerada por repetidos enlaces consanguíneos. Curiosamente, Eduardo VII, hijo y heredero de Victoria, no padeció hemofilia ni la ha padecido ninguno de sus descendientes, pero las nietas de la reina Victoria la transmitieron a las casas reales española, prusiana y rusa (véase árbol genealógico en página siguiente). Nuestra reina Victoria Eugenia, esposa de Alfonso XIII, la transmitió a dos de sus hijos, el mayor y heredero de la corona, don Alfonso (nacido en 1907), y don Gonzalo (nacido en 1914). Sin embargo, no la padeció el hijo benjamín del matrimonio, don Juan, el padre del rey don Juan Carlos. Parece que la casa real española se ha librado ya de esa lacra al renovarse con las sangres genéticamente irreprochables de doña María de las Mercedes, Marichalar, Urdangarin y Letizia.

La hemofilia en las casas reales

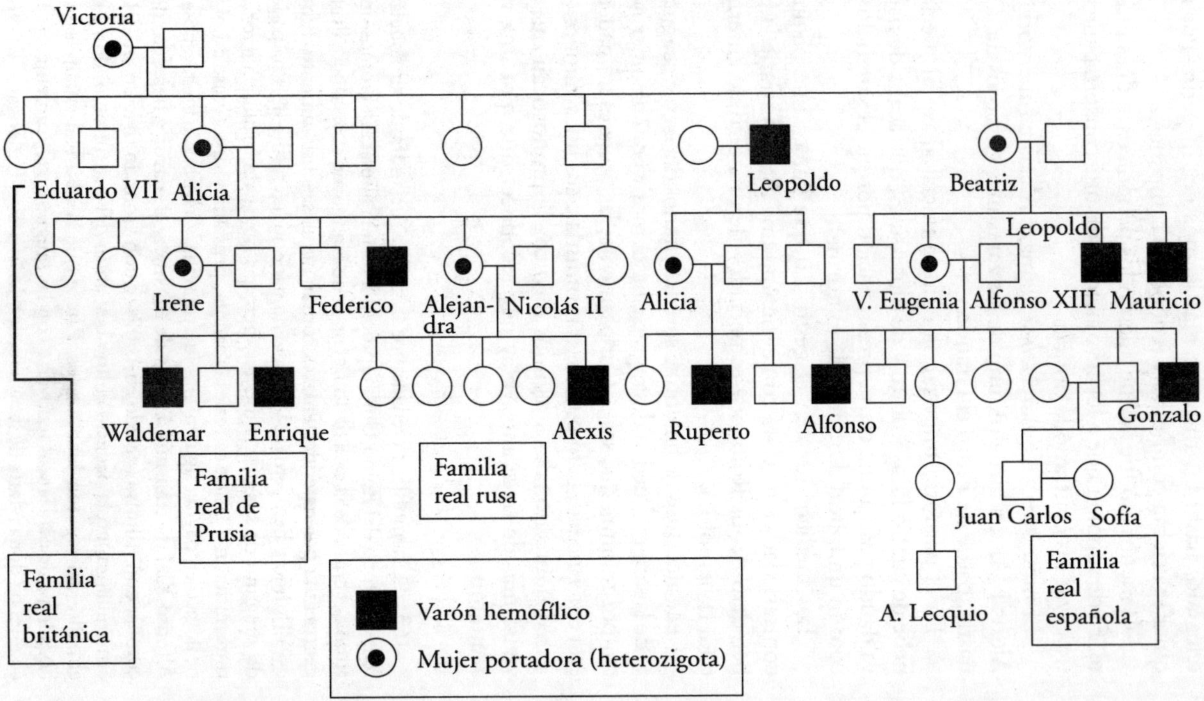

CAPÍTULO 17

Un matrimonio hogareño

Nicolás y Alejandra fueron devotos esposos, muy aficionados a la vida de familia. Como a su dominante e inestable esposa no le gustaba aparecer en público, el acomodaticio Nicolás, que tampoco era la alegría de la huerta, se adaptó dócilmente a la vida tranquila y doméstica que impuso Alejandra. Con el tiempo restringieron sus apariciones públicas a las protocolariamente indispensables y se replegaron a la intimidad familiar con sus encantadoras niñas, su pequeño enfermito, al que criaban entre algodones, y la casi constante presencia de la dama de honor de la zarina, Anna Vyrubova, que era también su confidente y su paño de lágrimas.

Alejandra vive en un palacio de más de doscientas habitaciones, pero dentro de aquella inmensidad se fabrica un hogar a su gusto, tan sobrio como el que habitaba de soltera en la provinciana Darmstadt: unas cuantas habitaciones amuebladas como cualquier hogar inglés de medio pelo y, eso sí, recargadas hasta lo angustioso con retratos, anaqueles, cachivaches, bibelots...[64]

64. Chaves Nogales, frente a una fotografía de estas habitaciones, hace notar el «mediocre decorado y gusto dudoso, donde el matrimonio de sencillos burgueses que eran los zares hacía su vida ordinaria. Era aquí donde el autócrata de Rusia se ponía a gatas sobre el parqué para que sus hijos cabalgaran sobre sus espaldas de padrazo mientras la zarina bordaba o cosía» (Chaves Nogales, 2011, p. 42).

Tanto Alejandra como Nicolás se habían criado austeramente por imposiciones paternas, en especial el zar al que, como queda dicho, Alejandro III quiso endurecer porque le parecía que tiraba a blandengue: a la disciplina impuesta por severas *nannies* inglesas, cama dura, ducha fría y horario estricto sucedió la cuartelera en cuanto le apuntó el bozo.

La misma disciplina espartana imponen Nicolás y Alejandra a sus hijas. Las archiduquesas Románov duermen en catres plegables, sin almohadas, madrugan y se duchan con agua fría (si bien el palacio, dotado de calefacción central, está caldeado). Cada cual se hace la cama y ordena su cuarto, que comparten por parejas, las mayores y las menores. A lo largo del día, además de instruirse con preceptores, tienen un tiempo de costura con la zarina, generalmente de canastillas de bebé que luego se venden en instituciones de caridad (las lectoras que pasaron por la Sección Femenina se sorprenderán de esta coincidencia con las archiduquesas Románov). «Siempre visten con modestia, con vestidos blancos baratos, calcetines cortos ingleses y zapatos sencillos y ligeros.»[65]

En vacaciones suelen navegar por las costas de Finlandia en el *Shtandart*, el yate imperial de ciento veintiocho metros de eslora, al que escoltan ocho buques de la armada, entre ellos un torpedero, para evitar sorpresas terroristas.

En el *Shtandart* las niñas se sienten libres y lo pasan bien correteando de cubierta en cubierta, siempre bajo la vigilancia del guardaespaldas o *dyadka* («tío») asignado a cada una de ellas. Las hermanas se saben de memoria los nombres de casi todos los marineros que forman la tripulación (275) y tienen entre ellos a sus favoritos. A Olga le gusta Nikolái Sablin, y a Tatiana, Nikolái Vasilievich Sablin (coinciden nombres y apellidos, pero son personas distintas).

En la Gran Guerra, Olga y Tatiana, ya grandecitas, se ofrecen como enfermeras, al igual que su madre, en un hospital de sangre que se instala en Tsárskoye Seló.

Las fotografías de la zarina y sus hijas en el hábito casi monjil

65. Rappaport, 2015, p. 84.

Las habitaciones privadas

de las enfermeras rusas se divulgan mucho en la prensa, para que el pueblo compruebe que la familia imperial se implica en el esfuerzo de la guerra.

Lo que se oculta es que, al poco tiempo de ejercicio enfermeril, Olga sufre trastornos nerviosos. Los doctores los achacan al exceso de trabajo y aconsejan su traslado a tareas más burocráticas.

Las dos hermanas menores, María y Anastasia, no tienen edad para ser enfermeras, pero también se fotografían visitando a los heridos.

Fotografías de las cuatro hermanas Románov aparecen con frecuencia en las secciones sociales de la prensa europea (antecedente elegante de las actuales revistas de cotilleos). Como posan modositas y suelen vestir uniformemente el mismo vestido y el mismo sombrero, la gente asume que son de carácter parecido. Nada más lejano a la realidad.

Olga, la primogénita, es tímida como sus padres y se refugia en la lectura y en la ensoñación romántica.[66] En una época en que las casas reales de Europa suelen intercambiar mujeres, Olga aspira a casarse con un ruso para permanecer en la madre patria.

La apacible y dulce Tatiana, la segunda, es la más atractiva de las hermanas. Es la preferida de la emperatriz, quizá porque ha heredado de ella la fina osamenta y los bellos ojos rasgados, entre azul oscuro y grises. También es frágil y reservada, como la madre.

María, la tercera, es otro bellezón y tan apacible que a veces resulta un poco pánfila. Es amable, alegre, de buen corazón, coqueta y enamoradiza. Aspira a casarse, tener muchos hijos y ser feliz.

Anastasia, la cuarta, es un torbellino. De físico menos agraciado que las hermanas, no tan alta como ellas, está llena de energía, trepa a los árboles como un pilluelo, hace payasadas para divertir a sus hermanas, continuamente idea nuevas trasta-

66. Es costumbre llamar a las hijas de Nicolás II «grandes duquesas» o «archiduquesas», pero su título ruso (великая княжна, pronúnciese *velikaya knyazhna*) significa más bien «gran princesa».

das, dice lo que piensa en todo momento, sin reserva alguna, y gusta de los chistes subidos de tono. Los criados de la casa la apodan *Shvíbzik*, «diablillo».

¡Qué decir de Alexis, el benjamín, el niño guapito, pero blandengue y enfermizo, tan retratado de diversos uniformes en las postales áulicas, el débil cimiento en el que descansa el destino de Rusia y la propia dinastía Románov!

Alexis crece como una flor de invernadero, rodeado de cuidados, mimado por una madre sobreprotectora y por cuantos lo rodean. Acompaña a su padre, muy seriecito, vestido con uniforme de miniatura, en las inspecciones militares. Como lo tienen tan consentido, en algún momento se ensoberbece y se dedica a pasar ante la guardia una y otra vez para que le hagan el saludo de ordenanza. Lo propio de un niño malcriado (otro por el estilo fue nuestro Alfonso XIII, que nació rey y desde niño creyó que todo le estaba permitido).

Al *tsarevich* Alexis, cuando era un bebé, varias niñeras lo acompañaban continuamente vigilando que no se lastimara porque cualquier accidente venial, que en un niño sano se curaba con un poco de yodo desinfectante, en el pequeño Alexis podía ser mortal.

Cuando creció no le permitían montar a caballo o en bici, como a cualquier niño de clase acomodada. En cuanto escapó de las faldas de las niñeras le dispusieron un acompañante, el marinero Derevenko, que lo tomaba en brazos cuando se sentía cansado. En los lugares de vacaciones lo seguían dos cadetes de la Marina Imperial cuya misión consistía en evitarle cualquier golpe o caída. No era para menos: una simple hemorragia nasal podía llevárselo al otro mundo.

Su anodina vida se refleja en las entradas de su diario:

> 27 de septiembre (1916). Por la mañana paseo en coche. Estudio según el programa. Por la mañana S. O. extirpó un grano del brazo de Sig. Después del desayuno, paseé en automóvil por la carretera de Orsha. Por la tarde fui al cine. Una película de guerra muy interesante. Uno lo vive como si estuviera dentro. Me fui a la cama como de costumbre.

15 de octubre (1916). Me quedé en la cama hasta la hora del desayuno. Le escribí a Mamá. Desayuné en familia. Por la tarde jugué en el jardín. Sig sufrió una tendinitis. Antes de la cena jugué con los soldaditos de plomo. Me tienen a dieta. Me fui temprano a dormir.

El débil heredero de la corona llevado en brazos en una ceremonia oficial.

CAPÍTULO 18

El autócrata abúlico

En los primeros años de su reinado, Nicolás II reunió el Consejo de Ministros algunas veces, pero cuando constató que no se enteraba de nada y en tales circunstancias difícilmente podía mediar en las discusiones, prefirió departir con cada ministro separadamente.

Si el funcionario le explicaba algún problema arduo, lejos de intentar desentrañarlo bostezaba repetidamente sin ocultar su aburrimiento y cambiaba de conversación.

«No estaba facultado ni para dirigir la oficina postal de un pueblo», comentó, ya a toro pasado, naturalmente, uno de sus ministros.

Con los años Nicolás fue desentendiéndose del Gobierno y replegándose a su vida familiar de pequeño burgués solvente: vacaciones en Crimea, salidas de caza, excursiones en yate...

Nicolás fue siempre fiel a una idea que le había inculcado su reaccionario padre: «Tu palabra es la ley, cuando dictas un ucase es como si hablara Dios, se obedece sin discusión, los ministros solo están para desarrollar en leyes y decretos tus deseos.[67] Las otras monarquías de Europa pueden ser democracias parlamentarias, allá los primos que se han dejado comer el terreno, pero en Rusia solo una autocracia firme puede mantener el orden y la paz social».

67. La palabra *ucase* se usa a veces en español para significar decreto injusto o arbitrario.

«Aquí no consientas, bajo ningún concepto, Parlamento alguno, Constitución, separación de poderes, ni derechos sociales. Por esas debilidades se pierden las monarquías. Lo nuestro es el despotismo oriental. Otra cosa no va a entender el pueblo, que lo único que espera es un padre severo que garantice la paz. Fortalece el Ejército, cuida y aumenta la Ojrana y extirpa a los intelectuales revolucionarios.» Alejandro III hizo lo posible por dejar a su vacilante heredero el colchón de seguridad de un Estado policiaco.

Nicolás nunca echó en olvido los consejos paternos. Si consintió en establecer un Parlamento, la Duma, fue forzado por las circunstancias y convencido de que después quedaría en papel mojado. Debido a su timidez, que muchos tomaban por exquisita educación y extrema delicadeza, era incapaz de llevarle la contraria a su interlocutor, pero luego de darle la razón y despacharlo, firmaba su destitución sin ningún reparo. Oigamos al conde Witte, presidente del Consejo de Ministros, que lo conoció bien:

> Nuestro zar es un oriental cien por cien bizantino —escribe—. Despaché con él dos horas, me estrechó la mano, me abrazó, me deseó toda la suerte del mundo. Regreso a casa tan contento y me encuentro la orden de mi destitución sobre la mesa de trabajo.[68]

Esta idea la remacha otro de sus colaboradores, el archiduque Alexandr Mijáilovich: «Nicolás II nunca tenía una opinión propia, sino que se dejaba llevar por lo que le hubiera dicho la última persona con la que hablaba».

68. Alexander, 1933, pp. 178-179.

CAPÍTULO 19

Baile de disfraces

Cuando ya estaba condenada sin remedio por la revolución bolchevique que se gestaba en las fábricas y en los graneros de las granjas, la monarquía zarista emitió su melodioso canto de cisne en el baile del 1903 que conmemoraba el bicentenario de la fundación de San Petersburgo por Pedro el Grande.

Unos meses antes, los cuatrocientos aristócratas que gozaban del favor real recibieron una invitación lujosamente impresa en la que bajo el escudo en relieve y color de los Románov se les invitaba a prepararse para un baile de disfraces en el que deberían comparecer ataviados con trajes que recordaran las vestiduras cortesanas del reinado de Alejo I, el zar tan admirado por Nicolás.

Fueron dos noches, en el glacial febrero. En la primera, la del día 3, la casa real y la aristocracia asistieron en el teatro Hermitage a un concierto en el que el bajo Fiódor Chaliapin interpretó fragmentos de la ópera de Músorgski *Borís Godunov* y la bailarina Anna Pavlova interpretó *El lago de los cisnes*, de Chaikovski. A continuación se sirvió un bufé en el que no faltaron el caviar del Caspio, las ostras de Flensburgo y las exquisiteces más apreciadas del dilatado Imperio que abarcaba Europa y Asia.

En la segunda noche, el 4 de febrero, se celebró el baile de gala en el Palacio de Invierno, adornado tanto por dentro como por fuera por guirnaldas de rosas traídas expresamente de Crimea que despedían intenso perfume bajo una miríada de luces eléctricas.

El baile de disfraces, 1903

El zar y la zarina presidiendo el baile de disfraces en el que la aristocracia de la corte compitió en el lucimiento de trajes-joya inspirados en los siglos XVI a XVIII.

1. Anna Vyrubova y su hermana Alexandra.
2. El archiduque Alexandr.
3. La princesa Sofía Shajovski.
4. Mijaíl Alexándrovich.
5. Anna Sergueievna Istomina.

Zenaida Yusúpova, que fue aclamada como la más bella del baile.

Nunca se ha visto semejante opulencia. Muchos invitados han recurrido a vetustos retratos al óleo familiares para copiar el traje de algún antepasado. Después de meses de concienzudo e intenso trabajo de sastres, modistas, bordadores y joyeros, los invitados comparecen en un brillante desfile de vestidos rusos tradicionales, entre los que predominan las túnicas de brocado y tocados similares a los *kokóshniki* cuajados de joyas.

Algunos se han disfrazado de nobles, otros de boyardos, de cosacos y de otros oficios cortesanos de la nobleza de la época.[69] Todos compiten en brocados, sedas, satén, oros, perlas y diamantes. Causan especial impresión por su elegancia y belleza Zenaida Yusúpova y la archiduquesa Xenia.

Los trajes pesan como albardas mojadas, pero ya se sabe que sarna con gusto no pica.

Contemplando las fotografías (de las que hemos escogido una cuidada selección) uno no sabe a cuál acudir. Contentémonos con la descripción de los disfraces de la imperial pareja: «El zar se disfrazó de Alexéi I Mijáilovich, con una túnica frambuesa y blanca; ciñó la corona de Alexéi y sostuvo su báculo; objetos sacados del tesoro del Kremlin especialmente para este evento».

«El vestido de Alejandra imitaba el modelo que había usado María Miloslávskaya, esposa de Alexéi. Era una túnica de brocado de oro suelta, con mangas anchas por debajo del codo, cuajada de bordados en oro y lentejuelas que dibujaban flores. Se adornaba con tiras de brocado de plata cubiertos de perlas artificiales y esmeraldas en el centro de las grandes flores.» Se rumoreó que el vestido había salido por un millón de rublos (quizá nueve millones de euros al cambio actual).

La dificultad de llevar el pesado tocado coadyuvó a la imagen

69. En el traje que lució la hermana del zar, Xenia Alexándrovna, caracterizada de boyarda, con su típico tocado *kokóshnik*, se inspiró la figurinista de la película *Star Wars* para el traje de la reina Amidala. Los trajes del baile de 1903 inspiraron también diez años después el diseño de la típica baraja de cartas rusa. Uno de los naipes volvía a reproducir la figura de Xenia.

de frialdad autocrática que debía emanar la imperial pareja en su papel de zares antiguos.

La archiduquesa María Gueorguievna se calzó los impertinentes para observar el colgante que la zarina llevaba al cuello, un collar diseñado por el famoso joyero Fabergé.

—¿Qué es esa caja de fósforos que lleva al cuello la alemana?

Era un zafiro cabujón de 159 quilates. Solo lo superaba la princesa Zenaida, de la familia más rica de Rusia, que había engastado en su tocado el diamante Estrella Polar, de sesenta y nueve quilates.

El baile fue memorable. Previendo que los caballeros eran menos aficionados a la danza que sus señoras, se había dispuesto que ciento cincuenta jóvenes y garridos oficiales de la Guardia Imperial (todos de sangre azul, todos tan apuestos que Knox los describe como «los animales humanos físicamente más hermosos de Europa»)[70] se ocuparan de que no quedase ninguna página en blanco en el *carnet de bal* de las damas (un cuadernito con guardas de marfil o plata en el que cada cual inscribía el nombre del caballero que la había solicitado para bailar una polonesa, una mazurca o una cuadrilla).

—¡Lástima que los jardines estén nevados! —suspiró alguna en los robustos brazos del apuesto y bigotudo teniente.

Años después el archiduque Alexandr Mijáilovich recordaría sin nostalgia:

—Fue el último baile espectacular en la historia del Imperio, [pero] una inédita y hostil Rusia nos fulminaba con la mirada a través de las grandes ventanas del palacio. Mientras bailábamos, los obreros estaban en huelga y en el Extremo Oriente las nubes se abatían cada vez más cerca de nosotros.[71]

70. Knox, 1921, p. 57.
71. Maylunas y Mironenko, 1996, p. 226.

CAPÍTULO 20

Cenáculos revolucionarios

Vladimir Vasiliev, ya de regreso a San Petersburgo y a la civilización después de su aventurada convivencia con el honrado pueblo campesino, es otro hombre.

Ha comprendido que predicar el socialismo al pueblo es como echar margaritas a los cerdos. El pueblo no merece sacrificio alguno, «el socialismo rebota en los campesinos como los guisantes en una pared. Te escuchan como escuchan al pope que les predica en la iglesia, con respeto, pero sin el mínimo efecto sobre sus sentimientos o acciones».[72]

Vladimir Vasiliev ha tomado una de las decisiones más trascendentales de su vida. Para la cita que ha concertado se ha ataviado con su mejor traje y ha visitado al barbero.

El número 16 de la calle Fontanka de San Petersburgo corresponde a un edificio de severas líneas cuya portada se adorna con una hornacina protegida por una mohosa tela metálica que apenas deja ver el descolorido icono de un arcángel.

En el cuerpo de guardia examinan la carta de presentación que el joven Vladimir trae de Moscú. Tras una breve llamada telefónica, uno de los guardias lo acompaña a un despacho de la cuarta planta y llama en la puerta discretamente con los nudillos.

—Adelante.

Entran en una estancia regular, caldeada por un chubesqui.

72. Figes, 2010, p. 176.

El soldado se adelanta y deposita la carta del visitante sobre la mesa.

—Retírese, guardia.

El guardia saluda militarmente y se retira cerrando la puerta tras de sí.

Un enorme armario cubre un testero entero de la habitación. Por las puertas abiertas se observa una confusión de carpetas, ficheros y legajos. Los otros muebles de la estancia son una gran fotografía del zar en traje de gala y una mesa amplia abarrotada de papeles tras la que se parapeta Piotr Rachkovski, un hombre de mediana edad, un poco calvo, con cara pálida y lentes de burócrata, atildadamente vestido y rasurado.

Piotr Rachkovski señala al visitante la silla que hay delante del escritorio y desentendiéndose de él enciende aplicadamente un cigarrillo aromático.

—Así que usted es Vladimir Vasiliev. —Mira al visitante por encima de las lentes.

—Sí, señor.

—Licenciado en literatura europea —lee Piotr Rachkovski en la instancia—. Tres idiomas, además del ruso, y lo más importante de todo, es usted mecanógrafo.

—Sí, señor —confirma Vladimir Vasiliev.

Asiente Piotr Rachkovski.

—Viene usted excelentemente recomendado por el ministro. Buena familia, leal al zar y todo eso. Y según consta en la ficha, persona de fiar muy alejada de las veleidades revolucionarias que infectan a tantos jóvenes de su formación.

—¿Consta eso en la ficha? —se extraña Vasiliev.

—Sí, amigo mío, y también consta que usted perteneció a uno de esos círculos de estudio clandestinos *(krutzhki)*, seguramente un pecado venial de juventud que se borra con su actitud actual. Sabemos que en una reciente asamblea de jóvenes estudiantes usted se atrevió a decir —se ajusta las gafas y consulta el expediente que tiene abierto sobre la mesa—: «Abogáis por el campesino porque no lo conocéis. El jornalero es tan hijo de la gran puta y tan ladrón como el propietario, lo que pasa es que en su situación no puede robar más de lo que roba». —Levanta la mirada por encima de las gafas, mira a Vasiliev y pregunta—: ¿Dijo usted eso literalmente?

—Más o menos —reconoce Vasiliev con sonrojo.

Le salió del alma después de la experiencia en Uvra.

—Bueno, usted ya se ha curado de esa peste socialista y está en óptimas condiciones de trabajar para Rusia. —Vuelve a mirar la instancia—. Así que licenciado en literatura, ¿eh? ¿Cuál es su autor francés favorito?

—Guy de Maupassant.

—Buena elección —aprueba Piotr Rachkovski—. Pero aquí está usted no para enseñar literatura, sino para mostrar sus habilidades con la máquina de escribir. ¿Ve usted ese armario que de un momento a otro se va a hundir por el peso de los papeles? Lo que tiene que hacer es reducir a fichas buena parte de esos informes y pasar a máquina los más confidenciales, de los que hay que guardar copias fidedignas.

—Sí, señor.

—¿Tiene usted idea de para quién va a trabajar?

—Sí, señor, para el Ministerio del Interior.

Se sonríe Piotr Rachkovski.

—Veo que ha evitado llamarnos con el nombre mucho más corriente de Ojrana. Muy bien, Vladimir Vasiliev, sepa que ahora trabaja para la Ojrana. El juramento de confidencialidad que ya hizo en Moscú sigue vigente aquí, obviamente, de manera que usted se limitará a partir de ahora a escribir cuanto ponga en sus manos y a mantener la boca cerrada.

—Sí, señor —conviene Vasiliev.

—¿Está usted al corriente de los enemigos del Estado a los que combatimos aquí? Ya veo que no. Está bien. Lo pondré en antecedentes. Usted procede de una familia distinguida de San Petersburgo, su padre es consejero civil y dos de sus hermanos sirven al zar en el Ejército. Hasta ahora ha vivido en la placenta cálida de la corte, o sea, un mundo alegre y confiado, de lujos y ocio. Pero ese paraíso está amenazado por los revolucionarios. Nuestro deber es impedir que consigan su propósito.

—Comprendo —dice el joven mecanógrafo.

—Bien. Aquí llegamos a los detalles de su trabajo. La Ojrana dispone de más de veinticinco mil agentes provocadores.

—¿Agentes provocadores?

—Sí, falsos revolucionarios que nos informan sobre los movimientos de las organizaciones. Cualquier pobrete se pone a nuestra disposición por unos pocos rublos. Como somos gente organizada los hemos puesto en nómina y cada mes reciben tres, diez o quince rublos, los menos importantes, y ciento cincuenta o doscientos rublos en el caso de que ocupen puestos relevantes. Comprenderá que satisfacer sus nóminas resulta muy lioso, especialmente cuando hay que supervisar que nuestros reclutadores no se inventen falsas identidades de agentes inexistentes para lucrarse con sus pagas. Usted debe reducir a fichas todo ese material para que sea manejable y controlable para la Administración. Las fichas mecanografiadas ocuparán mucho menos espacio.

En pocos días Vladimir Vasiliev se pone al tanto de los entresijos de su sección de la Ojrana. En las fichas no aparece el nombre del agente provocador, sino su apodo, a fin de preservar su identidad, pues también dentro de la Ojrana existen revolucionarios infiltrados. La verdadera identidad del provocador no debe conocerla más que el director de la Ojrana y el oficial encargado de mantener con él relaciones permanentes, en la jerga de la oficina, su *matushka*. En los recibos que los provocadores firman cada fin de mes, cobrados tan normal y pacíficamente como las nóminas de los demás funcionarios, solo aparece el seudónimo.

Comprende Vladimir Vasiliev que la Ojrana está perdiendo terreno en su lucha contra los insurrectos. En los últimos años los revolucionarios que antes estaban muy desunidos y competían entre ellos han comenzado a organizarse.

—Los buenos tiempos han pasado ya, y con gran celeridad, amigo Vladimir Vasiliev —le explica Rachkovski—. Piense tan solo que en marzo de 1898 los delegados de los principales grupos revolucionarios se reunieron en Minsk y fundaron el Partido Socialdemócrata. Uno de nuestros agentes infiltrados nos avisó y los detuvimos a todos a la salida. Cortas la mala hierba, pero vuelve a brotar. Tres años después, en 1901, fundaron un Partido Socialista Revolucionario bajo la inspiración de un sujeto llamado Lenin, que después de pasar un tiempo en un campo de Siberia anda ahora por Europa, lejos de nuestro alcance, intentando fundar periódicos revolucionarios. Este individuo quiere levantar al campesinado con la promesa de repartirles las tierras. Una locura, lo sé, pero en torno a Lenin hay activistas persuasivos que constituyen un peligro. Oirás hablar de un judío, Liev Davidovich Bronstein, más conocido como *Trotski*. Recientemente organizaron en Ginebra un segundo congreso. Intentan aunar las fuerzas revolucionarias.

Interrumpe Rachkovski su discurso para servirse agua del abollado samovar que preside la habitación. Un agradable aroma a té se extiende por la estancia. Con la humeante taza calentándole las manos prosigue:

—Hay otros partidos enemigos del zar, pero esos son menos peligrosos.

—¿Otros?

—Sí, hombre, los eseristas,[73] los kadetes[74] y los anarquistas, que son los más locos de todos. Y a todos ellos hay que añadir el incordio de los nacionalismos. Usted es ruso de buena cepa, lo sé, otro de los motivos por los que lo he escogido entre una docena de posibles candidatos, pero no ignora que Rusia es una nación de naciones.

—Lo sé, señor.

—Polacos, bielorrusos, bálticos, ucranianos, georgianos... Ahora todos los grupos étnicos dicen constituir una nación que quiere independizarse y alcanzar la libertad, incluso los judíos.[75]

73. El Partido Socialista Revolucionario, PSR, integraba a muchos intelectuales partidarios de una idealizada sociedad colectivista campesina.

74. El Partido Constitucionalista Democrático, KD, buscaba una república parlamentaria parecida a la francesa.

75. El nacionalismo judío, alentado por el sionismo, provocó dos oleadas migratorias *(aliyá)*, en 1882 y 1904, de jóvenes obreros y estudiantes que emigraban a *Eretz Israel*, entonces provincia turca, donde querían reconstruir una patria judía. Con el apoyo financiero de filántro-

Los folcloristas han descubierto las peculiaridades de cada pueblo, verdaderas patochadas, y las elevan a rasgo de identidad que define la personalidad de ese pueblo. Estaban medio aprendiendo a hablar ruso y vuelven orgullosos a esos balbuceos bestiales en los que se entendían sus atrasados abuelos, las lenguas vernáculas, como las llaman... En fin, disculpe que me desahogue con usted.

—¿Cuándo empiezo a trabajar?

—Ya ha empezado. Hable con la secretaria, Irina, la que está fuera, y ella se ocupará de todo. Y luego vaya a ver al pagador, en el sótano, para que lo ponga en la nómina. Bienvenido a la nave del Estado. Aquí estamos para achicar las vías de agua de esa nave. Haga bien su trabajo y el Estado se le mostrará agradecido.

Revolucionario fichado por la Ojrana.

---

pos judíos de la Europa occidental fundaron aldeas colectivas de base socialista (kibutz) y se aplicaron a resucitar la lengua hebrea que había dejado de hablarse en el siglo I a. C.

CAPÍTULO 21

Bolcheviques, mencheviques y otros piques

29 de julio de 1903. En la pequeña estación de Nion, a las afueras de Bruselas, dos tipos ataviados con cierto desaliño aguardan la salida del tren. El de la barbita de chivo es Trotski, que viaja con pasaporte falso a nombre de un tal Samokliev, ciudadano búlgaro. El otro, más bajito, con gorra, es Dmitri Ulianov, el hermano menor de Lenin. Para despistar a la policía fingen charlar despreocupadamente a cierta distancia del tren que piensan tomar, aunque por el rabillo del ojo están pendientes del jefe de estación que debe levantar su banderín rojo para ordenar la salida del convoy.

La locomotora humea y resuella como un caballo que tasca el freno deseoso de partir. Un mozo de cuerda que transporta en su carretilla un pesado baúl les corta el paso en el preciso momento en que el jefe de estación levanta el banderín. Torpemente se precipitan hacia el tren, que ya acelera para abandonar la estación. El jefe de estación que ve llegar a esos dos pasajeros apurados toca el silbato y levanta de nuevo el banderín. La locomotora se detiene con un suspiro cetáceo.

—¿Cómo pueden ser tan torpes? —les riñe el jefe de estación—. Si iban a tomar este tren, ¿por qué estaban tan lejos?

Los dos hombres balbucean excusas en un francés menesteroso.

—La multa por hacer parar el tren es de cincuenta francos —advierte el funcionario.

Los dos pasajeros intercambian una mirada desolada. No los tienen.

—*Nous n'avons pas cet argent* [sic] —palabrea Trotski apurado.

—¡Bueno, venga, al tren, par de tontos! —concede el jefe de estación.

Suben al vagón. El tren emprende su marcha.

—¡Por los pelos! —suspira Trotski aliviado.

—Sí que nos hemos lucido —reconoce el hermano de Lenin—. Y todo esto era por no llamar la atención de la policía belga. Nos hemos lucido bien.

El Ministerio del Interior ruso ha informado a la policía belga de la celebración del II Congreso del Partido Comunista en su capital.[76] Bruselas bulle de compromisarios, cuarenta y tres en total, llegados de distintos puntos de Rusia para representar a diversas organizaciones, pero también de agentes rusos de la Ojrana y de informadores de la policía. En ese ambiente empiezan a celebrarse las sesiones del congreso clandestino, pero las presiones de la policía belga y la presencia evidente de muchos agentes de la Ojrana aconseja cambiar de aires y trasladarse a Londres, donde prosiguen las deliberaciones en el English Club de Charlotte Street, en el barrio de Bloomsbury.

—Discutamos los estatutos del partido —propone Vladimir Lenin—. En primer lugar, ¿quiénes pertenecen al partido?

Se suscita una enconada discusión. Quiere Lenin que el partido sea un núcleo cerrado, centralizado, elitista, integrado por revolucionarios profesionales completamente entregados a la causa y sometidos a una disciplina férrea. Por el contrario, Yuli Mártov propone un partido abierto a las masas, un partido socialdemócrata que luche por instaurar una democracia participativa y conquiste el poder democráticamente mediante el voto, lo que fatalmente ocurrirá cuando el régimen zarista se vea erosionado por el crecimiento del capitalismo.

76. Oficialmente II Congreso del Partido Obrero Socialdemócrata de Rusia (POSDR).

—Un partido de masas no es factible en Rusia —objeta Lenin—. Falta educación, tendríamos que aguardar siglos a que la gente madurara democráticamente. El partido debe limitarse a los revolucionarios profesionales. Las masas solo deben ser instrumentos de esa minoría rectora.

—Pero un partido tan centralizado nos llevará forzosamente a la dictadura —replica Mártov.

—¿Qué importa? En todo caso será la dictadura del proletariado. La masa no piensa. Hay que pensar por ella y tomar las decisiones desde una minoría regente.

Los barones del partido están divididos. Axelrod y Trotski apoyan a Mártov; Plejánov, a Lenin.

Después de una enconada discusión someten a voto las dos tendencias, la autoritaria y elitista de Lenin, y la democrática, el partido abierto a todos, de Mártov.

Recuento de votos. En principio, gana Mártov por veintiocho votos contra veintitrés, pero la marcha de algunos votantes altera el recuento y deja a Lenin con una ligera mayoría.

Páginas atrás, cuando comentábamos el carácter religioso del comunismo, mencionamos su tendencia a la división en facciones enfrentadas que se odian a muerte (el que no está conmigo está contra mí).[77] Aquí asistimos a una nueva escisión por partenogénesis, como la de la ameba.

Nacen dos denominaciones que harán historia. Los centralistas antidemocráticos de Lenin se llamarán a partir de ahora bol-

77. Redacto estas líneas el 29 de junio de 2016, después de desayunarme con el disgusto de las declaraciones del secretario de Organización de Podemos, don Pablo Echenique Robba, quien, en vista de que en su partido han surgido miembros discordantes advierte que «ante cualquier conflicto interno, desde la Secretaría de Organización se buscará en un primer momento la solución mediada, amorosa, consensuada y de sentido común. En caso de que la vía del amor y los cuidados se demuestre inútil, se actuará de manera contundente, decidida, concreta y grave contra quienes no comprendan (hablo en general; no de este órgano) que las guerras internas nos desangran, nos queman y nos hartan». Nunca un argentino habló tan claro, se nota que el papa Francisco ha creado escuela.

cheviques (mayoritarios) y los de la facción moderada de Mártov se llamarán mencheviques (minoritarios).[78] Las respectivas denominaciones no pueden ser más engañosas porque en realidad la mayoría de los compromisarios se inclinaba por la fórmula más abierta y democrática de Mártov, pero el astuto Lenin alteró el resultado aprovechando la ausencia accidental de varios votantes.

Para rematar la faena, Lenin, de personalidad y carácter más fuertes que los de Mártov, maniobró hábilmente para excluir del Comité Central a los de la facción rival y se atrajo a los indecisos.

El resultado de las maniobras del astuto líder fue que la religión comunista se escinde, en el momento mismo de su nacimiento, en dos sectas que con el tiempo se volverán irreconciliables: la de los bolcheviques y la de los mencheviques, a los que Lenin excluyó del partido como traidores a la causa marxista en su folleto *Un paso adelante, dos pasos atrás* (1904).

Que Lenin se saliera con la suya e impusiera un partido comunista dictatorial, autoritario y antidemocrático[79] no fue solo una desgracia para Rusia sino, por extensión, para toda la humanidad.

«Si en lugar del bolchevismo hubiera triunfado el menchevismo en 1917, nos hubiéramos ahorrado, no solo la tremenda guerra civil de 1918-1921, y el terror estalinista de las décadas de

78. *Bolcheviques* (del ruso большевики, bolsheviki o bolševiki, «mayoritarios»); *mencheviques* (del ruso меньшевики, mensheviki, «minoritarios»). Quedo muy agradecido a la utilísima Wikipedia por esta y otras precisiones que los lectores irán encontrando a lo largo del libro. No seamos tan ingratos con la enciclopedia virtual como cierto catedrático de Historia Medieval catalán que la denigra ante sus alumnos, pero ha insertado en ella su propia biobibliografía sonrojantemente hinchada y laudatoria.

79. Quien se quiera enterar sin recurrir a tochos de lectura penosa que lea la novela de Ayn Rand (*Los que vivimos*, 1936); la de George Orwell *Animal Farm* (o sea, *Rebelión en la granja*, 1945); la de Martin Amis (*Koba el terrible*, 2002); y la de Julián Barnes (*El ruido del tiempo*, 2016), todas de mucho entretenimiento y provecho.

Bolcheviques satisfechos

Con hoces y martillos.

1930 y 1940, que fueron consecuencias inevitables de la crueldad bolchevique, sino también con toda probabilidad a Hitler, la segunda guerra mundial, la guerra fría, y, sin duda, además, a Sadam Huseín y la guerra del Golfo.»[80]

Quizá sea un pueblo indignado que reclama razón.

80. «El nacimiento del bolchevismo (I): 1903-1904», en *Revista Internacional*, 22 de enero de 2004. Texto en <https://es.internationalism.org/revista-internacional/200401/1875/el-nacimiento-del-bolchevismo-i-1903-1904>.

CAPÍTULO 22

Una guerrita corta y victoriosa

El último decenio del siglo XIX, ya definitivamente bautizado como el del progreso, asiste a la ebullición política de Rusia. Obreros, estudiantes e intelectuales se manifiestan repetidamente contra el régimen zarista. La policía, que ha crecido hasta alcanzar las dimensiones de un ministerio, apenas puede contenerlos.[81]

El Gobierno recurre a cuanto está en su mano para debilitar los movimientos obreros, incluida la infiltración de mansos.

¿Mansos? El lector español está familiarizado con los encierros de reses bravas: mezclados con los bravos se sueltan mansos de cencerro que sirven para manejar a los bravos y devolverlos al corral.

Los mansos del régimen zarista son los afiliados a un sindicato obrero de inspiración cristiana,[82] a cuyo frente figura un popular predicador, el padre Gapón, un hombre ansioso de protagonismo del que pronto volveremos a hablar. Secretamente financiado por la policía, el sindicato ha crecido hasta alcanzar los diez mil miembros. Incluso tiene sucursales en Moscú y en Kiev.

81. Los intelectuales, universitarios y miembros de profesiones liberales, colectivamente conocidos como *intelligentsia* (интеллигенция transcrito *intelliguéntsiya*) constituyen un grupo de presión importante más que por el número de sus componentes, por su influencia en la opinión pública a través de periódicos y folletos que profusamente se editan en Rusia en estos años.

82. La Asamblea de Obreros Industriales Rusos de San Petersburgo.

La Ojrana recluta miles de agentes provocadores cada año, pero siempre parecen insuficientes. Nuevas medidas represivas, como la de llamar a filas a los cabecillas de los movimientos universitarios, no consiguen frenar la sedición.

Los estudiantes, gente joven de natural fogoso, protestan a su manera. En febrero de 1902 uno de ellos asesina al ministro de Educación Nikolái Bogolepov. Tres mil estudiantes con pancartas y banderas rojas se manifiestan frente a la catedral de Kazán y entonan la prohibida *Marsellesa.* Carga contra ellos la caballería cosaca repartiendo planazos con sus sables, o no tan planazos, porque al final quedan sobre los adoquines trece cadáveres con las cabezas abiertas como sandías. Los detenidos en la fortaleza de San Pedro y San Pablo pasan de tres mil.

—Esto se nos va de las manos —comenta el ministro del Interior, Viacheslav von Plehve.

El Gobierno está preocupado. Von Plehve propone una posible salida: «Quizá deberíamos rebajar la tensión, distraer al personal, despertar sentimientos patrióticos, con una guerrita corta y victoriosa».

Al Gobierno le parece una idea excelente: «Una guerrita victoriosa para desactivar la revolución». La gente se inflamará en sentimiento patriótico y olvidará las reivindicaciones sociales.

La brillante idea de Von Plehve se aprueba por unanimidad. Por suerte para él no llegará a ver la «guerrita victoriosa» puesta en práctica porque una bomba anarquista lo pasaporta a mejor vida, más tranquila al menos, en julio de 1904, un asesinato que muchos súbditos del Imperio celebran con champán o vodka de garrafón, según posibles. En Varsovia poco falta para que lo festejen con luminarias públicas.

—¿Qué está pasando? —se preguntan las personas de orden.

Pasa que el Gobierno zarista va siendo cada vez más policiaco y un ministro del Interior raramente se granjea el amor del pueblo, especialmente si su nombre va precedido por el prusiano *Von.*

Vayamos ahora a la «guerrita victoriosa».

El lector español, si no pertenece a los damnificados por la LOGSE, quizá tenga noticia de que en 1898 España se enfrentó a Estados Unidos y salió muy aporreada del lance.

El chasco fue mayúsculo. Mientras que nuestra prensa patriotera despreciaba a los chacineros de Chicago, que iban a ser pan comido frente al valeroso soldado español, nieto de los tercios que asombraron al mundo, la modernísima flota blindada yanqui nos hundió los anticuados barcos en un cómodo ejercicio de tiro de feria.

Es lo que pasa cuando una vieja potencia ya menesterosa, que vive en los laureles de su pasado glorioso, es incapaz de comprender que las potencias emergentes están más preparadas y le pueden dar sopas con honda.

Eso mismo le ocurre a Rusia unos años después del descalabro español, en 1905, cuando se enfrenta con el naciente Japón: los rusos dan la guerra por ganada y editan cientos de miles de postales y caricaturas patrióticas en las que retratan a los japoneses como inofensivos aunque molestos monos amarillos, pero cuando se enfrentan a ellos resulta que los monos les dieron hasta en el carnet de identidad.

¿Una guerra de Rusia contra Japón? Veamos primero el contexto. Rusia se extendía por el este hasta el océano Pacífico. Allí tenía el puerto de Vladivostok, sede de su armada oriental y punto esencial de su comercio (especialmente desde el tendido del ferrocarril transiberiano).

El puerto de Vladivostok tenía la desventaja de que sus aguas se congelaban en invierno y lo dejaban inoperante. Rusia necesitaba otro puerto más al sur que funcionara durante todo el año. Port Arthur, en China, parecía ideal, pero también optaban a él los japoneses: de este conflicto de intereses surgió la confrontación con Japón.

Nicolás II, pésimamente informado sobre la fuerza naval de Japón y mal aconsejado por su colega Guillermo II de Alemania, al que gusta un tiroteo más que una remonta, piensa en obtener una victoria fácil.

Era un tiempo en que los europeos tenían clara conciencia de su superioridad frente a los amarillos, los negros, los aceitunados y el resto de las razas entonces consideradas inferiores (hoy no tanto). Y Rusia necesitaba cimentar su prestigio con una guerra corta y victoriosa.

CAPÍTULO 23

Lo que Nicky ignoraba del Japón

A mediados del siglo XIX Japón era un país sumido en la Edad Media, samuráis de lanza y catana y, todo lo más, arcabuces.

Parecía una presa fácil para el gran vampiro occidental, el Imperio británico que, como es sabido, ha vivido siempre de succionar la sangre de los países subdesarrollados.

En 1863 unas lanchas cañoneras británicas bombardearon un puerto japonés que se negaba a admitir a los balleneros occidentales.[83]

Los japoneses respondieron a la agresión con sus cañones, unas antiguallas de museo cuyos disparos se quedaban cortos.

—¿Esas tenemos? —dijo el comodoro inglés que mandaba la flota—. ¡Fuego graneado sobre esos desgraciados!

Les dieron bien los arrogantes ingleses con su moderna artillería, pero los maltrechos japoneses tomaron nota y, en lugar de autocompadecerse, aprendieron la lección.

—La técnica del guiri nos supera —se dijo el mikado—. Si no despabilamos, pronto seremos una colonia inerme de estos

83. Antes de la electricidad, la iluminación de los hogares europeos dependía casi exclusivamente del aceite de ballena, que alumbra y no humea ni atufa. Entonces había muchas ballenas en los mares, incluso en el Cantábrico abundaban. Ahora casi hemos acabado con la especie y las pocas que quedan pronto serán exterminadas por los voluntariosos balleneros japoneses.

piratas europeos que merodean por nuestras costas. Aprendamos lo que ellos saben y seamos como ellos.

En 1868, el Gobierno japonés anunció solemnemente en su Carta de Juramento que el país del Sol Naciente buscaría «el conocimiento por todo el mundo para consolidar los cimientos del progreso imperial».

Con este propósito, el Estado, en el más puro ejercicio de despotismo ilustrado (recuerden: «Todo por el pueblo, pero sin el pueblo»), acometió un curso intensivo de industrialización: contrató a miles de técnicos extranjeros para que enseñaran en sus escuelas las distintas ramas de la ingeniería y convirtieran a sus artesanos en obreros. Al mismo tiempo envió al extranjero a decenas de miles de alumnos para que aprendieran inglés y estudiaran el funcionamiento de los Estados modernos.

El resultado fue milagroso: en pocos años los japoneses estuvieron en condiciones de diseñar y producir sus propias máquinas y occidentalizaron su economía y su producción sin por ello renunciar a lo bueno de la tradición: ceremonias del té y *geishas* con kimono de seda, peritas en el arte de agradar al hombre, con la carita empolvada de arroz y los labios carmín, y todo eso. También contrataron militares que les enseñaran la guerra moderna, entre ellos aquel capitán Nathan Algren que interpretó Tom Cruise en *El último samurái* (Edward Zwick, 2003).

Por los días de la derrota japonesa, nuestro viejo amigo Mijaíl Petrov cruza el puente de la isla Vasílievski con un camarada del partido. Regresan de una reunión clandestina intentando asimilar la doctrina que les han impartido.

—Llevaba razón el camarada Dmitrov —dice Mijaíl—. Yo nací en una aldea como la suya.

—Esa es la Rusia en la que hemos crecido, hijo de obrero y nieto de siervo —asiente su correligionario—. Mientras que los proletarios nos hacinamos en casuchas inmundas y tenemos a nuestros hijos descalzos, ellos lucen modernos automóviles y viven en grandes mansiones con teléfono, calefacción, criados y cocineros franceses.

—¿Y qué me dices de sus mujeres? Mientras que las nuestras, estragadas del trabajo y los partos, envejecen a los veintipocos años, las suyas, bien cuidadas y ociosas, siguen atractivas a los cincuenta, visten a la moda de París y se cuidan con ungüentos y perfumes.

—Palacios, caballos de raza, automóviles, joyas, vestidos, diversiones... Todo eso que ellos disfrutan sale de nuestro sudor.[84]

En la conferencia del camarada Dmitrov les han hecho ver que la sociedad se divide en dos clases: los que tienen el capital, y los que tienen el trabajo, ellos. Es injusto. Lo justo es una sociedad de trabajadores, sin clases, todos iguales.

—Lo que proponemos los rojos es que el obrero posea los medios de producción —ha predicado el camarada Dmitrov—. El campo para el que lo trabaja, la fábrica para el obrero empleado en ella.

—El Gobierno solo será justo cuando esté en manos del proletariado.

—En todo el mundo encontraréis la misma división injusta: propietarios que explotan al obrero. Pero en Rusia la revolución comunista acabará con esa lacra. Con las armas en la mano suprimiremos las clases e impondremos la dictadura del proletariado.

—Y cuando lo hagamos en Rusia lo exportaremos al resto del mundo: una humanidad de hombres iguales, sin clases sociales.

En esto todos los camaradas se muestran de acuerdo, o casi. Bueno, maticemos: los socialistas piensan que cada trabajador debe recibir los beneficios de su trabajo, o sea, la plusvalía que genera, y los comunistas piensan que hay que remunerarlo de acuerdo con sus necesidades: de cada cual según su capacidad; a cada cual según su necesidad.

—¿Quieres decir que si yo produzco cinco y solo necesito cuatro estaré regalando uno al que produce solo tres y necesita cuatro?

—Exactamente, camarada.

84. En el *Manifiesto comunista* leemos: «Los trabajadores están condenados a vivir en el capitalismo tan solo para multiplicar el capital, recibiendo a cambio miserables sueldos que apenas alcanzan para sobrevivir él y su familia y para reponer su fuerza de trabajo».

—No me parece justo. Si produzco cuatro quiero que se me paguen cuatro.

—¿Y qué harás con el que te sobra porque no lo necesitas?

—Eso es cosa mía, ahorrarlo, vivir mejor, tener una casa más decente...

—O sea, acumular el plusvalor. Con lo que, pasado el tiempo, tendrás mucho más que el que produce menos. Eso nos conducirá de nuevo, fatalmente, al capitalismo, a que unos tengan más que otros, dominen los medios de producción y sometan al trabajador. ¿Habéis oído hablar de Marx? Un gran filósofo, un gran hombre, el fundador de la religión comunista. Marx anunció estos nuevos tiempos a los que ya hemos llegado: la Revolución francesa nos liberó de la dictadura de la aristocracia, pero nos dejó en manos de la dictadura de la burguesía que poseía los medios de producción. Cuando la propiedad se concentre en unas pocas manos y los desheredados de la tierra seamos multitud, habrá llegado el momento propicio para desencadenar la revolución socialista que construirá una sociedad sin clases ni Estado, la dictadura del proletariado, en donde todos vivamos de nuestro trabajo, no de nuestras rentas, en la que todos seamos iguales.

Comunismo o capitalismo, la alternativa mundial.

CAPÍTULO 24

El Perro Loco se va a los puertos

Cuando Rusia instaló su nueva base en Port Arthur, Inglaterra se alarmó ante la perspectiva de una potencia competidora en aquella zona e inmediatamente contrarrestó el peligro construyendo para Japón una poderosa flota.

Nicolás II no ignoraba que la flota japonesa se había modernizado, pero se dejó arrastrar por el complejo de superioridad europeo. ¿Cómo iban a vencer aquellos *parvenus* amarillos a su gloriosa flota, mandada por almirantes elegantemente uniformados que descendían de prestigiosas dinastías de marinos?

Después de una serie de enfrentamientos, de resultado indeciso tirando a malo para los rusos, los japoneses conquistaron Port Arthur y bloquearon a la flota rusa en Vladivostok.

¿Iba Nicolás II, el cuartelero, a consentir tamaña ofensa?

En modo alguno. Pongamos toda la carne en el asador, se dijo. Y envió al otro lado del mundo a la flota del mar Negro y a la del Báltico.

La flota del Báltico era la joya de la marina imperial, si bien estaba compuesta por unidades que jamás habían abandonado aquella bañera para aventurarse en aguas más movidas lejos de casa. La mandaba el almirante Zinovi Rozhéstvenski, conocido como *Perro Loco* por su agresividad.

—Son veintitrés mil millas náuticas —constató Rozhéstvenski contemplando el mapamundi.

—O sea, dar la vuelta al mundo —corroboró su segundo—.

Tendremos que movilizar toda una flota de buques carboneros para suministrarnos combustible.

—Si el zar lo ordena, no hay más que hablar —concluyó el almirante.

Pero aquella noche ni el almirante ni su segundo durmieron. Que la Virgen de Kazán nos asista. En ulteriores reuniones acordaron que algunos barcos circunnavegarían África y otros acortaran viaje por el Mediterráneo y el canal de Suez. La escuadra se reuniría de nuevo en Madagascar, a la salida del mar Rojo y en Saigón.

En el largo viaje la Virgen de Kazán dio muestras de estar distraída y poco atenta a las vicisitudes de la escuadra del Báltico. Nada más salir al mar del Norte, la flota sufrió su primer tropiezo. Navegaba por las proximidades del Dogger, un banco arenoso muy frecuentado por pesqueros ingleses y holandeses porque allí se hacen apreciables capturas de bacalao y arenque, cuando se llevó el primer sobresalto.

Un vigía observó en el horizonte una masa de embarcaciones y dio la voz de alarma. Decenas de catalejos enfocaron a la presunta escuadra enemiga: ¡allí están! En lontananza se observaban hasta cuarenta y ocho naves de pequeño tamaño.

En lugar de meterse en averiguaciones Rozhéstvenski y sus cuates pensaron que eran torpederas japonesas. Disponían de informes enteramente falsos de que los arteros japoneses habían enviado a su encuentro torpederos y submarinos (las novedosas incorporaciones de la guerra en el mar) para atacar a la confiada flota rusa antes de que alcanzara su destino.

El almirante Rozhéstvenski calculó la cantidad de torpedos que aquellas lanchas podían disparar contra su escuadra. ¡A dos por barco tocaban a más de un centenar por andanada!

—¡Zafarrancho de combate!

Los artilleros acudieron a sus puestos y armaron las piezas mientras los oficiales al cargo realizaban sus mediciones.

—¡Fuego!

Decenas de bocas de fuego dispararon sus proyectiles sobre el presunto enemigo... que resultó ser una pacífica concentración de pesqueros que faenaban ignorantes de lo que se les venía encima.

Fue una suerte que los agresores tuvieran tan mala puntería que apenas causaron daños (baste decir que el crucero de batalla *Oriol* disparó más de quinientos tiros sin acertar ni uno). No obstante, uno de los pesqueros, el arrastrero *Crane*, resultó hundido y hubo que lamentar dos pescadores muertos y seis heridos.

En el fragor de la batalla algunos buques rusos cañonearon a otros de su propia escuadra. El crucero *Aurora* (Аврора), que más adelante se haría famoso por su contribución al levantamiento proletario, resultó alcanzado por varios obuses. Otros navíos chocaron entre ellos en medio de la niebla.

Cuando finalmente se aclaró el malentendido, el abochornado zar se precipitó a ofrecerles a los agraviados ingleses toda clase de disculpas y reparaciones.

El pitorreo de la prensa mundial por el incidente del banco de Dogger fue leve comparado con el que se organizó poco después cuando, al pasar frente a las costas de Marruecos, uno de los barcos rusos se enredó con un cable que su capitán ordenó cortar sin percatarse de que era el conducto telegráfico submarino que comunicaba Tánger con Europa, lo que fue muy celebrado por la prensa humorística de todo el mundo.

Lo mejor, sin embargo, estaba por venir: ya cerca del objetivo, en las prácticas previas al combate, los artilleros rusos descargaron toda su potencia de fuego sobre unos blancos colocados a media distancia sin acertar ninguno, aunque sí alcanzaron a varios de los buques que los arrastraban.

El ejercicio con torpedos no fue menos memorable: «De los siete torpedos lanzados —cuenta el historiador naval Richard Hough—, uno se atascó; dos viraron noventa grados en dirección al puerto; uno, noventa grados hacia estribor; dos mantuvieron un rumbo estable, pero fallaron el blanco; y el último describió erráticos círculos aterrorizando a toda la flota». Rozhéstvenski, abochornado, se encerró en su camarote a rumiar oscuros presagios.[85]

Cuando la flota del Báltico alcanzó, por fin, las aguas en

85. El que quiera más sangre, que lea el libro de Geoffrey Regan, 2001.

disputa, la japonesa del almirante Togo le salió al encuentro antes de que pudiera recalar en Vladivostok.

Las dos flotas se enfrentaron en el estrecho de Tsushima, entre Corea y Japón. La batalla duró tres días. La flota japonesa, inferior en potencia de fuego pero mejor adiestrada, les hundió a los rusos dos terceras partes de cuanto traían, incluidos ocho acorazados. Otros cuatro acorazados se rindieron.

A cambio de aquella sarracina, los japoneses solo perdieron tres botes torpederos.

Las naves rusas que pudieron escapar del ignominioso tiro al blanco se refugiaron en Port Arthur y Vladivostok a lamerse las heridas. Perro Loco, alcanzado por un perno de metralla en la cabeza y capturado por los japoneses, consiguió que el consejo de guerra que siguió a la batalla escogiera a su segundo, Nikolái Nebogatov, como chivo expiatorio.[86]

Rusia firmó un nocivo tratado de paz con Japón en septiembre de 1905 y se despidió de sus ambiciones navales en el Pacífico.

La flota rusa derrota a la japonesa en las postales.

86. ¿Qué clase de enchufe tendría en las alturas? Años antes, joven oficial en la guerra contra los turcos, salió indemne de una razonada acusación de que falseaba los informes para exagerar sus éxitos.

CAPÍTULO 25

El Domingo Sangriento

En el tiempo que estamos narrando se produjeron en Rusia dos revoluciones: la de 1905, que fracasó, y la de 1917, que triunfó.

Vayamos a la primera.

Recién estrenado el año 1905, con San Petersburgo cubierta de nieve y a muchos grados bajo cero, los ciento y pico mil obreros de la ciudad acuerdan ir a una huelga general del 3 al 8 de enero en demanda de una jornada de trabajo más corta y de una subida salarial.

El padre Gapón, cabeza visible de un sindicato amarillo, no está de acuerdo con la huelga, pero es tan vanidoso que se une a ella por afán de protagonismo y sin que nadie se lo solicite se erige en mediador entre el Gobierno y los huelguistas.

El padre Gapón convoca una multitudinaria manifestación pacífica que el domingo 9 recorrerá las principales calles de San Petersburgo hasta confluir en la plaza del Palacio de Invierno, donde entregará en persona al padrecito zar una carta en la que respetuosamente le solicitará «protección y justicia para los humildes» o, más concretamente, aumento salarial y disminución de las horas de trabajo.

El padre Gapón está seguro de que su carta tocará una íntima fibra del zar. Repasa los párrafos más inspirados: «Somos pobres; nos oprimen, nos explotan, nos humillan [...]. Hemos llegado a un punto en que la muerte es mejor que seguir padeciendo tantos sufrimientos».

El Gobierno considera que, tal como están las cosas, la manifestación es inoportuna y solicita del padre Gapón que desconvoque la manifestación, pero él, convencido de que serviría para unir al pueblo con el padrecito zar, mantiene la convocatoria.

¿Esas tenemos? El Gobierno anuncia, mediante avisos colocados en los lugares más frecuentados de la ciudad, que no toleraría el más mínimo desorden. Para que sea evidente que habla en serio, unos doce mil soldados toman posiciones en el centro de la ciudad y especialmente en el entorno del palacio real.

Algunos intelectuales critican esta decisión. La exhibición de fuerza sublevará más los ánimos del pueblo, argumentan. Pero los halcones del Gobierno se mantienen firmes: el Ejército reprimirá severamente cualquier desorden.

Amanece el día de autos. El padre Gapón, vestido de blanco, peinado de barba y cabellera, consciente de su protagonismo, se pone al frente de una multitud compuesta por huelguistas y familiares —mujeres y niños— vestidos de domingo. Llevan delante una gran pancarta en la que se lee: «Soldados, no disparéis al pueblo». También se acompaña de un buen surtido de cruces, iconos y retratos del zar hasta el punto de que muchos viandantes se santiguan al paso de la manifestación confundiéndola con una procesión religiosa.

Cuando la manifestación desemboca en la explanada del Palacio de Invierno quizá la integren unas ciento cincuenta mil personas (según otras fuentes, doscientas mil).

Los guardias que protegen la residencia imperial intercambian miradas preocupadas.

Nicolás II no está en casa. Como es domingo está pasando el fin de semana en el complejo palaciego de Tsárskoye Seló.

La persona de mayor autoridad que queda en palacio es el archiduque Vladimir Alexándrovich, tío del emperador.

El archiduque es un militar de la vieja escuela que no está dispuesto a que aquella gentualla invada los aledaños del palacio con absurdas exigencias. Ordena a la guardia abrir fuego contra la muchedumbre si continúa avanzando.

Dos salvas de advertencia disparadas al aire no causan la mínima inquietud.

—¡No nos dispararán, hermanos, llevamos iconos y retratos del zar! —arenga el padre Gapón convencidísimo de lo que dice.

La tercera descarga va a la carne.

Máximo Gorki narra la matanza en un memorable artículo:

> Llegó la muchedumbre a la orilla del río. Una fila larga y discontinua de soldados le cerraba el paso [...]. Alrededor de la residencia del zar, los soldados formaban una masa maciza y sólida. Bajo las ventanas del palacio, había escuadrones de caballería. Los cañones apuntaban sus negras bocas [...] a la muchedumbre desarmada y encrespada que avanzaba sobre la nieve [...]. Un oficial de capa amarilla desenvainó el sable y se acercó a los manifestantes gritando algo. De la muchedumbre se elevó un clamor. Algunos habían predicho que no les permitirían llegar hasta el zar, pero a nadie se le ocurrió pensar que las tropas dispararían contra el pueblo, que iba a su encuentro, ordenadamente, confiado en su fuerza y bondad [...]. Los del frente no se detuvieron y continuaron avanzando empujados por los que venían detrás [...]. Resonó de pronto un siniestro toque de corneta [...]. Un clamor de silbidos, de maldiciones, de reproches, ahogó el aullido metálico [...]. Los soldados encararon los fusiles, las bayonetas, hacia la multitud, y permanecieron un instante como congelados en el tiempo hasta que resonó la orden de abrir fuego [...]. A la primera descarga, la multitud reculó, espantada. Cayeron los muertos y heridos [...] de dos en dos o de tres en tres. Algunos, se sentaban, las manos en el estómago, otros corrían cojeando, o se arrastraban por la nieve que se teñía de rojo [...]. La fría y mortificante sorpresa heló los corazones [...]. Quedó destruida la imagen heroica y paternal del zar, aunque solo unos pocos se atrevían a confesar que aquella imagen ya estaba destruida [...]. En la voz de todos aún sonaba una fe ingenua en la victoria de la palabra verdadera, un deseo de demostrar la falta de sentido, la locura de aquella la crueldad [...]. Aquel día, todo lo que hasta entonces era sagrado se rompió, se desmoronó, desapareció.[87]

87. El texto titulado «A todos los ciudadanos rusos y a la opinión pública de los Estados europeos» apareció en el número 4 del efímero semanario bolchevique *Vperiod* (18 de enero de 1905), editado en Ginebra.

La estampida de los que huyen arrolla al padre Gapón y momentáneamente lo deja sin sentido. Cuando se recupera, el cura se levanta y al verse rodeado de cadáveres se pone a gritar:

—¡No hay Dios, no hay zar!

Entre los muertos figura el obrero metalúrgico Serguéi Borísovich, al que una bala ha levantado la tapa de los sesos. Con la mirada extraviada fallece en brazos de su anciano padre, Borís Petrov.

El anciano rechina los dientes y se vuelve hacia su nieto adolescente.

—Recuerda esto, hijo mío —le dice con los ojos desencajados, la mano sarmentosa apretándole la muñeca—. ¡Mira a tu padre asesinado por ese rey infame! ¡Jura que se lo devolverás al zar! ¿Ves la sangre? ¡Jura que la vengarás![88]

Mijaíl Petrov, mortalmente pálido, lo jura y se santigua. Recordará muchas veces la escena cuando sea un activo miliciano en la lucha contra el orden establecido.

La cruenta baleada disipa las últimas esperanzas del pueblo y muestra el semblante feo de los Románov. Incluso para aquellos ilusos que creían que Nicolás II recibiría al padre Gapón y a sus leales y les ofrecería un refrigerio en palacio.

—¡Nos dieron balas de plomo y no los bocaditos de nata que esperábamos, camaradas! —recordará, años después, uno de los que vivieron aquel día memorable.

En vista de que el zar no los recibe con canapés, algunos manifestantes se consuelan asaltando licorerías. Borrachos, ya en caliente, se dedican a apedrear las ventanas de las residencias elegantes y a destrozar el mobiliario público.

Otros levantan barricadas de adoquines y enseres frente a la catedral de Kazán, la costumbre en la Europa obrera desde la Revolución francesa.

El informe del jefe de la policía secreta al director de su departamento abunda en otros detalles de lo ocurrido aquel día:

88. Figes, 2010, p. 221.

Hoy, hacia las diez de la mañana, los obreros empezaron a reunirse en las puertas de Narva, en los distritos de Víborg y San Petersburgo, y también en la isla Vasílievski, según las indicaciones de la Asamblea de Obreros de Fábrica, con el propósito anunciado por el padre Gueorgui Gapón de llegar en manifestación a la plaza del Palacio para presentar una petición al emperador. Cuando se hubo reunido una muchedumbre de varios miles de personas en el distrito de Narva, el padre Gapón dijo unas oraciones y junto con la muchedumbre, que llevaba a la cabeza estandartes e iconos robados de una capilla de Narva, así como también retratos de sus majestades, avanzaron a través de las puertas de Narva, donde se encontraron con las tropas. A pesar de las súplicas de los oficiales de la policía local y de las cargas de la caballería, la muchedumbre no se dispersó, sino que continuó avanzando [...]. Dos compañías hicieron fuego entonces, y mataron a diez e hirieron a veinte [...]. Un poco más tarde unos cuatro mil obreros que procedían de los distritos de San Petersburgo y Víborg se acercaron al puente de la Trinidad: el padre Gapón estaba también con ellos. Se lanzó una descarga contra la muchedumbre, matando a cinco e hiriendo gravemente a diez [...]. Hacia la una del mediodía, el pueblo empezó a reunirse en los jardines de Alejandro, rebasando los jardines hacia la parte cercana de la plaza del Palacio. La caballería cargó para dispersar a la muchedumbre, pero como esta medida no surtiera efecto, se realizaron una serie de descargas contra la muchedumbre. No se conoce el número de víctimas porque los manifestantes retiraron a los muertos y a los heridos. Entonces llenaron la avenida Nevski y se negaron a dispersarse: unos disparos mataron a quince personas, entre ellas una mujer [...]. Por la noche, la muchedumbre reunida en la isla de Vasílievski empezó a construir barricadas en las calles [...] y murieron dos personas [...]. En total murieron unas setenta y cinco personas y doscientas quedaron heridas. Parece que entre los muertos hay mujeres y niños.[89]

Comprensiblemente el jefe de la policía le resta hierro al asunto. La verdad es que sobre la nieve sucia de la plaza del Pala-

89. McCauley y Waldron, 1984, p. 12.

cio han quedado unos doscientos muertos y una parte de los ochocientos heridos que no pueden moverse.

Mijaíl Petrov llora junto al cadáver de su padre mientras aguarda a que regrese el abuelo, que ha ido a buscar un carromato con el que transportarlo al cementerio.

La noticia de la matanza provoca una ola de indignación por todo el país que se traduce en huelgas de obreros, alborotos de campesinos y motines de soldados. En su artículo «El comienzo de la revolución en Rusia», publicado a los tres días de la matanza, Lenin escribe desde su retiro ginebrino:

> La educación revolucionaria del proletariado ha avanzado en un día más que en meses y años de opresión cotidiana [...]. La huelga general se extiende a las provincias. En Moscú, abandonaron el trabajo diez mil obreros y se anuncia para mañana [jueves, 13 de enero de 1905] una huelga general. Estalló la rebelión en Riga. Salen a manifestarse los trabajadores de Lodz. Están preparando la insurrección en Varsovia. Hay manifestaciones del proletariado en Helsingfors. Aumenta la frustración entre los trabajadores y se expande la huelga en Bakú, Odesa, Kiev, Jarkov, Kovno y Vilna [...]. La revolución crece. El Gobierno hace concesiones para aplacar a las masas, promete la jornada de nueve horas de trabajo [...]. Derrocar inmediatamente al Gobierno: esta es la consigna que, en respuesta a la matanza del 9 de enero, ha lanzado el sacerdote Gueorgui Gapón a los trabajadores de San Petersburgo, que creían en el zar. Después de aquel sangriento día este líder de los trabajadores ha declarado: «Ya no tenemos zar. Un río de sangre lo separa del pueblo. ¡Viva la lucha por la libertad!». Nosotros decimos: «¡Viva el proletariado revolucionario!». La huelga general pone en pie y moviliza a las masas cada día más nutridas de la clase obrera y de los pobres de la ciudad. El armamento del pueblo pasa a ser una de las tareas inmediatas del momento revolucionario [...]. Solamente un pueblo armado puede ser el baluarte de su libertad [...], es inevitable e inexorable superar el primer paso para una insurrección más amplia, más consciente y mejor preparada.

El escritor Máximo Gorki resume lo ocurrido en una carta a su esposa: «De manera, amiga mía, que la Revolución rusa ha comenzado: te felicito por ello. Ha habido muertos, pero eso no debe preocuparnos: solo con sangre progresa la historia».[90]

En vista de que los desórdenes se multiplican, el flamante ministro del Interior Alexandr Bulygin sugiere al zar la necesidad de realizar alguna reforma política que calme al pueblo.

—Cualquiera diría que teme que estalle una revolución —replica Nicolás.

—¡Es que ya ha estallado, majestad!

En lugar de tomar medidas, Nicolás recurre a un acto simbólico que, piensa él, lo reconciliará con el pueblo. En el palacio de Tsárskoye Seló, tras un paseo por los espectaculares jardines, recibe a una delegación de obreros dóciles cuidadosamente escogidos por la policía que comparecen en representación de todos los obreros de Rusia. Lo hacen vestidos de domingo, humildes y contritos, como niño que ha cometido una travesura y aguarda el castigo. También los intimida el lujo del lugar, pues es la primera vez que pisan un palacio.

Nicolás II comparece de uniforme y les pronuncia un breve y paternal discurso del que no tenemos reproducción escrita, pero bien podemos imaginar el contenido: «Ya sé que os habéis portado mal y eso merece una buena reprimenda, pero también sé que en el fondo sois buenos, que vuestra devoción hacia vuestro padrecito zar es inquebrantable. Soy consciente de que los pasados desórdenes se han debido a la actuación de revolucionarios extranjeros que os han embaucado con promesas ilusorias. Venga, sed buenos y a trabajar».

¿Qué ha sido del padre Gapón, el directo aunque involuntario causante del tumulto?

Conmocionado por los sucesos del Domingo Sangriento, el buen sacerdote deja de exculpar al zar y se pasa al bando contrario.

Se terminaron las declaraciones de sumisión al zar, que es el padre de los humildes. A ese canalla insensible hay que destruirlo. En adelante, exhorta a sus seguidores para que se unan a los eseristas del Partido Social Revolucionario y se rebelen contra el desalmado autócrata.

90. Figes, 2010, p. 222.

El esplendor de los zares

El Palacio de Invierno.

Escalera imperial.

El águila de los Románov.

Sala de baile.

El presidente Putin muestra a sus ilustres invitados la moderna reproducción del Salón Dorado.

Boda del archiduque Alejandro III y María Fiódorovna, óleo de M. Zichy, Museo del Hermitage.

Baile conmemorativo del tricentenario de la dinastía Románov, 1913.

Retrato de la bella Gorski, óleo de Ilya Repin.

Tríptico n.° 2 del siglo ruso, óleo de Pável Ryzhenkov.

Los siervos

Bateleros del Volga, óleo de Ilya Repin.

El bardo Nikita Bogdanov, óleo de Vasili Volenov, 1876.

Niños campesinos, óleo de Vladimir Makovski, 1890.

La liberación de los siervos, óleo de Borís Kustodiev.

Antes de la tormenta

Los Románov en 1892.

Coronación de Alejandro II, óleo de Mihály Zichy.

Atentado contra Alejandro II.

Izquierda: iglesia del Salvador o de la Sangre. Derecha: pavimento donde quedó derramada la sangre del zar tras el atentado.

Coronación de Alejandro III y María Fiódorovna, óleo de Georges Becker, Museo del Hermitage.

La zarina María Fiódorovna.

Recepción de los nobles por Alejandro III en el palacio Petrovsky de Moscú.

La nueva religión

Nicolás II el Sanguinario o el Pacificador

Nicolás II asiste a una reunión del Consejo de Estado, 27 de mayo de 1901.

Matilde Kshesinskaya, amante de Nicolás II y de su primo el archiduque Andréi Vladimirovich, con el que finalmente se casó.

Nicolás y Alejandra.

La odiada alemana

Nicolás y Alejandra en 1894.

La familia imperial

Boda de Nicolás II y Alejandra Fiódorovna, óleo de Laurits Tuxen, 1895, Museo del Hermitage.

Los zares disfrazados de Alejo y su esposa.

La familia imperial 1913.

El gigante con pies de barro

Una raza de héroes: *La defensa de Sebastopol*, óleo de Vasili Nesterenko.

Así se vieron ellos: la armada rusa derrota a la japonesa en un cartel de propaganda.

La dura realidad: el ejército ruso rinde sus armas ante los victoriosos japoneses.

Rasputin

Estampa moderna de Rasputin y el *tsarevich* Alexis como santos mártires de la Iglesia ortodoxa.

Rasputin con la Biblia.

El príncipe Yusúpov y su esposa.

La hija de Rasputin entrevistada en una revista española de los años 30, cuando vivía en el exilio.

Domingo Sangriento

9 de enero de 1905 en la isla Vasílievski,
óleo de Vladimir Makovski.

Huit pages : CINQ centimes

Le Petit Parisien

SUPPLÉMENT LITTÉRAIRE ILLUSTRÉ

DIRECTION : 18, rue d'Enghien (10e), PARIS

LES CONFLITS DE SAINT-PÉTERSBOURG

La Troupe refoule les Émeutiers conduits par le Pope Gapon

Barricadas en el Domingo Sangriento,
óleo de Ilya Repin.

El acorazado *Potemkin*

Fotograma de la película de Serguéi M. Eisenstein.

Funerales de Vakulinchuka, por L. Muchnik.

Escalera de Odesa (postal, hacia 1920).

Huevos de Fabergé

El primer huevo se lo regaló el zar Alejandro III a su esposa, la danesa María Fiódorovna, en el año 1885. A partir de entonces, tanto él como su hijo Nicolás II regalaron huevos-joya a sus mujeres por Pascua.

Lógicamente, esta nueva actitud le granjeó la enemistad de la policía, por lo que, curándose en salud, se puso en manos de un peluquero de confianza que le rasuró la barba y le redujo la melena a proporciones civilizadas.

—De esta guisa no me reconocerá ni la madre que me parió —se dijo ante el espejo.

Sin los aditamentos capilares, el padre Gapón ganaba atractivo (era bastante guapo), pero perdía carisma. Rebajarse la melena y la barba para unirse a los revolucionarios fue una torpeza porque en ese bando los prohombres identificados con el pueblo se caracterizaban por el descuido de la higiene, lo que incluía el desorden capilar (Marx, Engels, Bakunin, Kropotkin...), que solo cuando se alcanzaba mando en plaza se reducía a coqueta barbilla o perilla (Lenin, Trotski).[91]

Desprovisto de sus pringosas greñas, el padre Gapón presentaba aspecto de atildado viajante de comercio. De esta guisa travestido huyó al extranjero como un revolucionario exiliado más (Europa estaba llena de ellos, especialmente Ginebra y París). Durante un tiempo recorrió el continente dictando conferencias, concediendo entrevistas y predicando contra el zar. Los agentes de la Ojrana, presentes en todas partes como Dios, lo difamaron propagando que se daba la gran vida e incluso había frecuentado el casino de Niza.

A pesar de esta nueva actitud, el padre Gapón nunca pudo alejar de sí la sospecha de ser un agente provocador a sueldo de la Ojrana. A poco de regresar a Rusia, su cadáver apareció ahorcado de una viga de la cabaña que había alquilado en Ozerki, en

91. Las barbazas y las pelanas revolucionarias se hicieron uniforme progre durante buena parte del siglo (recuerden a Fidel Castro, al *Che* Guevara y a los contestatarios de la universidad franquista). Hubiéramos añadido a la lista a Yasir Arafat de no haber sido un menesteroso capilar de la peor especie, que es la vergonzante: tenía una barbita rala, insatisfactoria, y un cráneo calvo como una bombilla, por eso jamás se dejó ver sin la famosa *kufiyya* o pañuelo palestino que llegó a ser símbolo de la rebelión de su pueblo hasta que el modisto francés Nicolas Ghesquière se lo apropió y lo introdujo en la *haute couture.*

los suburbios de San Petersburgo. No está claro si el Partido Social Revolucionario ordenó su muerte o si su antiguo socio Pinhas Rutenberg, que había vivido a su lado los sucesos del Domingo Sangriento, lo ahorcó después de que intentara reclutarlo como colaborador de la policía.

1904. Свящ. Георгий Гапон.

El padre Gapón con sus fieles seguidores.

CAPÍTULO 26

Chusma en palacio

El Domingo Sangriento es el pistoletazo de salida para la revolución que se ha estado incubando desde al menos treinta años atrás. «A los miembros del partido nos pilló dormidos, igual que a las vírgenes necias del Evangelio», confesará el eserista Serguéi Mstislavski en 1922.[92]

En las ciudades, los profesionales y la *intelligentsia* se organizan en sindicatos reivindicativos que exigen la evolución de la autocracia a la democracia.

En las universidades, los estudiantes queman retratos del zar y cuelgan banderas rojas de las ventanas. Las asambleas y los sindicatos de estudiantes, infiltrados casi todos ellos por marxistas, exigen la disolución del Gobierno, la marcha del zar y la instauración de la república. En respuesta, el Gobierno clausura las universidades.

Los intelectuales se ponen de parte de la revolución y contra un régimen en el que, como dice Gorki en una carta, «millares de personas honradas están muriendo por el derecho de vivir como seres humanos y no como ganado».

En el campo, los campesinos levantan la mano contra los amos. Los mayores desórdenes ocurren en la zona central de Ru-

92. Figes, 2010, p. 371. En efecto: Lenin y Mártov estaban en Zúrich; Trotski, en Nueva York; Chernov, en París; Tsereteli, Dan y Gots, en Siberia.

sia, donde abundan las grandes propiedades. Comienzan talando árboles y apedreando ventanales, pero rápidamente se atreven a asaltar mansiones, saquear salones, vaciar armarios y despensas, arramblar con vestidos y cuberterías, quemar bibliotecas y destrozar el mobiliario. En algún palacio, mientras sus acólitos despeñan el piano de cola por el hueco de la escalinata imperial, el líder de la cuadrilla defeca sobre la alfombra persa de diez mil nudos por centímetro cuadrado del *boudoir* y, tras la deposición, se limpia el trasero con el inocente canario de la señora que, enmudecido de terror, ha presenciado el estropicio desde su jaula dorada.

Inevitablemente ocurre que maleantes y delincuentes profesionales se hagan pasar por el pueblo en armas para perpetrar sus delitos bajo la capa de la revolución. Como estos no distinguen a los ricos de los menos ricos, surgen piquetes de vigilancia que linchan a los delincuentes siguiendo la rigurosa ley del pueblo *(samosud)*.

A los aristócratas y terratenientes perjudicados por su propia riqueza hay que añadir los judíos, sean pobres o ricos, que tradicionalmente han pagado los platos rotos en Rusia cada vez que se ha producido un cataclismo social. Menudean los pogromos más o menos espontáneos, a veces favorecidos por la policía, que encuentra sospechoso que haya tantos judíos entre los revolucionarios. Tiene su explicación: gente tradicionalmente inclinada a la instrucción, entre ellos abundan los intelectuales y, como estamos viendo, entre los intelectuales abundan los revolucionarios.

En el saqueo previo al incendio de la mansión Peresash, provincia de Chernígov, el porquerillo Volodia Zebut, de doce años de edad, viste sobre sus habituales harapos el *negligé* de seda con que la duquesa Olga Gueorguievna suele animar, con mohines de puta parisina, la desfallecida natura de su amante, el príncipe Piotr Ovolenski. De esta guisa disfrazado, el zagal comparece en los devastados jardines de la mansión provocando gran hilaridad entre los aldeanos que, apagados un tanto los ardores revolucionarios, se toman un respiro y reponen fuerzas con unas cajas de champán francés obtenidas en la bodega del palacio. A falta de *sommelier* que les indique el procedimiento, las destapan golpeando el gollete contra los dientes de los leones de hierro colado que adornan la entrada del parque.

En tan memorable ocasión, los alegres bebedores vacían también la despensa del castillo, en la que abundan los jamones asados, el *foie gras* de Tarn-et-Garonne enlatado con las armas del príncipe, el caviar iraní de House & Prunier y otras *delicatessen* que consumen a puñados.

Ciertamente, tales excesos no quedan impunes: varios revolucionarios sufren entripados tan severos que tienen que sepultarlos en estiércol fresco, con solo la cabeza asomando, sabio remedio que facilita una lenta digestión de anaconda a los aquejados de harturas. Incapaz de remontar el exceso, uno de ellos fallece aquella misma noche.

Ya vemos que la revolución también se cobra sus víctimas.

Algunos aristócratas intentan resistirse con sus escopetas de caza, pero a la postre resulta peor porque entonces la ira de los campesinos les idea muertes espeluznantes.

Después de conocidos algunos casos, muchos propietarios desamparan sus mansiones campestres y huyen despavoridos, casi con lo puesto, para refugiarse en sus palacios urbanos, donde se sienten protegidos por la policía y el Ejército.[93]

Expulsados o huidos los propietarios, los campesinos se reparten las tierras y se organizan en comunas y cooperativas, especialmente aquellos a los que las escuelas rurales han instruido en los nuevos sistemas de explotación. Muchos aristócratas lamentan la insistencia de los últimos zares en civilizar al campesinado: los sacas de la ignorancia y muerden la mano que les da de comer (migajas).

93. Figes, 2010, habla de tres mil mansiones destruidas, el 15 por ciento del total.

CAPÍTULO 27

El acorazado *Potemkin*

Los aficionados al cine guardamos en una hornacina de nuestro corazoncito la película muda *El acorazado Potemkin* (1925). Nada más razonable que dedicarle un capítulo a este episodio menor de la Revolución rusa, por otra parte tan salpicada de episodios menores.

La división que hemos visto entre minoría que ostenta la riqueza y la inmensa mayoría que sobrevive en la más absoluta miseria se reproduce también en el Ejército y especialmente en la Marina, cuyos oficiales suelen pertenecer a la aristocracia más linajuda.

En el contexto de las revueltas campesinas y las huelgas en las fábricas que siguen al Domingo Sangriento, el Comité de la Flota del Mar Negro, conocido abreviadamente como Tsentralka,[94] concibe un plan para que todos los barcos de aquella flota, un centenar quizá, se amotinen simultáneamente durante las maniobras de julio.

Un motín seguido de escabechina es lo dispuesto. La marinería arrestará o ejecutará a los oficiales en procesos sumarísimos. Con la flota en su poder, las costas del mar Negro serán un firme bastión del movimiento revolucionario.

Mal pensado no está, pero el plan se va al traste por los sucesos del acorazado *Potemkin*.

94. El título completo era Comité Central de la Organización Democrática Social de la Flota del Mar Negro.

El *Potemkin* es un barco más de la flota. Sus aristocráticos oficiales tratan a patadas a la marinería, según la vieja norma rusa que regula las relaciones entre señores y siervos. Muchos marineros tienen los tímpanos perforados de las bofetadas que reciben. En los fondeaderos de la flota es frecuente ver, en parques y espacios públicos, carteles que avisan: «Se prohíbe la entrada a los perros y a tropa de bajo rango».

En uno de los bulevares de la base naval de Sebastopol hay un monumento a los héroes del asedio de 1855. Un oficial se sorprende de encontrar allí a un grupo de marineros:

—¿No sabéis que no podéis pisar este bulevar? —los increpa.

—¿No tenemos derecho de pisar nuestro suelo patrio, por el que derramamos nuestra sangre? —replica uno de ellos en alusión a las figuras del monumento.

Un marinero raso replicando a un oficial, y el oficial envainándose la respuesta... el mundo al revés.

Sin embargo, la oficialidad no capta ese inédito sentimiento de la dignidad personal que comienza a florecer entre la marinería.

El comité revolucionario de Sebastopol edita subrepticiamente panfletos con títulos tan subversivos como *Esto tiene que acabar*, *Muerte a los tiranos*, *Las dos Europas*, *El manifiesto del soldado*...

Como los obreros en las fábricas, los marineros también guardan una larga lista de reivindicaciones laborales, entre ellas la reducción del tiempo de servicio de siete años a tres y el control de los víveres destinados a la tropa, de los que es costumbre que el oficial de semana detraiga una parte.[95]

El 27 de junio de 1905, el *Potemkin* realiza maniobras cerca de la isla Tendra, frente a la costa ucraniana. A la hora del rancho destapan las ollas y encuentran que el guiso parece un cuadro de Valdés Leal: el *borscht* está agusanado.

Los más aprensivos se quejan ante el oficial de servicio.

—¿Gusanos?

95. Seguramente esta ratería le sonará familiar a algún españolito de los que hicimos la mili en tiempos de Franco.

El oficial convoca al médico de a bordo, doctor Smirnov, quien tras asomarse brevemente a la perola no vacila en evaluar el rancho como bueno y comestible.

El cinismo del galeno solivianta los ánimos de dos marineros especialmente conflictivos, Matyushenko y Vakulenchuk, que animan con su actitud al resto. A falta de más datos, imaginemos la escena basándonos en la película.

—¡Camaradas, no comáis esta bazofia!

—Que se la coman los oficiales y sus santas madres.

O sea, lo que técnicamente se conoce como un plante de rancho.

El alboroto atrae al segundo oficial, Ippolit Giliarovski, un hombre con fama de severo, lo que en términos militares (los que hicieron la mili me entienden) se conoce como un *mashi.*[96]

—¿Qué ocurre?

—Que se niegan a comer la carne agusanada —explicó el médico—. Inútil razonarles que los gusanos también aportan proteínas.

Giliarovski avisa al capitán. Formada la tripulación en cubierta, el capitán Yevgeny Golikov emite una simple orden:

—Los que acepten consumir el rancho que den un paso al frente.

Muchos lo dan, pero los más decididos permanecen donde estaban.

Es una de esas situaciones en las que Ippolit Giliarovski se luce y gana su fama de despiadado.

—¿Motín tenemos, no? —ruge—. Vale. Os voy a enseñar lo que se hace en estos casos. Si os habéis creído que no hay disciplina en la Marina os voy a demostrar lo equivocados que estáis. ¡Bosun, que traigan el hule!

El hule es una lona alquitranada que se extiende sobre cubierta en los fusilamientos para evitar que la sangre manche la tablazón.

Notemos que saltándose toda la gradación de posibles castigos, Giliarovski amenaza con fusilar a los descontentos. O sea, *pa* chulo, yo.

96. *El mashi,* o sea, el más hijoputa.

Viendo que el asunto va en serio, algunos de los rebeldes corren a refugiarse tras el mamparo blindado de un cañón.

—¡Impidamos que Golikov siga engordando con nuestra sangre! —arenga Matyushenko a sus camaradas—. ¡A las armas, tomemos el barco!

Matyushenko, Vakulenchuk y algunos otros rompen el candado de la armería y se proveen de fusiles y munición.

Se entabla un intenso tiroteo. Giliarovski acierta mortalmente a Vakulenchuk, pero es a su vez abatido por los disparos de los sublevados. Otros oficiales quedan paralizados y se guardan de intervenir. Los amotinados asesinan al capitán Golikov, que se ha refugiado en el puente de mando, y arrojan por la borda a otros que se han ganado el odio de la marinería.

Siete oficiales muertos en total. A los once restantes los desarman y arrestan.[97]

El motín ha triunfado. ¿Ahora quién detenta el mando? Un comité, por supuesto. Veinticinco marineros que escogen por jefe al mecánico torpedero Afanasi Matyushenko.

Arrían la odiada bandera zarista e izan en su lugar la bandera roja de la revolución.

Ponen rumbo al puerto de Odesa, que lleva dos semanas en manos de los huelguistas.

Los revolucionarios tienen la ciudad, pero no la ciudadela que la domina. La guarnición zarista aguarda órdenes.

Entusiasmados por la llegada del *Potemkin* y creyéndose protegidos por sus cañones, algunos exaltados incendian las instalaciones portuarias.

Los del *Potemkin* desembarcan el cadáver de Vakulenchuk y le organizan la capilla ardiente al pie de la monumental escalinata Primorski que conecta el puerto con la ciudad vieja.[98] Allá

97. Convengo en que las comparaciones son odiosas, pero en otra revolución, la española, provocada por el golpe de Estado que condujo a la guerra civil, ocurrió otro tanto: algunas tripulaciones se amotinaron y asesinaron a la oficialidad sospechosa de apoyar a los rebeldes.

98. Hoy le han cambiado el nombre y se llama escalera Potemkin en honor a la famosa película y al famoso acorazado.

acuden los huelguistas revolucionados con flores y velas a honrar el cadáver del héroe.

Informado de lo que ocurre, Nicolás II ordena sofocar el motín sin reparar en medios.

Cae la noche cuando la guarnición abandona sus cuarteles ordenadamente camino del puerto.

Desde lo alto de la escalinata las compactas filas de fusileros avanzan rítmicamente sin descomponer sus filas. Cada pocos peldaños disparan sobre la multitud.

También interviene la caballería cosaca, que deja un rastro de cadáveres con el cráneo abierto.

Sobre el terreno quedan unos mil cadáveres (tres mil según otras fuentes).

Los amotinados se toman cumplida venganza cañoneando el teatro de la ciudad, símbolo y cubil de la odiada burguesía, pero, fieles a la inveterada tradición de la Marina rusa, fallan todos los tiros.

El resto del sainete tiende al esperpento: perseguido por unidades de la Marina imperial, que ha recibido orden de hundirlo, el *Potemkin* se refugia en el puerto rumano de Constanza, donde los amotinados abren las válvulas de inundación y hunden la nave, pero en aguas tan superficiales que poco tiempo después la Marina rusa la reflota y la pone otra vez en servicio bajo el nombre *Panteleimon*.

Veinte años después de este suceso, ya en época soviética, el director Serguéi Eisenstein lo lleva a la pantalla creando la que, para muchos cineastas, es la obra maestra de la cinematografía. Especialmente famosa es la escena de la escalinata de Odesa con el cochecito del bebé que salta de peldaño en peldaño, desatendido, en medio de los cadáveres.

CAPÍTULO 28

Dos Rusias se definen

¿Y San Petersburgo?

Nicolás comprende, o le hacen comprender, la necesidad de hacer concesiones para calmar los ánimos del pueblo furioso.

Muy a su pesar, anuncia solemnemente la creación de un Parlamento o Duma. Nicolás está convencido de que la institución parlamentaria solo viene a enturbiar la armónica relación que tradicionalmente hubo entre el padrecito zar y su pueblo.

El ministro del Interior, Alexandr Bulygin, le diseña un Parlamento hecho a la medida de su voluntad autocrática. La Duma se limitará a informar al zar de las necesidades de sus súbditos, y sus diputados no se elegirán por sufragio universal, sino sobre un censo limitado que asegure el predominio de la aristocracia.[99]

O sea, un órgano meramente consultivo, sin capacidad legislativa. El sóviet o consejo del sindicato de sindicatos se toma a mal la tomadura de pelo y decreta huelga general.

El 20 de septiembre, obreros y estudiantes levantan barricadas y se enfrentan a pedradas con la policía y los cosacos.

—¿Qué piden ahora? —inquiere Nicolás—. ¿No les hemos dado ya una Duma?

99. Si se tiene en cuenta el censo de San Petersburgo, lo votaría solamente un 1 por ciento de la población.

—Majestad, rechazan la Duma. Piden Asamblea Constituyente y sufragio universal, o sea, un Parlamento votado por todos.

Con el Estado zarista paralizado, las nacionalidades sometidas al centralismo ruso (Polonia, Letonia, Georgia...) reclaman mayores libertades. En algunas regiones hasta se constituyen repúblicas independientes nacidas de la unión de varias aldeas.[100]

Las repúblicas independientes en el seno del Imperio resultan ser un sueño fugaz que solo dura varios meses, hasta que el Estado zarista se recompone y reacciona encarcelando a sus líderes.

Mientras la casa se le quema, Nicolás, impertérrito, sigue con su vida amable y burguesa, sus cacerías, sus bailes palaciegos, sus excursiones con las niñas y la señora. Las entradas de su diario son conmovedoras: habla del tiempo, de si el tren llega con retraso, de fruslerías. Vive «en el alejado paraíso de un loco, pensando que es tan fuerte y omnipotente como antes». No se entera de que a su alrededor bulle un pueblo indignado que reclama mayores libertades.

Los consejeros, conscientes de la desastrosa deriva del Imperio, recurren al primer ministro Witte. ¿Cómo podemos salvar la situación?

Octubre, 1905. En octubre se declara una nueva huelga general. Los ministros moderados le hacen llegar al zar un proyecto de reforma. El único arreglo posible es aprobar un Parlamento verdaderamente democrático.

Nicolás se niega en redondo e intenta pasarle la patata caliente a su tío, el archiduque Nikolái, el que ordenó abrir fuego contra la multitud en el Domingo Sangriento.

El archiduque reacciona de manera imprevista. Empuña su pistola, se la lleva a la sien y amenaza con descerrajarse un tiro si su sobrino no acepta las reformas propuestas por Witte.

100. Entre ellas destacó la de Markovo, inspirada por un sindicato campesino en el que figuraban algunas personas cultas. Esta nacionalidad convocó un Parlamento que votó sufragio secreto y universal, educación gratuita, servicios sociales, una fiscalidad progresiva y otros admirables avances.

Pasatiempos imperiales

Nicolás, Alejandra, los archiduques Borís, Andréi y Kíril, el archiduque Ernst, la archiduquesa Victoria Melita de Hesse y el príncipe Nicolás de Grecia (1899) posan haciendo el tonto ante el fotógrafo.

¿Qué está pasando? Pasa que hasta los militares están de acuerdo en que lo único que puede enmendar la situación es un Parlamento libre, al estilo europeo. Ya no confían en sus tropas. Un ejército compuesto mayoritariamente por muchachos de origen rural no se puede enviar a reprimir sublevaciones campesinas.

Foto de familia de los Románov, 1892.

1. Sentados delante: archiduquesa Xenia, archiduquesa María Pavlovna (la mayor), archiduquesa Elena Vladimirovna, archiduquesa Alexandra Iosifovna, zarina María Fiódorovna, zar Alejandro III, archiduque Mijaíl Nikoláievich y archiduque Pável Alexándrovich.

2. Segunda fila: duques Carlos Miguel y Jorge de Mecklemburgo-Strelitz (biznietos del emperador Pablo I), archiduque Konstantino Konstantínovich, su hermana Olga, reina de los helenos, el *tsarevich* Nicolás (futuro zar Nicolás II), archiduque Vladimir Alexándrovich, archiduque Dmitri Konstantínovich (el del sombrero blanco), duque Pedro de Oldemburgo (tataranieto del emperador Pablo I) y duque Jorge de Leuchtenberg (biznieto del zar Nicolás I).

3. Fila de atrás: archiduque Serguéi Mijaílovich, archiduque Nicolás Nikoláievich júnior, duque Alejandro de Oldemburgo (padre del duque Pedro, biznieto del emperador Pablo I, mirando sobre el hombro del archiduque Dmitri). Los niños de delante son el archiduque Alexéi Mijaílovich (con uniforme de marinero, oscuro), el archiduque Mijaíl Alexándrovich y sus hermanos los archiduques Andréi y Borís Vladimirovich.

CAPÍTULO 29

Ya tenemos Parlamento (la Duma)

En vista de que los desórdenes no remiten, sino que van en aumento, Nicolás y su Nicolasa cónyuge, la que le aconseja firmeza,[101] se ven obligados a ceder.

El resultado es el *Manifiesto de octubre*, un documento que reconoce un Parlamento legislativo elegido por sufragio universal, derechos humanos, elecciones locales y cierta autonomía para Polonia y Finlandia.

Nicolás aprueba el *Manifiesto* muy contra su voluntad, por presiones del ministro Witte, pero en ningún momento jura acatarlo ni pronuncia la palabra mágica: *Constitución*.

Es testarudo el zar y se mantiene enrocado en su pensamiento. «En las monarquías occidentales, la autoridad del rey puede proceder del pueblo; pero mientras yo esté al frente de la monarquía rusa aquí esa autoridad seguirá procediendo directamente de Dios.»

O sea, quede claro que el poder ejecutivo es propiedad de la corona y que la Duma es un organismo meramente consultivo.

No obstante, para templar gaitas y mostrar buena voluntad, Nicolás promulga un decreto imperial en el que invita a «la buena gente del Imperio» a aportar ideas sobre «cómo mejorar la administración del Estado».

101. «Muéstrales el puño —le decía—. Tú eres el autócrata y no se atreverán a olvidarlo» (Figues, 2010, p. 323).

El autócrata no tiene voluntad alguna de cambio más allá de alguna reforma cosmética, pero el pueblo ruso muerde el anzuelo y cree en la buena voluntad del zar. De fábricas, aldeas rurales y cuarteles llegan propuestas entusiastas de súbditos deseosos de convertir Rusia en una sociedad justa y libre, regida por un Parlamento moderno bajo el paternal patrocinio del zar.

¿Un Parlamento moderno? Nicolás tuerce el gesto. ¿Qué se han creído estos desgraciados?

Nicolás lo ha firmado todo, como suele, sin pensamiento alguno de llevar adelante ninguna reforma.

Euforia en San Petersburgo, que pronto se extiende a toda Rusia. La gente se manifiesta alegremente cantando la prohibida *Marsellesa*. Surgen partidos políticos más matizados que los anteriores. A la gente le interesa la política.

Los exiliados regresan para participar en la nueva Rusia (los españoles que vivieron la Transición, tras la muerte de Franco, recordarán un entusiasmo semejante por la política).

Octubre de 1905.

Recordemos que en Rusia existen dos tendencias políticas: la socialista escindida en un Partido Socialista Revolucionario (PSR), de implantación rural (eserista),[102] y el Partido Obrero Socialdemócrata Ruso (POSDR), marxista, que a su vez se divide en bolcheviques (partidarios de la dictadura del proletariado tras destruir el sistema burgués) y mencheviques (que abogan por establecer el socialismo después de un periodo intermedio de signo burgués).

Esos son los partidos de izquierdas, para entendernos. Existe también un partido que podríamos calificar de centro derecha o liberal reformista, el Partido Constitucional Demócrata (*kadetes*, por las siglas KD del nombre del partido en ruso) integrado por profesionales y empresarios liberales, deseosos de trabajar por la concordia social y la justicia.[103]

102. El Partido Social Revolucionario, PSR (en ruso, Партия социалистов-революционеров, ПСР), cuyos afiliados se conocían como SR, eserres o eseristas. Muchos intelectuales simpatizaron con este grupo e influyeron en él.

103. Конституционная Демократическая партия, o sea, Partido

Grosso modo existen dos partidos de izquierdas —los eseristas y los bolcheviques—, un partido de centro derecha, el kadete, y un conglomerado de derechas más o menos radicales (zaristas, contrarrevolucionarios, blancos o como los queramos denominar).

El zar solo simpatiza con la Unión del Pueblo Ruso, una asociación de terratenientes y nobleza rancia que dispone de más de mil agrupaciones locales con unos trescientos mil miembros. El núcleo duro de este partido es un grupo consagrado a la acción directa antirrevolucionaria, la Centuria Negra, integrado por significados camorristas de porra, pistola y puño americano.

A los chicos de la Centuria Negra se les va la mano y le abren la cabeza con una barra de hierro a un joven y significado bolchevique del entorno de Lenin, Nikolái Bauman.

Al entierro de Bauman no le falta un perejil: féretro cubierto con la bandera roja y llevado a hombros de conspicuos camaradas, conmovedora oración funeral de la joven viuda, marcha fúnebre que en lo sucesivo se convertirá en la oficial de la revolución...[104] Es algo más que un entierro, es una manifestación multitudinaria del poder de los rojos. Que tome nota el zar del poder del socialismo ruso.[105]

Bauman, que era un cínico famoso por sus bromas pesadas y de mal gusto, se ve inmediatamente ascendido a la categoría de mártir del partido. Como todos los partidos totalitarios, el comunista necesitaba ese mártir joven y guapo que hoy da nombre una de las más famosas universidades de Moscú.[106]

Los comunistas también tienen sus escuadrones para la lucha

Democrático Constitucional. Los kadetes proponían reformas sociales y políticas de carácter liberal, en un ambiente de creciente descontento popular.

104. El himno se titula *Al final caíste víctima de una terrible lucha.*

105. La izquierda organiza mejor que la derecha los entierros pomposos, y eso que no cree en la otra vida. Recuerde el lector de cierta edad las barrocas exequias que los socialistas dedicaron a Tierno Galván, el viejo profesor, cuando la parca los libró de su molesta presencia.

106. También hubo mártires jóvenes del nazismo, como Horst Wessel, o de la Falange, como Matías Montero.

callejera. Nada más natural, puesto que las instrucciones de Lenin se orientan hacia la lucha armada. Incluso en alguna carta da instrucciones sobre la fabricación de bombas y la construcción de barricadas.

A principios de noviembre, Lenin ha regresado de Ginebra para hacerse cargo de las operaciones sobre el propio campo donde el movimiento obrero se está enfrentando a la autocracia zarista. Continuamente se producen choques de obreros levantiscos con policías y guardia cosaca. Vuelven a construirse de noche las barricadas que la policía desmonta de día.

Este enfrentamiento se prolonga hasta que a mediados de diciembre llegan los refuerzos reclamados por el zar. Se acabaron las contemplaciones. Emplazan la artillería y bombardean el distrito de Presnia, donde los obreros se habían constituido en república independiente.

Un millar de muertos convence a los obreros de que es mejor deponer las armas y entregarse a la clemencia del zar.[107]

En el campo la represión no es menor: los feroces cosacos ajustan cuentas con los rebeldes, saquean las casas, cuelgan a los hombres de los árboles, violan a las mujeres, degüellan al ganado y antes de marcharse incendian las míseras cabañas con techo de paja.

¿Una vez más ha ganado el zar? No exactamente. Algo está cambiando. En la atestada prisión estatal de la fortaleza de Pedro y Pablo, donde siempre reinó una disciplina bastante relajada (los reclusos podían recibir paquetes de comida o libros del exterior y se les trataba relativamente bien), los carceleros extreman su amabilidad con los gerifaltes socialistas que tienen bajo custodia. Sospechan que tarde o temprano triunfará la revolución y aquellos desarrapados ocuparán puestos en el Gobierno.

Los jueces que procesan a los amotinados participan de la misma opinión. A la sala de juicio donde se sientan en el banquillo los cincuenta dirigentes del Sóviet de San Petersburgo han

107. Más bien inclemencia del zar, porque de los consejos de guerra resultan unas cinco mil condenas a muerte y unas cuarenta mil a destierro o trabajos forzados.

llegado tantas flores de simpatizantes que cuesta respirar. Trotski toma la palabra en nombre de sus colegas y transforma la defensa en una agresiva denuncia de los abusos del Gobierno zarista.

—Si me dicen que las matanzas masivas, los pogromos, los secuestros y la violencia forman parte del esquema de gobierno del Imperio ruso, reconozco que en octubre y noviembre nos armamos para resistir a ese Gobierno.

Los jueces intercambian miradas alarmadas como diciendo «a ver qué hacemos ahora», mientras los abogados defensores se precipitan hacia Trotski para felicitarlo.

Tras la correspondiente deliberación, el jurado emite su veredicto: libertad para todos excepto para Trotski y otros trece cabecillas del Sóviet, a los que destierran perpetuamente a Obdorsk, un minúsculo pueblo en el círculo polar ártico, a mil seiscientos kilómetros de la estación de ferrocarril más próxima y a muchos grados bajo cero cuando llega el crudo invierno.

Consuélense los desterrados, porque su esfuerzo no ha sido baldío. En diciembre de 1905 se promulga la ley electoral: la población mayor de veinticinco años elegirá cuatro colegios electorales.

La Navidad aporta una tregua. En la plaza del Palacio, junto a la columna de granito rojo que sostiene la estatua del zar Alejandro I, han instalado un abeto gigantesco del que cuelgan esferitas rojas.

Acaba un año muy movido. ¿Cómo será el siguiente?

León Trotsky en su juventud.

CAPÍTULO 30

La Duma, última esperanza

El 27 de abril de 1906 los representantes del pueblo elegidos, la Duma, van al Palacio de Invierno, donde el zar los recibe en la sala del trono.

La ceremonia no puede ser más fría. La emperatriz madre María Fiódorovna Románova la definirá entre lágrimas como «un momento terrible». Es natural, la vieja dama se siente humillada al tener que recibir en palacio a aquella chusma hija de la revolución de 1905 que le ha impuesto a su hijo un Parlamento.[108]

Imaginemos la escena (que reproducimos en las ilustraciones en color). De un lado, la casta privilegiada, los miembros de la corte, la aristocracia que sirve al zar, los patriarcas de la Iglesia en sus casullas bordadas en oro y adornadas de piedras preciosas, los generales y los almirantes, la nobleza cortesana y provincial, todos en rutilantes uniformes cargados de medallas. Del otro lado, separados por la plataforma sobre la que se eleva el trono, los diputados electos, algunos vestidos con trajes de calle

108. El rey de España don Felipe VI es pariente lejano de los Románov, al ser hijo de doña Sofía, que, recordemos, es biznieta de Olga Konstantinova de Rusia, la hija del gran duque Konstantino Nikoláievich (segundo hijo varón del zar Nicolás I). Olga Konstantinova se casó con Jorge I de Grecia, del que tuvo a Constantino I de Grecia, abuelo de la reina Sofía.

y otros con simples blusas obreras, el atuendo informal de la estación calurosa.

El magnífico salón del trono, de mil metros cuadrados de extensión, reluce de mármoles, oros, bronces, maderas taraceadas y novedosas lámparas eléctricas. Ingresan los representantes del pueblo en silencio sacramental, abrumados por tanta riqueza. El trono rojo y dorado se eleva sobre una plataforma de ocho peldaños en derredor, todo tapizado de rojo. En el palio que lo cubre campa el águila bicéfala de los Románov bordada en oro. No faltan los símbolos imperiales, el manto de armiño dejado caer sobre el trono, y los escabeles con la corona, el cetro, el orbe y el sello.

El zar no puede estar más distante. Entra en el salón al paso más rápido que le permiten sus piernas enfadosamente cortas y se sitúa junto al trono.

Nicolás dirige a los diputados una breve y fría alocución, que bien podríamos considerar una bronca, sin ni siquiera dignarse a mirarlos. Después de asegurar que defenderá los principios de la autocracia «con inquebrantable firmeza», los despacha gélidamente al palacio de Táuride, designado sede del nuevo organismo.[109]

Entre abril y junio de 1906 comienzan las sesiones de la Duma, un tira y afloja entre los representantes del pueblo que reclaman mayores poderes y los ministros de Nicolás II que se los niegan.

Por los lujosos salones y galerías del Táuride, convertido en palacio del pueblo, no solo pululan los diputados provinciales, sino sus numerosos familiares, clientes y adláteres. Muchos dipu-

109. El Palacio de Táuride fue un regalo de Catalina II a su amante Grigori Potiomkin. Un regalo completamente merecido, pues Grigori, además de atender debidamente a la fogosa Catalina en sus necesidades íntimas, la sirvió con las armas convencionales, le pacificó a los cosacos rebeldes y le conquistó Crimea. Un tipo interesante este Potiomkin: era tan versátil que lo mismo disfrutaba de una misa cantada con monaguillos capados que de una orgía. Trabajaba diecisiete horas seguidas o se tiraba dos días durmiendo. Perdió un ojo en la batalla, por eso se hacía retratar de medio perfil.

tados, hijos de la revolución, son campesinos analfabetos que haciendo uso de las prerrogativas que les concede el cargo reciben gustosamente a nutridas comisiones de congéneres. «El olor a tabaco barato de los campesinos y sus desaseadas ropas de labranza llenaban los largos corredores del palacio. Aunque había carteles de "prohibido escupir", como casi ninguno de ellos sabía leer, el suelo estaba alfombrado de cáscaras de pipas. Algunos diputados campesinos se emborrachaban en las tabernas del entorno, se implicaban en reyertas y cuando la policía intentaba arrestarlos esgrimían su inmunidad parlamentaria.»[110]

La Duma se ha convertido en un diálogo de sordos, más bien un gallinero, donde no se alcanza acuerdo alguno. Los diputados, ayunos como están de práctica parlamentaria y de disciplina, legislan a trompicones, en medio de un caos de discusiones banales que raramente conducen a conclusión alguna. Tampoco es que importe mucho, la verdad, ya que las leyes que aprueban tienen que pasar por el escrutinio del zar y del Consejo de Estado, una asamblea consultiva de ancianos nobles empeñada en mantener la autocracia, fuente de sus privilegios de clase.

O sea, papel mojado.

Una de las primeras decisiones del entusiasta Parlamento consiste en exigir amnistía para los presos políticos. El Gobierno ignora esta petición, así como todas las que la siguen. Algunas son tan pintorescas como instalar una lavandería en el palacio (lo que hubiera resultado de lo más oportuno, puesto que el tufo a chotuno persiste entre sus señorías y comisiones visitantes).

Es evidente que esto de la Duma no ha sido una buena idea. El zar la disuelve a las diez semanas de haberla convocado. Consternación entre los diputados que ya contaban con los sueldos, las dietas y los privilegios como representantes del pueblo para una buena temporada. Los kadetes (recuerde el lector, los liberales del Partido Democrático Constitucional) se reúnen en la localidad finlandesa de Víborg y redactan un manifiesto que anima al pueblo a levantarse contra el Gobierno.

Visto desde la distancia de un siglo y con el conocimiento

110. Figes, 2010, p. 262.

que tenemos de lo que ocurrió, vemos que el sistema zarista se abocaba al desastre. ¿Existía alguna posibilidad de arreglo o el sistema estaba irremediablemente condenado?

Quizá se hubiese salvado si el primer ministro Piotr Stolypin hubiese podido llevar adelante las reformas que pretendía. Stolypin era un renovador y un servidor del Estado en sentido moderno (no del zar, sino del Estado representado por el zar). Su proyecto consistía en modernizar Rusia y occidentalizarla, emprendiendo las necesarias reformas político-sociales. Se había propuesto suprimir las improductivas aldeas comunales y sustituirlas por una clase de pequeños propietarios campesinos similar a la existente en los países desarrollados de Europa: dar al campesino lo que no le había dado la abolición de la servidumbre.

Llevaba razón Stolypin. La creación de ese campesinado dueño de lo suyo, moderadamente próspero y fiel al zar, sumado a un obrero industrial razonablemente pagado y satisfecho con su trabajo hubiera sido el mejor antídoto contra las veleidades revolucionarias.

Al propio tiempo, durante los cinco años de su mandato aplicó la mano dura a los rebeldes. La soga de la horca se llegó a conocer, en la jerga carcelaria, como «la corbata de Stolypin». En los años de su magistratura los tribunales enviaron a unos sesenta mil revolucionarios a la horca, a la cárcel o al destierro.

¿Es demasiado severo Stolypin? Los dueños de las haciendas asaltadas por la chusma lo encuentran demasiado tolerante.

—Rusia está en llamas —acusa el archiduque Alexandr Mijáilovich.

Algo de razón lleva. Los actos de violencia menudean en todas las provincias. En la de Chernígov los campesinos han asesinado a dos terratenientes vecinos en la misma noche, lo que provoca una estampida de terratenientes aterrorizados que se refugian en las grandes ciudades donde los servicios de policía son todavía fiables.

En lugares de tránsito fluido aparecen avisos que señalan la finca próxima. En cuanto cae la noche, los campesinos se congregan en torno a la finca designada para participar en el saqueo.

A esa operación la llaman «compartir» los bienes de los ricos y al robo, «incautación».

Al socaire de estas violencias, los campesinos atacan también a las comunidades judías sin respetar a sus miembros más pobres.

El Gobierno recurre a la estaca. Juicios sumarísimos, horca y deportación. Al cabo de un tiempo los saqueos y los asesinatos disminuyen, pero el rencor de los oprimidos aumenta hasta el punto de que en adelante ni los que antes se mostraban más sumisos se molestan ahora en disimular ante sus amos.

Un noble que regresa a su hacienda de Samara después de pasado el peligro nota que «la cortesía, la amabilidad y las reverencias» habían desaparecido, sustituidas por «animadversión y grosería».[111]

En un café de París, en plena *belle époque*, el melancólico barón Piotr Nikoláievich Wrangel vaticina a su amigo, el conde Valentín Zubov: «Está a punto de empezar un periodo de barbarie que durará décadas».

Años después, la princesa María Gagarina recordaría con nostalgia aquellos tiempos: «Como si se previera la cercanía de la catástrofe, todo San Petersburgo se entregó ansioso a la diversión y a la juerga».[112]

En efecto, San Petersburgo en esos difíciles días brilla más que nunca. Toda atracción internacional es bien recibida en salones, en cabarets y salas de fiestas: «Los gitanos gritaban, las copas entrechocaban, los violinistas rumanos, vestidos de rojo, hipnotizaban a los hombres y mujeres ebrios que se atrevieran a experimentar las variantes del vicio».[113]

Entre las atracciones que triunfan en la capital de los zares nos llama la atención una pareja andaluza de baile flamenco. Él se llama Juan Martínez y es natural de Burgos; ella, Sole. La re-

111. «Entre enero de 1908 y mayo de 1910 se registraron 19.957 atentados terroristas y robos revolucionarios; 732 funcionarios y 3.051 ciudadanos murieron» (Smith, 2015, p. 91).

112. Smith, 2015, p. 92.

113. *Ibid.*, p. 92.

volución los ha sorprendido en Rusia cuando se ganaban la vida como pareja de baile español en los cabarets. Años después él se encontró con el escritor y periodista Chaves Nogales, que en sucesivas entrevistas anotó sus vivos recuerdos de aquella época y con ellos compuso un libro reportaje en primera persona: *El maestro Juan Martínez que estaba allí.*

Stolypin no concita simpatías ni por la izquierda ni por la derecha. Ni le gustan los parlamentarios de la Duma, a los que abiertamente desprecia, ni los aristócratas que rodean al zar. Es un hombre hogareño. Se excusa de grandes actos, cacerías y compromisos sociales para pasar los fines de semana con su familia, en el campo.

Solo y odiado por todos, Stolypin es consciente de que su vida corre peligro. Al aceptar el puesto de primer ministro ha dictado testamento. Presiente que le va a costar la vida («que me sepulten en el mismo lugar donde me asesinen»), pero tampoco quiere dar facilidades a los terroristas. Durante años se hará acompañar por guardaespaldas y usará chaleco antibalas.

Los terroristas le dinamitan la dacha durante una fiesta y causa treinta muertos y numerosos heridos, entre los que figuran sus queridas hijas. El zar le ofrece hacerse cargo de la cuenta del hospital.

—Os lo agradezco, majestad —responde Stolypin—, pero no vendo la sangre de mis hijos.

Fenecida la primera Duma, se convocan elecciones para una segunda, que resultará aún más fugaz: cinco meses (de febrero a junio de 1907) y desde luego más conflictiva que la primera. Los poderes fácticos aprueban su reforma de la ley electoral, que favorece a los terratenientes y propietarios a costa de los obreros, pero el idilio termina cuando la policía cree descubrir que los socialdemócratas preparan un golpe de Estado. Stolypin exige la expulsión de los cincuenta y cinco diputados supuestamente implicados en la conjura. La Duma se niega y Nicolás II la disuelve mediante decreto imperial *(ucase).*

Después de este episodio, la tercera Duma, «la de los nobles y los lacayos», resulta mucho más estable, cinco años, entre 1907 y 1912.

En agosto de 1911 Stolypin tiene que acudir a uno de esos actos que tanto lo fastidian, la inauguración de una escultura de Alejandro II en Kiev. La policía lo previene de que existen indicios de que se esté preparando un atentado. Él no se lo comunica a nadie, por no alarmar, pero le confía a su secretario ciertos documentos que hay que destruir en caso de que muera.

El día de la inauguración, Stolypin comparece en Kiev sin escolta y sin chaleco antibalas. En el programa de celebraciones figuraba una representación de ópera con asistencia de la familia imperial. La obra representada es *La leyenda del zar Saltán y de la bella princesa cisne*, de Rimski-Korsakov, de la que más de un lector recordará seguramente el popular interludio orquestal «Vuelo del moscardón».

Llega el segundo descanso (la ópera es larga) y muchos espectadores abandonan sus asientos para estirar las piernas. Stolypin charla distendidamente con un conocido en el pasillo del foso de la orquesta cuando un joven se le acerca y sin mediar palabra le descerraja dos tiros, uno de los cuales le atraviesa el hígado.

Stolypin reacciona como si lo tuviera ensayado. Ha vivido bellamente y quizá aspira a un *bel morir* que merezca la memoria de la historia.[114] De hecho lo consigue, porque más de un siglo después aquí estamos contándolo: se saca los guantes parsimoniosamente, los deposita sobre el respaldo de la butaca, se desabrocha la chaqueta y comprueba que el chaleco se le está empapando de sangre.

—Me siento feliz de morir por el zar —pronuncia al tiempo que dirige la mirada al vecino palco imperial desde el que Nicolás II y sus cuatro hijas contemplan horrorizados la escena.

Stolypin bendice al zar haciendo la señal de la cruz con la diestra antes de abandonarse, mortalmente lívido, en los brazos de los que lo asisten. Fallece aquella misma tarde.

El asesino de Stolypin, el estudiante Dmitri Bogrov, ha sido informante de la policía antes de abrazar la causa revolucionaria. Lo ahorcan tras un proceso rapidísimo, antes de que pueda hablar más de la cuenta.

114. *«Ch'un bel morir tutta una vita onora»*, que dice Petrarca.

En una entrevista Stolypin había dicho: «Tengo la revolución sujeta por el cuello y, si no perezco antes, la estrangularé con mis propias manos».

Los aristócratas que brindaron por la muerte del odiado ministro estaban lejos de sospechar que con él se perdía la última esperanza de que ellos mismos no perecieran víctimas del furor revolucionario seis años después.

La cuarta y última Duma (de 1912 a 1917), con la primera guerra mundial por medio, terminó con la revolución que derrocó al zar y trastocó todo el sistema.

Asesinato de Stolypin.

CAPÍTULO 31

Un asesinato ritual

Kiev, 12 de marzo de 1911. Una familia denuncia a la policía la desaparición de Andréi Yuschinski, de trece años, que salió por la mañana camino de la escuela y no ha regresado.

Pasan los días y el chico sigue sin aparecer. Finalmente, una semana después, unos escolares que jugaban en unos desmontes de las afueras de Kiev encuentran su cadáver cosido a puñaladas en una cueva, no lejos del tejar de Zaitsev.

Cuatro meses después, tras una exhaustiva investigación, la policía detiene al gerente del tejar, Menahem Mendel Beilis, un judío de treinta y nueve años, casado y padre de cinco hijos, como sospechoso del secuestro y asesinato del pequeño Andréi.

Se cree que Beilis asesinó al pequeño en el curso de una perversa ceremonia judía que requiere el martirio de un niño cristiano para servirse de su sangre. Este bulo antisemita ha circulado desde la Edad Media por toda la cristiandad y ha servido como pretexto para perseguir y asesinar a los judíos.[115]

Una campaña antisemita conmueve toda Rusia. El caso del asesinato ritual ocupa gran espacio en la prensa sensacionalista. Se editan octavillas que avisan a las familias del peligro que corren los niños en la proximidad de comunidades hebreas.

115. Un caso bastante similar al del Santo Niño de la Guardia, en España. Su cadáver nunca se encontró porque subió al cielo en cuerpo y alma.

Beilis en ningún momento admite haber asesinado al niño. Cuando lleva un año en prisión aguardando el juicio le ofrecen acogerse al indulto que el zar va a conceder en 1913 con motivo del tercer centenario de la fundación de la dinastía Románov. Solo tiene que declararse culpable y quedará libre.

Beilis rechaza el ofrecimiento: «No necesito indulto, lo que quiero es un juicio justo».

El inspector de policía que investiga el caso, Nikolái Krasovski, tiene sobradas razones para dudar de que Beilis sea el asesino. Hombre de honradez probada, descubre que las pruebas que lo inculpan son falsas y resiste las presiones de su superior, el intendente general Chaplinski, que le hacen ver que su ascenso peligra si insiste en dirigir las investigaciones por otro camino.

Chaplinski, que es un notorio antisemita, ha prometido a sus jefes la cabeza del judío. En un momento en que arrecian las huelgas y las protestas sociales en toda Rusia,[116] lo que conviene al Gobierno es desviar la atención de la gente hacia el horrendo caso del asesinato ritual. Como siempre, los judíos haciendo de chivo expiatorio.

En vista de que el inspector Krasovski persevera en su propósito de demostrar la inocencia del judío, el superintendente Chaplinski lo expulsa de la policía.

Krasovski no se arredra: prosigue su investigación por su cuenta y descubre que los verdaderos asesinos fueron Vera Cheberyak, perista, y la banda de delincuentes profesionales que la sirve. El motivo del crimen fue que el joven Andréi, amigo del hijo adolescente de Vera, había descubierto el negocio delictivo de la madre de su amigo. Temerosa de que la delatara, la señora hizo asesinar al niño y luego trasladó el cadáver a la cueva donde se encontró. Poco después la desalmada madre envenenó a su propio hijo por miedo a que se fuera de la lengua.

Krasovski enviará a los periódicos el informe de su descubrimiento. Como respuesta a su brillante actuación, la policía lo

116. Entre 1912 y 1913, tres millones de trabajadores se vieron implicados en nueve mil huelgas (Figes, 2010, p. 290).

detendrá y encarcelará bajo la acusación de revelar secretos oficiales.

Regresemos sobre nuestros pasos al juicio del judío sospechoso. La acusación corre a cargo de un fiscal con fama de severo. El famoso psicoanalista Iván Sikorsky y el sacerdote católico Justinas Pranaitis, autor de un libelo antisemita, *El talmud desenmascarado* (1892), declaran que el niño fue víctima de un crimen ritual judío. Lo sacrificaron ritualmente para amasar con su sangre el pan ácimo que los judíos comen en su Pascua o Passover.

La defensa demuestra que Pranaitis solo tiene nociones elementales y prejuiciosas del judaísmo y lo pone en ridículo ante el atento jurado. Por el contrario, Alexandr Glagolev, profesor del Seminario Ortodoxo de Kiev y acreditado especialista en temas judíos, testimonia que la ley de Moisés prohíbe el derramamiento de sangre humana y desde luego rechaza cualquier alimento contaminado con sangre.

El testimonio del psicoanalista Sikorsky, basado en el significado ritual judío de las trece heridas infligidas a la víctima, queda también en entredicho cuando se revela que las heridas fueron catorce, como consta en el informe forense.

Las pruebas circunstanciales exculpan al acusado: al niño lo raptaron un sábado y, tal como declararon sus compañeros de fábrica, ese día Beilis estuvo trabajando entre ellos, pues aunque judío, no era practicante y no guardaba su día festivo. Entre las pruebas sometidas al tribunal figuraban algunos albaranes firmados por Beilis ese día.

O sea, el sospechoso no se había movido de la fábrica, por lo tanto no pudo raptar y asesinar al niño. Finalmente, el principal testigo de la acusación, un farolero, confesó que la policía secreta lo había obligado a denunciar al acusado. Al parecer, la conspiración para acusar a los judíos había partido de Vladimir Golubev, militante de los Cien Negros, la rama extremista de la Unión del Pueblo Ruso.

El jurado está formado por doce miembros, siete de los cuales pertenecen a los Cien Negros, pero el peso de las pruebas resulta tan abrumador que se ven obligados a declarar inocente a Beilis.

El asunto Beilis ocupó grandes espacios en la prensa occidental y atrajo furibundas críticas de intelectuales de todos los países al Gobierno zarista que amparaba a los antisemitas y era capaz de manipular un proceso legal basado en un bulo medieval que en los países civilizados hacía siglos se había superado.[117]

Второй годъ изданія. Цѣна № 3 копѣйки.

ДВУГЛАВЫЙ ОРЕЛЪ

Воскресенье 11-го Марта 1912 года.

ПОМЯНИ ПРАВОСЛАВНЫЙ РУССКІЙ НАРОДЪ
ИМЯ ЗАМУЧЕННАГО ЖИДАМИ
отрока Андрея Ющинскаго!

ВѢЧНАЯ ПАМЯТЬ!

Христіане, берегите своихъ дѣтей!!!
17-го марта начинается жидовскій пейсахъ.

La noticia del asesinato ritual
en un periódico de extrema derecha.

117. Entre los escritores que defendieron la inocencia de Beilis se cuentan Anatole France, Thomas Mann, H. G. Wells y Arthur Conan Doyle.

CAPÍTULO 32

El monje loco

Mientras el Imperio ruso se tambalea debido a las insurrecciones obreras y los sabotajes campesinos, Nicolás y su zarina están concentrados en su problema familiar, del que puede depender la continuidad de la dinastía.

El deseado heredero varón, el *tsarevich* Alexis, nacido en 1904, es una criatura enfermiza cuya vida está perpetuamente amenazada por la hemofilia.

Cada cierto tiempo, el zarévich sangra espontáneamente y a los galenos de la casa imperial, todos ellos eminencias con altos cargos universitarios, les resulta cada vez más difícil atajar las hemorragias. Desesperada por la ineficacia de los médicos, la zarina, madre al fin, recurre a un monje sanador del que tiene noticias su dama de honor y confidente Anna Vyrubova.

Grigori Rasputin (pronúnciese acentuando la «u») tiene un aspecto desagradable: corpulento, desaliñado y falto de modales, no es precisamente la persona que podría progresar en la corte. Pero está dotado de poderes taumatúrgicos y alivia a los enfermos por simple imposición de manos.

Llamado por la zarina, Rasputin acude al palacio real y se hace llevar al dormitorio del niño doliente que está atravesando una de sus crisis. Le impone las manos, murmura una oración y para alivio de la angustiada zarina, la hemorragia va remitiendo hasta que finalmente se restaña.

¡Un milagro! La zarina reprime el deseo de abrazar al providencial benefactor.

—No quiero que este hombre se mueva de la corte —le comunica al complaciente Nicolás—. Quiero que esté siempre cerca de nosotros. ¡Ese hombre es un santo!

Se divulga por la corte que el enigmático monje Rasputin goza de la confianza de los zares y especialmente de la inaccesible zarina.

La confianza de Rasputin con los zares es tal que incluso se permite hablarles de tú (el informal *ty* en lugar del preceptivo y formal *vy*).

La familiaridad del monje con la familia imperial le abre todas las puertas. Rasputin no rehúye las invitaciones a los salones de la buena sociedad en los que subyuga a sus interlocutores y especialmente a las damas con sus magnéticos ojos azules de largas pestañas que resaltan las ojeras cárdenas, así como su voz profunda e hipnótica.

¿Quién es Rasputin? Se preguntan los gacetilleros.

Rasputin nació hace treinta y seis años en un pueblecito de Siberia, en el seno de una familia de campesinos pobres y probablemente analfabetos. Indómito y poco sociable, desde su infancia tuvo algún problema con la ley y durante un tiempo dudó sobre el camino que debía seguir, si meterse a místico (parecía que el chico tenía cierta tendencia a la ensoñación religiosa) o inclinarse definitivamente por la delincuencia. Probablemente su ángel de la guarda se lo estaba disputando al demonio de la guarda (que a juzgar por cómo anda el mundo también debe haberlo).

El joven Rasputin, aquel pollancón de aventajado físico, exudaba testosterona. Como tantos jóvenes de su ambiente contrajo matrimonio a los dieciocho años con una campesina mayor que él, Praskovia Dubrovina, a la que hizo tres hijos. La tenía tan agotada por la reiteración del débito conyugal que la pobre no objetaba al hecho de que también atendiera a cuanta vecina se le ponía a tiro.

No duró mucho el matrimonio. Atraído poderosamente por la mística, abandonó a Praskovia y a los tres hijos habidos en ella, para ingresar en el monasterio de Verjoturye, donde solo aguan-

El príncipe doliente

tó unos meses la disciplina monacal, pero aprendió algunos rudimentos de rezos y bendiciones con los que se consideró cualificado como monje y hombre santo.

Devuelto al ancho mundo, ¿para dónde tirar? *Do fuir?*

¿Regresaría al lado de la aburrida Praskovia a someterse a la aperreada vida del campesino de aldea?

De ninguna manera: el inquieto Grigori optó por seguir su vena mística entre los *jlystý*, o flagelantes, una secta de raíces precristianas condenada por la Iglesia ortodoxa que permitía a sus miembros conjugar espiritualidad y fornicio.[118] Los miembros de los *jlystý* administraban las tentaciones de la carne sucumbiendo a ellas. Sin haber leído a su contemporáneo Campoamor parecían coincidir con el poeta en lo esencial de la vida. Si el poeta asturiano escribía: «Te pintaré en un cantar, / la rueda de la existencia: / pecar, hacer penitencia / y luego vuelta a pecar», ellos se doctrinaban con el sacramento principal de la secta que consistía en agotadoras orgías hasta quedar exhaustos y luego, con las escasas fuerzas restantes, se azotaban con ramas de abedul y cuerdas trenzadas, más flojas que apretadas hemos de sospechar, para purgar el pecado cometido. No es descabellado maliciar que pondrían mucho más denuedo en el metisaca que en el zurriago. Débil es la carne.

Rasputin triunfa en la corte. La zarina deposita toda su confianza en el carismático monje y toma sus consejos como si fuera el oráculo. La aristocracia corteja de manera indecente al que la zarina ha admitido en la intimidad de la familia imperial, por otra parte tan cerrada a influencias exteriores.

Las encopetadas damas se disputan en sus salones a aquel enigmático personaje de fascinantes ojos azules cuya mirada fija y penetrante parece calar hasta los más inconfesables secretos del interlocutor.

—Es que parece que me vacía por dentro —observa una dama.

—Pues a mí, más bien, me llena —añade otra.

118. Veneraban a los profetas Yarilo y Rusalka, que eran la personificación de la pasión y el deseo.

Algo tiene, desde luego, porque el tipo se lava poco y tampoco tiene por costumbre cambiarse mucho de ropa, siempre ancha blusa de campesino y botas altas, de manera que huele a chotuno.

¿Quizá está dotado de labia? ¿Su facundia lo hace irresistible? Tampoco: la mitad de lo que dice no se le entiende porque, en su peculiar sintaxis raramente coordina las partes de la oración. En ese sentido es como el oráculo: hay que interpretar lo que dice.

Entonces, ¿qué?

La novedad, el exotismo, la curiosidad de unas damas aburridas y deseosas de novedades. También el misterio que lo rodea. En la alta sociedad rusa están de moda el espiritismo, la ouija, la hechicería y las ciencias ocultas. Y es evidente que el misterioso monje es un taumaturgo. ¿Acaso no detiene con oraciones las cada vez más frecuentes hemorragias del pobrecito Alexis que los más encopetados médicos no lograban atajar?

A un monje se le supone la santidad o el deseo de acercarse a ella, pero en el caso de Rasputin tal suposición resulta del todo descaminada. Es un depredador sexual. A las altas damas de la corte, acostumbradas a sábanas de Holanda, perfumes de París y modales exquisitamente cortesanos de los maridos y amantes, les cuadra de vez en cuando el revolcón con aquel verraco desprovisto de modales pero abundantemente dotado que las monta sin contemplación alguna.

Inevitablemente se establecen malévolas conexiones entre su sobrenombre familiar y la palabra *rasputnyi*, «disoluto». Se difunden bulos sobre la experiencia adquirida por Rasputin durante su convivencia con los *jlystý*, así como sobre su potencia sexual y el tamaño del pene con el que presumiblemente encandila a sus admiradoras.[119]

119. El supuesto pene de Rasputin, que se exhibe conservado en un frasco de formol en el Museo del Erotismo de San Petersburgo, alcanza en su forzoso estado de descanso veintiocho centímetros de longitud, pero algunas fuentes aseguran que en su origen, cuando se embravecía, alcanzaba los cuarenta, o sea, como el de un caballo. Examinado de cerca y

Y admiradores, debemos añadir, porque Rasputin, como buen *jlystý* es bisexual y también mantiene relaciones con hombres.

El entusiasmo que el misterioso monje concita entre los escamados esposos es inversamente proporcional al de las esposas.

¿Quién es este *parvenu*, este hipócrita disfrazado de monje, este patán que de pronto asciende en el favor del zar y especialmente en el de la zarina, saltándose un escalafón cimentado en siglos de servicios a la corona de cuantos aristócratas y altos funcionarios componen la corte?

Rasputin aprovecha su influencia en la corte para hacer negocio. El que aspira a un puesto en la Administración, en la corte o en la Iglesia lleva mucho ganado si corteja a Rasputin. El falso monje hubiera amasado una considerable fortuna en sobornos si no fuera tan manirroto, pues se lo pule todo en caprichos y francachelas, en casas de baño y en burdeles.

Los enemigos de Rasputin, un club que crece de día en día, le van con el cuento a Nicolás, pero el autócrata que pretende mandar en Rusia pero no manda en su casa se resiste a alejarlo de la corte:

—Mejor un Rasputin que diez ataques de histeria cada día —comenta resignado.[120]

Nos da a entender que Nicky está hasta el moño de su dominante cónyuge y que su matrimonio aparentemente feliz es tan desventurado como el de cualquier vasallo.

La zarina y Rasputin se citan a menudo en casa de Anna Vyrubova, la confidente de Alejandra. La esposa de Nicolás le escribe cartas en las que a veces expresa sentimientos que podrían malinterpretarse: «Solo deseo una cosa: dormir durante siglos en tu hombro mientras me abrazas».[121]

En fin, que no sabe uno qué pensar.

---

desapasionadamente se echa de ver que el pene del museo es falso, probablemente el trabajo de un taxidermista que ha revestido de piel humana una holoturia disecada. La holoturia es un curioso animal superviviente de la era paleozoica, también conocido como carajo o pepino de mar.

120. Figes, 2010, p. 66.

121. Rappaport, 2015, p. 153.

CAPÍTULO 33

Los fastos del jubileo imperial, 1913

Los obreros cada día más levantiscos, los campesinos desobedientes y agresivos con los amos, los intelectuales protestones, los aristócratas, con el zar al frente, sintiéndose vigilados y aborrecidos por el pueblo.

La monarquía precisa una buena campaña publicitaria que devuelva al zar el amor del pueblo perdido tras el Domingo Sangriento y las torpes actuaciones de los sucesivos Gobiernos.

¿Qué mejor ocasión que el tricentenario de la fundación de la dinastía Románov, que cae en 1913?

Periódicos, revistas y conferenciantes divulgan hasta la saciedad los orígenes providenciales de la dinastía Románov en un patético intento de atraerse a los descontentos. El primer Románov, el zar Miguel I Fiódorovich Románov, apareció providencialmente tras un periodo de gran inestabilidad (la Era de los Tumultos), en el que los clanes boyardos, o nobles, se disputaban el trono. A río revuelto, Polonia aprovechó la debilidad de Rusia para atacarla. En ese apuro la Asamblea de Nobles *(Zemsky Sobor)* eligió como zar a Miguel I, que los condujo a la victoria y a la grandeza nacional.

La celebración consistió en una serie de actos exaltadores de la monarquía. Se acuñaron medallas conmemorativas, se imprimieron carteles, sellos y postales en los que se mostraba a Miguel I tocado con su gorro boyardo y a Nicolás II con la corona imperial, acompañados de la inscripción «1613-1913».

A la convocatoria del zar acudió todo el que representaba algo en las ochenta y una provincias *(óblasti)* y veinte regiones *(gubérniyas)* del Imperio, una amalgama de razas y lenguas que abarcaba desde los Estados bálticos y Finlandia hasta el Cáucaso, y los enclaves turcos de Ardahán, Artvin, Iğdır y Kars, pasando por el zarato de Polonia, Bielorrusia, Moldavia, Valaquia y Ucrania.

Mientras duraron los fastos, San Petersburgo fue la ciudad más cosmopolita del mundo (con permiso de París y Londres), un escaparate de los más variados atuendos, desde damas vestidas a la moda de París hasta campesinos de botas de fieltro y holgada blusa. Los modernos automóviles de origen francés competían en las adoquinadas calles con los tranvías, los coches de caballos y los trineos. De vez en cuando, entre la abundancia de brillantes uniformes y de caballeros trajeados a la moda londinense, bombín incluido, surge el contraste de algún brillante atuendo «étnico» como los que lucen el emir de Bujará o el kan de Jiva, y sus respectivos séquitos ataviados con el traje nacional.

El águila bicéfala y coronada de los zares se reitera por todas partes en edificios públicos, hoteles, restaurantes y comercios, a veces ocupando toda la fachada y pespunteada por bombillas eléctricas y cartelas con las dos fechas que se conmemoran: 1613-1913 y el lema «Dios salve al zar» (Боже царя храни) repetido hasta la saciedad.

En los escaparates se exhiben grandes retratos de Nicolás y de Miguel Románov rodeados de guirnaldas y de cintas rojas, azules y blancas, los colores de la bandera rusa. Ristras de bombillas de colores siluetean los edificios o cruzan las calles en una explosión de color que los campesinos llegados de lejanas aldeas contemplan embobados.

El martes, 21 de febrero de 1913, amanece un día despejado. Como si el tiempo se hubiese confabulado para contribuir a la brillantez de las celebraciones. Por las engalanadas calles y plazas de la capital imperial circula un céfiro helado que corta el cutis.

A las ocho en punto de la mañana, una salva de veintiún cañonazos desde las torres de la fortaleza de Pedro y Pablo anuncia el comienzo de las fiestas.

La familia real se deja ver en carruaje descubierto que recorre las principales calles desde el Palacio de Invierno a la catedral de Nuestra Señora de Kazán. La carrera oficial está marcada por dos hileras de guardias imperiales embutidos en vistosos uniformes escarlata y quién sabe cuántos policías de paisano atentos a cualquier movimiento sospechoso en la multitud endomingada que abarrota las aceras.

Precede a la procesión imperial un escuadrón de cosacos de la guardia de su majestad imperial ataviados con sus casacas rojas. A continuación, en carruaje abierto, va su majestad el zar con su heredero, el archiduque Alexis Nikoláievich, sentado a su lado. Junto a ellos cabalga el príncipe Trubetskoi, comandante de la escolta. Siguen la zarina Alejandra y la reina madre, la emperatriz viuda, que ocupan una magnífica carroza tirada por cuatro caballos blancos con los típicos atavíos rusos. Escolta a las augustas damas otro pelotón de cosacos de la guardia.

A continuación van las cuatro archiduquesas, bellísimas como lirios en flor, en una calesa tirada por dos caballos y rodeada por otro escuadrón de cosacos de la guardia.

¡Qué clamor! La muchedumbre aclama al zar y la música de orquestas colocadas en tribunas a lo largo del recorrido compite con el sonido de los cascos sobre el adoquinado y con las campanas de las iglesias que incesantemente doblan saludando los tres siglos de monarquía Románov.

La catedral de Kazán, iluminada para la ceremonia, semeja un ascua de oro. Innumerables bujías arrancan destellos de los bruñidos bronces, los mármoles y los minuciosos mosaicos. El espacioso templo está abarrotado de uniformes y vestidos de gala que representan a la crema de la aristocracia y la Administración del Imperio.

El patriarca venido expresamente de Grecia y asistido por más de cincuenta sacerdotes dirige la ceremonia religiosa entre nubes de incienso. Una testigo, Anna Vyrubova, nos ha dejado sus impresiones: «Vi en la distancia al zar arrodillado y a su heredero, que no paraba de mirar a las alturas. Luego supe que lo que llamaba su atención eran las palomas que revoloteaban en la cúpula».

Terminada la ceremonia un archiduque lee el manifiesto que en ese mismo instante se estará publicando en todas las iglesias del Imperio: «Que la bendición de Dios descienda sobre nuestra casa y sobre nuestros queridos súbditos con la misma abundancia con que la gozamos ahora. Que el Dios omnipotente fortalezca y proteja la tierra rusa y nos conceda la fuerza necesaria para mantener alto y firme el glorioso estandarte de nuestra patria».

En las fábricas del extrarradio se celebra también la exaltación de los Románov. Haciendo de tripas corazón, los delegados sindicales y los obreros adoctrinados por el socialismo condescienden a acercarse a las cantinas municipales donde hay barra libre de vodka de garrafa y guisote comunal.

Se ven menos mujeres que hombres, porque ellas han acudido en tropel a las cárceles donde tienen seres queridos y a los montes de piedad donde tienen enseres queridos: se ha extendido el rumor, que resultará ser un bulo malintencionado, de que el padrecito zar ha decretado amnistía general para los presos y perdón de intereses para los empeños.

Por la tarde acuden las masas al centro de la ciudad para presenciar un magnífico espectáculo de fuegos artificiales que se celebrará al otro lado del Neva en cuanto anochezca.

En el Palacio de Invierno, cuyos muros aparecen decorados con tres gigantescos retratos de varios pisos de altura de Nicolás II, Pedro el Grande y Miguel Románov, se celebra una recepción de gran gala. Dado lo patriótico de la ocasión, las damas han tenido que olvidarse de sus atuendos parisinos para comparecer disfrazadas con el traje tradicional ruso, unos ropones coloristas herederos de las pompas de Bizancio.

«Su majestad la zarina apareció resplandeciente en su vestido de terciopelo azul y tocada con un alto *kokóshnik* y un velo cuajado de perlas y diamantes —recuerda Anna Vyrubova—. Sobre el pecho le cruzaba la banda azul pálida de la Orden de San Andrés. Por su parte, la archiduquesa (la reina viuda) lucía la banda escarlata de la Orden de Santa Catalina.»

Con tan augustas damas aparece, por vez primera en una ceremonia oficial, la archiduquesa Olga, la hija mayor de los zares, que baila una polonesa con el príncipe Saltykov.

Al día siguiente por la tarde, los reyes y su hija mayor se dirigen al teatro Mariinsky para asistir a la representación de la ópera *Una vida por el zar* (1836), una obra patriótica de Mijaíl Glinka, ideada para ensalzar a la dinastía Románov.[122]

Para la magna representación concurren las glorias de la escena nacional: las bailarinas Anna Pavlova y Matilde Kshesinskaya (amante de Nicolás cuando era soltero),[123] la soprano Antonina Nezhdanova, el tenor Leónid Sobinov y el director de orquesta Eduard Naprávnik.

El protagonista de *Una vida por el zar* es Iván Susanin, el héroe nacional ruso (entonces), que «interrogado por los polacos y los lituanos y sometido a torturas espeluznantes para hacerle confesar el paradero del zar, prefirió la muerte antes que traicionar a su señor» y de este modo sacrificó su vida para salvar la de Miguel I, el fundador de la dinastía Románov.

El efecto propagandístico de la historia de Iván Susanin se explota hasta la saciedad en el año del jubileo en libros infantiles, cromos, periódicos, postales, conferencias y en cada posible medio de comunicación. Incluso aparece en sellos y medallas emparejado con la efigie de Nicolás, representando el comienzo de la dinastía y su gloriosa continuidad tres siglos después (poco sospechaban que era también el que iba a cerrarla cuatro años después).

Los actos patrióticos, fanfarrias, recepciones y bailes para celebrar el tricentenario de los Románov se prolongaron durante varios días hasta empalmar con las celebraciones de Pascua.

El 15 de mayo la familia imperial inicia su *tournée* por las ciudades imperiales repitiendo la ruta que el zar Miguel recorrió triunfalmente tres siglos antes, cuando salió de su hogar en Kos-

122. Con esta obra se inauguraba tradicionalmente la temporada de ópera en Rusia. Al margen de su efecto propagandístico se hizo tan popular que los comunistas no se atrevieron a prohibirla y se contentaron con cambiarle el título restituyendo el primitivo que era *Iván Susanin*. Hoy está un poco olvidada.

123. A esta señora le iban los Románov. También mantuvo un *ménage* simultáneo con dos archiduques de la misma estirpe, Serguéi Mijáilovich y Andréi Vladimirovich.

tromá, a orillas del Volga, para dirigirse a Moscú, donde se coronaría zar.

El trayecto se ha programado al detalle. En algunos tramos viajarán en el tren imperial, con las paredes paneladas de caoba y seda y los lujosos muebles de marquetería dorada con asientos de terciopelo que imitan los lujosos salones del palacio. Otros tramos los harán en barco de vapor, en salones igualmente lujosos redecorados para la ocasión. Finalmente, adonde no llega el barco ni el tren acudirán en automóvil.

La primera visita es al monasterio de Spasso-Yefimovski, en el principado de Vladimir-Súzdal. Puesto que el ferrocarril no llega al monasterio, el séquito real (en el que por expreso deseo de Nicolás no figura ningún representante de la Duma) se acomoda en una caravana de treinta automóviles Renault que atraviesa una serie de aldeas polvorientas y miserables en las que los campesinos han vestido sus mejores galas y han sacado mesas a la orilla del camino con el pan y la sal de la tradicional bienvenida.

Los sencillos labriegos quedan muy confortados cuando la caravana imperial pasa a toda velocidad envolviéndolos en la nube de polvo.

En el monasterio, Nicolás deposita una corona de flores en la tumba del príncipe Dmitri Pozharski, el héroe nacional que derrotó a los invasores polacos y los expulsó del Kremlin el 1 de noviembre de 1612.

Quizá Nicolás se persuade de que realmente lo aman sus súbditos. «Con gran placer visité las iglesias de arquitectura rusa antigua y admiré los maravillosos tesoros que custodian sus sacristías —anota en su diario—. Tanto en el camino de ida como en el de vuelta, la gente acudía de los pueblos con iconos. No me cansé en absoluto, tan intensas y positivas eran mis vivencias.»

La siguiente estación es Bogolyubovo y Nizhni Nóvgorod. La familia imperial visita la tumba de Kuzmá Minin, el próspero carnicero que auxilió al príncipe Dmitri Pozharski en su lucha contra los invasores polacos.

En esta ocasión Nicolás pone la primera piedra del monumento que va a honrar la memoria de Minin y Pozharski. Por la noche, exhausto de tanta devoción de sus súbditos, Nicolás anota en su diario: «Gracias, Señor Dios, por dispensar tu gracia sobre Rusia y sobre todos nosotros para que tan brillantemente celebremos los días del tricentenario de la dinastía Románov».

El resto del viaje resulta igualmente satisfactorio. Por donde quiera que aparece la familia imperial, multitudes de campesinos aclaman el paso del tren.

La entrada del zar en Moscú, el día 24, es apoteósica. Nicolás, que en Moscú se siente más seguro que en San Petersburgo, desciende del tren y saluda a las autoridades que han acudido a recibirlo con una banda de música. Después de pasar revista a las tropas monta un hermoso corcel blanco y cabalga en solitario, a buena distancia de su escolta, por el centro de las amplias avenidas adornadas de banderas amarillas y negras (colores de los Románov) y guirnaldas.

Detrás del zar, a la cabeza del resto de la comitiva, va la familia imperial. La zarina se emociona ante las aclamaciones de su pueblo (que no van dirigidas precisamente a ella) y comenta:

—Aquí se manifiesta la clase de cobardes que son los ministros del gabinete que están continuamente asustando al emperador con la tabarra de la revolución. Aquí solo tienes que mostrarte en público y enseguida te los metes en el bolsillo.

¡Qué equivocada está la zarina! Bien le cuadrarían las palabras del duque de Maura a Alfonso XII cuando entró triunfante en Madrid: «Con el mismo entusiasmo con que celebran a su majestad, celebrarían, llegado el caso, la llegada de la república».

En la Plaza Roja,[124] Nicolás descabalga para recibir las bendiciones de los dignatarios eclesiásticos que lo aguardan vestidos de gran pontifical y portando santos iconos. Con esta solemne escolta el zar penetra en la catedral de la Dormición del Kremlin para asistir al servicio religioso.

No es casual que se haya escogido esta catedral para la exaltación de la dinastía. En ella se encuentra el venerado trono de Iván el Terrible, de 1551, con sus tallas e inscripciones que re-

124. Ya se llamaba así antes de la revolución por la antigua palabra *krásnaya*, que significa tanto «roja», por su color dominante, como «bonita».

producen las insignias de la monarquía: la corona, el cetro, el orbe y la púrpura.

Para la misa se incorporan la zarina, sus hijas y el *tsarevich* Alexis, que debilitado por un nuevo episodio de hemofilia llega en brazos de su guardaespaldas cosaco, lo que al parecer conmueve a la multitud.

Los festejos en Moscú, que duran hasta el 27 de mayo, no tienen nada que envidiar a los de San Petersburgo. En la cena de gala del día 26, a la que asisten dos mil invitados, se sirven doce platos, entre ellos tortuga, pato y pularda seguidos de helados a la moda de París (que es la de Italia, naturalmente).

No sospechaba Nicolás el trago de hiel que el buen Dios le reservaba para el próximo futuro.

Coronación de Nicolás II de Rusia (óleo de Valentín Serov).

CAPÍTULO 34

Tambores de guerra

Observen la foto. La tomaron el 20 de mayo de 1910, en el palacio de Buckingham. Los reyes retratados han acudido a Londres para los solemnes funerales de Eduardo VII de Inglaterra.

De pie, de izquierda a derecha: Haakon VII de Noruega, Fernando I de Bulgaria, Manuel II de Portugal, Guillermo II de Alemania, Jorge I de Grecia y Alberto I de Bélgica. Sentados de izquierda a derecha: Alfonso XIII de España, Jorge V del Reino Unido y Federico VIII de Dinamarca.

Falta en la foto Nicolás II, el zar de Rusia, que es idéntico al rey Jorge V. Puestos uno al lado del otro parecen gemelos, por eso no pierden ocasión de retratarse juntos, a veces intercambiando uniformes. Nada extraño, pues los dos son reprimos (nietos del rey Cristian IX de Dinamarca y de la reina Victoria). Con el káiser Guillermo de Alemania, el tercer primo, forman un trío que, además de lazos de sangre, comparte aficiones, la buena vida, los yates, el *tennis*, los balnearios de moda, los caballos, las amantes...

Los tres primos se han educado a la inglesa, con niñeras y enfermeras británicas. De hecho, cuando eran niños les britanizaban el nombre: William, Nicholas y George (Willy, Nicky, Georgie).

La principal diferencia entre los tres primos reside en que cada uno profesa la religión del pueblo sobre el que ha de reinar: Jorge es anglicano; Guillermo, luterano; Nicolás, ortodoxo. No es que tenga mayor importancia porque, como es sabido, y ya hemos anotado, los reyes cambian de religión fácilmente por exigencias del guion. París bien vale una misa.

En la nutrida correspondencia que intercambian Willy, Georgie y Nicky se manifiesta que ninguno de los tres es una lumbrera ni está especialmente preparado para reinar, lo que en el caso de Jorge no es demasiado grave, pues casi todas las responsabilidades recaen sobre el Parlamento británico, pero en el caso de Nicolás resultará desastroso porque ha heredado de su tonante padre la idea de que el zar ejerce el poder absoluto, la autocracia opuesta a la democracia.

El guion de la política internacional les reserva a los alegres muchachos una amarga experiencia: la guerra entre sus países. «El querido primo Willy» contra «los queridos primos Georgie y Nicky».

Todo empieza por el problema de los Balcanes, esa región de Europa que «produce más historia de la que puede digerir» (Churchill).

Los Balcanes solían pertenecer al Imperio turco, pero a lo largo del siglo XIX sus habitantes se sacudieron el yugo otomano, lo que coincide con el nacimiento de los nacionalismos, esa lacra de nuestro tiempo.

Serbia, uno de los países balcánicos surgidos de la debacle turca, reclama como suya la provincia Bosnia-Herzegovina que la vecina Austria se anexionó.[125] Los bosnios también quieren pertenecer a Serbia, a la que se sienten vinculados por lazos raciales (en su mayoría son de raza eslava, como los serbios, en tanto que en Austria predomina la raza germánica).[126]

Así están las cosas: Rusia y Austria se postulan defensoras de las razas eslava y germánica, respectivamente. Ninguna de las dos es una hermanita de la caridad. Lo que subyace es codicia, la voluntad de dominio de la estratégica región balcánica.

Serbia, cada día más crecida bajo la protección del primo de Zumosol ruso, está agotando la paciencia de Austria.

Lo peligroso del caso es que un conflicto entre Rusia y Austria podría arrastrar a la guerra a un buen número de países que son aliados de una u otra.

Veamos: Austria es amiga de Alemania, la potencia más fuerte de Europa. Y Rusia es amiga de Francia y de Inglaterra. Las tres juntas han formado una sociedad, la Triple Entente, para defenderse de la amenazadora Alemania.[127]

125. La Conferencia de Berlín, en 1878, declaró a Serbia país independiente (antes había sido principado autónomo bajo soberanía turca) y cedió a Austria la administración de Bosnia-Herzegovina, que seguía siendo nominalmente turca.

126. En realidad, el Imperio austrohúngaro agrupaba a muy distintos pueblos: austriacos, húngaros, polacos, checos, eslovenos, serbios, croatas, gitanos..., incluso italianos. En total, 52 millones de personas de los que la mitad eran de raza y habla germana, la predominante en Austria, y la mitad del resto, de raza magiar, la predominante en el otro socio del Imperio, Hungría, que tenía su gobierno autónomo desde 1867, pero mantenía ciertas instituciones comunes con Austria. Francisco José era emperador de Austria y rey de Hungría. El creciente nacionalismo, que identificaba idioma con nacionalidad y cultura, se había convertido en un elemento perturbador. La guerra acarreó la disolución del Imperio y la formación de media docena de nuevos países, como en su momento se verá.

127. La Triple Entente es el resultado de varios tratados bilaterales: la alianza francorrusa de 1893, la Entente Cordiale (o «entendimiento

Por su parte, Alemania ha formado la Triple Alianza junto con Austria-Hungría e Italia.

Los dos bloques llevan años preparándose para una eventual guerra. En plena expansión industrial, las fábricas de armamento trabajan a tope. A esa locura la llaman los diplomáticos la «paz armada».

Gracias a la Revolución Industrial, la capacidad de destrucción ha aumentado hasta términos nunca vistos ni sospechados. Donde antes se elaboraban, por medios artesanales, cien cartuchos de fusil, ahora se fabrican cien mil gracias a las máquinas-herramientas.

Sí. Bien pensado, Europa es un polvorín. Solo falta la chispa que lo haga estallar.

La chispa la suministra un terrorista serbio (o sea, partidario de la unión de Bosnia con Serbia), un mierdecilla fanatizado que asesina al heredero de la corona austriaca y a su esposa.

El atentado de Sarajevo.

cordial») francobritánica de 1903 y el acuerdo anglorruso de 1907. Las ententes no eran alianzas militares formales, pero se parecían bastante. Y todas ellas apuntaban a una defensa común frente a Alemania.

CAPÍTULO 35

La guerra inoportuna

23 de julio de 1914. ¡Han asesinado al heredero del Imperio austriaco, un príncipe amado por el pueblo, un hombre bueno que en su vida había matado una mosca![128]

La conmocionada Austria lanza un ultimátum a Serbia: exige que el crimen lo investiguen policías austriacos en territorio serbio.

Gracias a ese invento prodigioso, el telégrafo, que acorta tiempos y distancias, el texto circula casi inmediatamente por todas las cancillerías europeas.

Los diplomáticos europeos cursan apuestas. ¿Aceptará la orgullosa Serbia el humillante ultimátum de Austria?

—No es probable que lo acepte.

—En ese caso, ¿estaremos en los albores de un conflicto armado?

—Me temo que sí.

Frenética actividad en las cancillerías de Europa. Los diplomáticos sudan la camiseta intentando arreglar el estropicio.

Visto de cerca parece que Alemania no está tan interesada en arreglar las diferencias por vía pacífica: el káiser anima a su aliada Austria a declarar la guerra al enano serbio. ¡Y sus ministros lo aplauden, en lugar de rebajar el tono!

128. Moscas quizá no, pero se calcula que llevaba abatidos más de cinco mil ciervos en las monterías reales.

¿A qué obedece esta belicosidad alemana? Por una parte, a que Guillermo está convencido de que es invencible.[129] Por otra, a motivos de geopolítica. Hay asuntos que solo se arreglan con una buena guerra. «Dentro de Europa reinaba el equilibrio y fuera de Europa reinaba Inglaterra. Pero los alemanes querían que fuera de Europa reinara el equilibrio y dentro de Europa reinara Alemania.»[130]

En la eventualidad de un conflicto armado, los diplomáticos tantean la solidez de las alianzas. El 19 de julio, el presidente de Francia Raymond Poincaré ha visitado Rusia. Nicolás ha tirado la casa por la ventana para recibirlo. Incluso la banda de música interpretó *La marsellesa*, un himno proscrito en Rusia por revolucionario.[131] Nunca se vio tanto derroche de banderas, guirnaldas y recepciones.

Poincaré y el zar han revalidado la alianza de sus países. Si hay guerra, Nicolás cuenta con que Francia ataque a Austria por el sur. Por su parte, Francia sabe que tarde o temprano se las verá con Alemania, por lo tanto le interesa estar en los mejores términos con Rusia. De hecho, está financiando su naciente industria e incluso le está construyendo algunas líneas de ferrocarril que, en la eventualidad de una guerra, agilizarán el traslado de tropas y pertrechos.[132]

129. También existe una motivación psicológica: el káiser Guillermo, que nació con un brazo casi inútil, compensa ese complejo con su afición a las armas y a gallear de potencia militar.

130. Haffner, 1966.

131. En cuanto el ilustre huésped y su séquito embarcan para regresar a París, en el lujoso transatlántico *France*, orgullo de la industria naval francesa, el himno vuelve a estar prohibido, naturalmente.

132. La incidencia del ferrocarril en la guerra era fundamental, pues permitía un rápido traslado. En Alemania, la administración de los ferrocarriles dependía directamente del Ejército. Muchas líneas férreas se tendieron teniendo en cuenta razones estratégicas más que económicas. En 1900, Alemania podía enviar seiscientos cincuenta trenes diarios a la frontera francesa, mientras que Rusia solo podía enviar doscientos a su frontera. En 1914, gracias a la ayuda de Francia, la capacidad rusa había crecido a trescientos sesenta trenes.

Serbia acaba aceptando los términos del ultimátum de Austria excepto lo de la intromisión de la policía en su territorio: «Aceptar tal demanda sería una violación de nuestra Constitución y del procedimiento penal —advierten los serbios—. No podemos aceptar tan flagrante violación de nuestra soberanía».[133]

En San Petersburgo, el Consejo de Ministros discute la situación. Si Austria declara la guerra a Serbia, ¿qué actitud debemos adoptar? ¿Entramos en guerra para ayudar a nuestros hermanos eslavos del sur?

—Rusia siempre ha apoyado a Serbia —señala un ministro—. Los nuevos Estados de los Balcanes son de mayoría eslava, hermanos nuestros. Debemos defenderlos de las ambiciones austriacas.

—Si ayudamos a Serbia contra Austria es casi seguro que Alemania entrará en liza —objeta otro ministro—. Tendremos que enfrentarnos a los alemanes. ¿Podremos vencer a Alemania?

—Los generales están seguros de que podemos vencerla, siempre que movilicemos inmediatamente la tropa —interviene un tercero.

Está cargado de razón. El tiempo es un factor decisivo.

—Los alemanes pueden movilizarse en solo dos semanas —añade el ministro del ramo—, pero nosotros tardaremos por lo menos seis, si no más. Debido a las enormes distancias de Rusia, y a las anquilosadas comunicaciones, ¿por qué no admitirlo?, tardaremos más que en ningún otro país en movilizar a nuestro ejército.

El archiduque Nikolái Nikoláievich, tío del zar, apremia a su sobrino:

—La guerra es ya inevitable, Nicky. Decretemos la movilización general.

Parece que Rusia se mueve. Por fin veremos trabajar al ministro de la Guerra, el general Vladimir Sujomlinov, un anciano

133. Según los términos del ultimátum, Serbia se comprometería a «aceptar la colaboración en territorio serbio de representantes del Gobierno austrohúngaro para la represión del movimiento subversivo» y «abrir una investigación judicial contra los participantes en el complot».

vivales que presume de no haber leído ni un manual militar desde que salió de la academia. Ha vivido de las rentas desde que, en 1877, destacó en la guerra contra los turcos.

A Sujomlinov no le preocupa que el ejército a su mando sea el más atrasado de Europa. Su único afán es contentar a su atractiva esposa, treinta años más joven y reputada propietaria del busto más opulento de Rusia.

Nicolás titubea un poco. No le entusiasma entrar en otra guerra después de la mala experiencia que tuvo con Japón, pero al final cede a las presiones de los militares y firma movilización general. En su corazón lamenta tener que declarar la guerra a su querido primo Willy (o sea, al káiser), pero si no hay más remedio...

Tras una larga deliberación, el Consejo de Ministros ruso acuerda la movilización de trece cuerpos del Ejército.

Es solo una medida preventiva, prudente, por lo que pudiera venir. Lo malo es que provoca un efecto dominó.

Un correo trae la noticia: el bueno de Willy también está movilizando a sus tropas.[134]

Los generales se alarman. ¡Los alemanes se están movilizando! ¿No sería prudente aumentar nuestras tropas? Deciden que sí, y Nicolás llama a filas al resto de sus reservistas. Seis millones de soldados nada menos. Sin fusiles para todos, por cierto, dada la imprevisión del ministro Sujomlinov.

—Es solo una movilización preventiva —siguen pensando los más confiados.

Pero se equivocan. Cuando la compleja maquinaria militar se pone en marcha, cuesta detenerla.

Y conduce a la guerra.

Ya tiene Austria el pretexto que buscaba para atacar a Serbia,

134. El káiser del Imperio alemán y el zar ruso (dos tratamientos que descienden del latín *césar*) pasan por ser amigos desde la infancia, pero las dos mujeres que pueden influir sobre el débil Nicolás, su esposa y su madre, detestan a Guillermo. La esposa por una cuestión de antipatía personal y la madre porque es danesa de nacimiento y nunca ha perdonado que Alemania le rapiñara a su país los ducados de Schleswig-Holstein.

pero Francisco José, el anciano emperador, no termina de decidirse. Sus ministros Berchtold y Forgach, los dos barones belicistas, presionan.

—Majestad, en realidad la guerra ha comenzado ya —le dicen—. Los serbios están disparando contra nuestras tropas en la frontera del Danubio.

Francisco José accede por fin. Los barones telegrafían a Belgrado: «Puesto que el Gobierno de Serbia no ha respondido satisfactoriamente al ultimátum, Austria-Hungría se ve en la obligación de salvaguardar por sí misma sus sagrados derechos».

Nicolás II, un semidiós ante sus soldados.

CAPÍTULO 36

El suicidio de Europa

El 28 de agosto Austria le declara la guerra a Serbia (al mes del asesinato del archiduque).

Si no existieran alianzas (y una voluntad generalizada, casi entusiasta, de combatir), el conflicto se limitaría a un rifirrafe entre Austria y Serbia.

Pero debido a las alianzas, una semana después ha estallado el conflicto general que conocemos como Gran Guerra o primera guerra mundial.

Los consejeros militares del káiser no han calculado que Inglaterra pueda entrar en el conflicto,[135] pero, ya en caliente, tampoco parece que les importe demasiado. Con esa suficiencia tan suya, dan la apuesta por ganada.

Esta guerra, que hasta antes de ayer nadie creía posible, pero para la que muchos países llevaban lustros preparándose, se revela ahora inevitable: tropas alemanas invaden Bélgica y Francia; tropas francesas y rusas invaden Alemania; tropas austriacas invaden Serbia y Rusia; tropas británicas cruzan el canal en auxilio de belgas y franceses.

Las innovaciones en la tecnología militar (alambradas, ametralladoras, fusiles de repetición, artillería de retrocarga guiada

135. El embajador alemán en Londres había telegrafiado al káiser: «Si estalla la guerra, sé positivamente que tendremos a Inglaterra contra nosotros».

por telémetro, gases asfixiantes, aviación...) imponen un cambio de estrategia y de táctica para el que ningún Estado Mayor está capacitado. Los ejércitos se inmovilizan y se entierran en trincheras. Los generales, incapaces de diseñar nuevas tácticas, se empeñan en ataques frontales, mortíferos, a topa carnero...

Los alemanes habían planeado cargar primero contra Francia con todo su poder y una vez derrotada trasladar las tropas al frente oriental, contra Rusia (que como queda dicho tardaría más en movilizar a sus efectivos).

Se equivocaron. Francia los retuvo más de lo previsto y dio tiempo a Rusia a invadir Alemania por su puerta trasera, la Prusia Oriental, con un ejército de trescientos cincuenta mil hombres.

Alemania se ve obligada a distraer tropas del frente occidental en el que lucha con Francia y mantener dos frentes: en el este, conteniendo a los rusos, y en el oeste, a los ingleses y franceses.

Toca odiar al primo Willy y a todo lo alemán. En Rusia, patriotas enfurecidos asaltan las tiendas de pianos y tiran los Bechstein y los Blüthner por las ventanas. Las turbas incontroladas asaltan y saquean la embajada alemana de la plaza Marinskaia, apilan en la calle los enseres y los queman en una pira. Nicolás le cambia el nombre a San Petersburgo (en alemán, «ciudad de san Pedro») y lo rusifica en Petrogrado.[136]

En medio del entusiasmo patriótico que concita esta guerra, que todo el mundo presume corta y victoriosa (entusiasmo compartido por el resto de Europa), se aparcan las diferencias políticas y la Duma se disuelve temporalmente a fin de dejar todo el poder en manos del Gobierno.

Frenética actividad en los estados mayores. Los generales rusos han diseñado su Plan 19, que consiste en abrir dos frentes, el A contra Austria y el G contra Germania, o sea, Alemania. Para ello dividen sus efectivos, lo que, unido a la escasa preparación

136. Como en 1924 se lo cambiarán a Leningrado («la ciudad de Lenin») y en 1991, tras la caída del comunismo, vuelta a ser San Petersburgo, permita el lector que, para mayor claridad, la sigamos llamando San Petersburgo.

de la tropa y a la deplorable calidad del armamento, no constituye, en buena lógica militar, un inicio brillante. A pesar de ello, el 20 de agosto derrotan a los alemanes en Gumbinnen y los empujan hasta el Vístula aprovechando que la frontera está mal guarnecida.

El primo Willy, enfurecido al ver a esos zarrapastrosos bebedores de vodka hollar la sagrada tierra alemana (el corazón de la antigua Prusia nada menos), encomienda un contraataque inmediato a sus dos generales más capacitados, Von Hindenburg y Ludendorff, dos tipos corpulentos y bigotudos a los que podemos considerar, en lo militar, pareja de hecho, un perfecto tándem prusiano, «los terribles gemelos», las dos *primas donnas* del arte de la guerra.

Los gemelos cuentan con menos de la mitad de los efectivos del enemigo, pero conocen mejor el terreno, puesto que juegan en casa. Además, han descifrado las señales de radio de los rusos y están enterados de sus planes.

El resultado es una clamorosa derrota de las tropas del zar en Tannenberg:[137] cincuenta mil muertos, cien mil prisioneros y quinientos cañones capturados.

Una patrulla alemana encuentra, en la espesura del bosque, el cadáver del general Alexandr Samsonov, responsable del desastre, con un tiro en la sien y un revólver en la mano.

La victoria de Tannenberg se inscribe en los anales de Alemania como la más gloriosa.

En el año 1915 las tropas rusas se baten en lo que algunos historiadores llaman la Gran Retirada o, dicho de otra manera, pierden media Bielorrusia, Polonia y parte de Lituania y de Ucrania. Las noticias de ese desastre y de las muertes y el sufrimiento de las mal equipadas tropas no contribuyen a elevar la popularidad del zar y su Gobierno.

137. En realidad, el topónimo más cercano, que debería dar nombre a la batalla, era Grünfliess, pero los alemanes prefirieron nombrarla batalla de Tannenberg para que pareciera la revancha por la derrota que los polacos y los lituanos (raza eslava) infligieron en ese otro lugar a los caballeros teutónicos (germanos) en 1419.

En agosto de 1915 se instituye la Coalición por el Progreso, un grupo de diputados conservadores y liberales de la cuarta Duma que intentan presionar al Gobierno para que aborde las reformas urgentes que el país demanda.

En 1916 los generales del zar aprovechan que los alemanes están muy ocupados en el frente occidental (donde se desarrollan las batallas del Somme y Verdún contra ingleses y franceses) para lanzar la ofensiva Brusílov por los Cárpatos y la llanura polaca.

La ofensiva resulta un éxito: los austriacos ceden terreno.

Austria, en realidad el Imperio austrohúngaro, que agrupa una amalgama de nacionalidades, está tan decrépita como su propio emperador Francisco José. Sus generales, todos ellos valetudinarios, hacen la guerra con módico entusiasmo y ese desánimo se contagia a la tropa. Regimientos enteros de checos (una de las nacionalidades del Imperio), desertan y se pasan a las filas rusas.

No me olviden el dato, porque estas tropas tendrán su papel, más adelante, en la revolución.

Demasiado tarde lamentan los alemanes haberse metido en esta guerra con el socio austrohúngaro: «Nos hemos esposado a un cadáver».

El Ejército ruso lleva movilizados ocho millones de hombres. Es el más numeroso de cuantos participan en la contienda, pero está mal equipado y mal dirigido. Entre los soldados, en su mayoría de procedencia campesina, comienza a circular propaganda socialista. Los panfletos anarquistas les preguntan: «¿Qué se te ha perdido a ti en esta guerra que hacen los ricos para enriquecerse más todavía a costa de la sangre del pobre, de tu sangre?».

Da que pensar.

Nadie considera que la nobleza también está poniendo su granito de arena en el esfuerzo nacional. Muchos oficiales que también mueren en el frente pertenecen a la aristocracia y muchas de sus esposas e hijas han dejado la regalada vida que llevaban en los salones para convertirse en enfermeras voluntarias que trabajan agotadoras jornadas en los hospitales de sangre. Entre ellas, la propia zarina y sus encantadoras hijas, como la propaganda zarista se encarga de divulgar.

Mientras el gusano de la revolución engorda en las trincheras y en las fábricas, la propaganda zarista magnifica las victorias militares en un intento de inflamar la fibra patriótica del pueblo ruso. En vano se evoca a la *rodina*, la madre patria. La situación en retaguardia se ha deteriorado más allá de todo posible arreglo. El pueblo ruso le ha dado la espalda al zar que lo ha metido en una guerra a la que no le ve sentido más allá del indecente enriquecimiento de los industriales que monopolizan la fabricación de cartuchos.

Después de tres años de guerra, Rusia está exhausta. El hambre no solo aflige a la población civil, sino también a la tropa que se ahíla en las trincheras. Crece el malestar en la retaguardia. En las ciudades más importantes del inmenso territorio se suceden las protestas obreras y las huelgas. A ello se suma un invierno muy crudo en el que escasean el carbón y el vodka, las dos formas de calefacción típicamente eslavas.

Soldados rusos prisioneros de los alemanes.

CAPÍTULO 37

Trotski en España

Calma entre los adalides revolucionarios. Muy patriotas son, sí, pero a ninguno se le ocurre empuñar el fusil y defender a la madre patria en las trincheras. Esos oficios subalternos se los dejan a las bases.

Lenin está en Suiza, meditando la manera de aprovechar los cambios que ocurren en Rusia. A Trotski, que vivía en París, lo han deportado las autoridades francesas. El último día de marzo de 1916 pasa la frontera. Veamos sus rápidas anotaciones: «San Sebastián, capital de los vascos. Un mar severo, pero sin malicias; gaviotas, espuma, aire, espacio [...], la indolencia domina por doquier.[138] En las tiendas se regatea sin fin».

Aterrado por los precios, que encuentra abusivos, nuestro revolucionario prosigue su viaje hasta Madrid. Nos describe el tren, los pintorescos pasajeros, el paisaje: «Llanuras arenosas, colinas con matas enfermizas y arbustos enclenques. Aurora gris. Casas de piedra sin adornos. Paisaje triste. Palos de telégrafo bajos, como en ninguna parte. Por la carretera, asnos cargados de fardos. España. Pero yo, ¿para qué estaré aquí?».

Alojamiento en Madrid, que también encuentra caro.

138. ¡Coño! Trotski encuentra indolentes a los laboriosos vascos. ¿No será que viene prejuiciado contra los españoles y solo ve lo que quiere ver?

El hotel de París es una modestísima fonda de tipo provinciano.[139]

Visita el Palacio Real y la Almudena.

En una catedral en construcción, el guía, apoderándose definitivamente de mí, me muestra las sepulturas de los grandes de España, adquiridas para ellos y sus familias [o sea, la cripta neorrománica del horrible templo]. El guía me conduce después al puente más alto de Madrid, y lo elogia por sus comodidades para el suicidio.[140]

En el hotel Voyageur de Commerce, durante el almuerzo, un comerciante francés, parisién, de ojos azules, se lamenta de la pereza y la falta de iniciativa de los españoles. Los españoles trabajan en Francia, en Inglaterra y, por desgracia, en Alemania; pero no aquí [...]. Dos clases de edificios monumentales dominan en Madrid: iglesias y bancos [...]. Y en la lucha por el alma de España, los bancos levantan enormes edificios, templos de una suntuosidad aplastante.

9 de noviembre de 1916. Hace frío en Madrid, pero también una mañana soleada que invita a pasear por el Retiro, donde imaginamos que Trotski se cruza con un ensimismado hombre de bufanda y boina, Pío Baroja.

Al regreso a la pensión encuentra a dos individuos de hosco semblante que lo aguardaban. Le muestran las placas: policía. «Tenga la bondad de acompañarnos a la Puerta del Sol.»

El interrogatorio, por medio de un intérprete, es breve. El comisario quiere saber qué hace Trotski en Madrid. Se convence de que no ha venido a espiar, pero de todos modos es mejor que abandone el territorio nacional lo antes posible.

Y que, entre tanto, mi libertad se verá sujeta a «ciertas limitaciones».

139. Trotski, 1929.

140. Se refiere al primer viaducto, el de hierro, construido en 1874, que sería sustituido por el actual, de cemento, en 1932. Ya era el lugar favorito de los suicidas.

—¿Es posible conocer las causas?

—Las ideas de usted son demasiado avanzadas para España —me contestó candorosamente por mediación del traductor.

Después de esto, el jefe advirtió delante de mí al agente bizco (que se hallaba también presente, y que se inclinó respetuosamente) que era necesario tratarme «como a un caballero», que yo era una persona «leída», que se trataba de mis «ideas», y exigió que la misma advertencia fuera transmitida a cierto inspector.

Al mismo tiempo, el policía traductor empezó a hablar conmigo con cierto desahogo y en tono confidencial:

—Hágase usted cargo de que no podemos obrar de otro modo —decía con voz lastimosa—, que lo sentimos mucho. ¡Cuántas veces el rey ha sido objeto de atentados!... No se puede usted imaginar el dinero que nos cuesta la vigilancia de los anarquistas. Además, Rusia crea tantas dificultades a los españoles que se dirigen allí, que es un verdadero horror.

Por consiguiente, yo debía responder simultáneamente por los anarquistas españoles y por la policía rusa.

El amable policía que ha recibido el encargo de tratar a Trotski como a un caballero lo lleva a la cárcel Modelo, su nuevo alojamiento por cuenta del Gobierno. Desde su celda, el revolucionario escribe una carta al ministro de la Gobernación.

Señor ministro:

Tengo el honor de protestar enérgicamente ante usted de la conducta de la policía de Madrid con respecto a mí.

Fui detenido anteayer, a las dos de la tarde, y se me ha encerrado en la cárcel, no solo contra todo derecho, sino contra el sentido común.

He sido expulsado de Francia a consecuencia de mi sedicente actuación pacifista. No hay para qué examinar aquí hasta qué punto dicha expulsión era fundada o si obedecía al efecto del nerviosismo producido en la policía por la guerra; pero en Francia no fui detenido. Por escrito fui invitado a ir a la prefectura y se me dio un plazo, el cual, junto con las prórrogas que se me concedieron sucesivamente, dejó a mi disposición dos meses para arreglar mis asuntos.

Aquí, en Madrid, se me ha detenido sin darme otra explicación que la frase siguiente, casi clásica: «Las ideas de usted son demasiado avanzadas para España».

No sé cómo la policía española ha podido conocer mis ideas. Estas ideas las he expuesto, durante mis veinte años de vida consciente, en libros, folletos y artículos rusos, franceses y alemanes; pero nunca en español... En la Dirección General de Seguridad de Madrid he tenido la ocasión de comprobar que no se tiene la menor idea de mis ideas. Pero, aunque no fuera así, no creo que se pueda meter en la cárcel a un hombre por «ideas» que no solo no ha aplicado, sino que no ha expuesto, tanto más cuanto que no tiene la posibilidad material de expresar dichas ideas. Me encuentro en España por primera vez. Hace diez días que he llegado a este país. No conozco el español. No conozco a nadie en España. Convenga usted conmigo en que estas son unas condiciones ideales para excluir cualquier posibilidad de poner en peligro la seguridad del país. ¿Por qué se me ha detenido? He aquí la pregunta que me tomo el atrevimiento de hacerle, señor ministro.

Ayer me mandó a la cárcel un agente de policía que me repitió que debo marcharme de España, e indicar inmediatamente a qué país quiero dirigirme. No tengo medios de marchar libremente a un país cualquiera; previamente hay que contar con la conformidad del Gobierno correspondiente, sobre todo después de mi detención en Madrid, pues no habrá en Europa ni en el resto del mundo un solo hombre que crea, señor ministro, que he sido detenido en Madrid sin un motivo evidente, comprensible. La policía madrileña, con sus medidas, crea a mi alrededor una leyenda que me impide materialmente, no obstante estar dispuesto a ello, abandonar el país. En vísperas de mi detención, sin esperar el decreto de expulsión, había dado los pasos necesarios para marcharme a Suiza. Estas gestiones han sido interrumpidas. En la cárcel no me es posible hacer nada para lograr, al mismo tiempo que recibo la orden policiaca de partir, los medios materiales de cumplir esta orden. No me queda otro recurso que esperar pasivamente las medidas ulteriores de la policía española y protestar contra sus métodos puramente medievales. Queda de usted, señor ministro s. s. s. q. e. s. m. [...]

Vino a verme Després, acompañado de un miembro del Partido Socialista Español. Así, me enteré de que Després había hecho ya algunas gestiones. Alguien había ido a ver al ministro de la

Gobernación y a Romanones. La prensa había empezado una campaña. *El Socialista*, que era completamente francófilo, publicó un artículo a propósito de mi detención; en otro periódico (más bien germanófilo) apareció una nota sobre lo mismo. Me pareció aún más importante el hecho de que Deprés me trajera conservas e incluso... confituras. Después de mi prolongado ayuno, me arrojé con avidez sobre todo esto.

Después de hospedar al ilustre huésped por unos días en la cárcel Modelo, el Gobierno acuerda enviar a Trotski a Cádiz, a ver si desde allí pueden embarcarlo para La Habana:

> Por la noche emprendí el viaje a cuenta del presupuesto del Estado español [...]. A la estación nos ha acompañado un número considerable de polizontes vestidos de paisano [...]. En dos bancos de un coche de tercera clase nos sentamos tres personas: mis dos vigilantes y yo. A veces se sientan a nuestro lado pasajeros curiosos. Mis acompañantes no ofrecen resistencia alguna a satisfacer esa curiosidad. Al contrario, explican con placer que no soy un monedero falso, sino un «pacifista» [...]. Camino de Cádiz. En este momento estamos parados en Alcázar de San Juan. La Mancha. Cerca de aquí se halla El Toboso, la patria de Dulcinea. Dulcinea sigue siendo una realidad auténtica y de ella recibe su propia realidad Toboso. Nos hallamos en los parajes poblados por Cervantes. Todos los nombres suenan de un modo expresivo por obra y gracia de él, y viven con vida propia, únicamente por haber tenido una existencia real en las páginas del *Quijote*.
>
> Si uno lo piensa bien, resulta innoble lo que se ha hecho conmigo; los polizontes franceses me hicieron atravesar la frontera «delicadamente»; el lector de Renán y de Montaigne me preguntó: *C'est fait avec discretion?*, y, al mismo tiempo, esa misma policía telegrafiaba a Madrid que por Irún-San Sebastián había pasado la frontera un anarquista ruso peligroso. Pero, por otra parte, ¿por qué no obrar como obraron?
>
> La llanura; el aire fresco de noviembre viene de ella; la luna brilla plácidamente. Por estos eriales andaba don Quijote de la Mancha con una bacía de barbero en la cabeza. Sancho Panza trotaba tras él montado en su rucio. El ferrocarril no existía, pero la llanura era la misma y unos mesones, poco distintos de los de

ahora, daban albergue al invicto caballero que nació demasiado tarde.

La llanura, siempre la llanura. En la llanura una hoguera, en ella una marmita, y a su alrededor, gente. Luces en la llanura, iguales todas ellas en el fresco y la oscuridad de esta noche de noviembre.

Empiezan a aparecer algunas colinas. El trepidar de las ruedas hace estremecer el vagón. ¿A Cádiz se ha dicho? ¡Pues a Cádiz! Hay que dormir.

Durante la noche el paisaje ha cambiado completamente. La llanura se ha quedado atrás. Nos acercamos a Córdoba. Olivos. ¡El sur! El suelo es suavemente ondulado. Tranquila variedad. Casitas blancas. Edificios árabes, sin techo. El mediodía español [...]. Nos vamos acercando paulatinamente al sudoeste. Después de Linares hemos atravesado por primera vez el Guadalquivir. Aquí, en sus orígenes, es un riachuelo estrecho y sucio, de agua amarillenta, pantanosa, que parece inmóvil, al menos hasta Córdoba. La vía férrea sigue el curso del río. El movimiento del agua es mayor, verdean las orillas, en algunos sitios se bifurca, chapotea ligeramente en los recodos; pero, en general, se trata de un río completamente prosaico, parecido al Ingula del distrito de Ielisabet. Con todo esto, el sol esparce un suave calor en este mediodía transparente de noviembre. Cactos enormes, sin vida, impasibles al sol. Aquí y allá altos abedules, acacias, olivos, encinas. Un castillo vetusto en lo alto de unas peñas, reparado hace poco y habitado por un duque.[141]

Llanura, el sur, llanura [...]. Obscuridad. Cádiz aparece por un momento en una constelación de faroles; el tren traza una curva y la ciudad se hunde en las tinieblas. Agua y luces. El reflejo de un proyector atraviesa el cielo y desaparece...

En la estación agité tres veces un periódico; así lo habíamos convenido en Madrid con Anguiano, secretario del Partido Socialista, a fin de ser reconocido por los dos compañeros que me esperaban. Esperaban también a algunos polizontes; diríase que iban haciendo su presentación. Mis bártulos los llevó al hotel un joven llamado Plácido, socialista, según me dijeron. Todo el mundo habla exclusivamente español. Compañeros, polizontes, todos están juntos, se saludan, y yo, en esta confusión, no sé dis-

141. El castillo de Almodóvar del Río, enclavado en un cerro a cuyo pie discurre el ferrocarril.

tinguir a unos de otros. Nos fuimos directamente al Gobierno Civil, donde me comunicaron que al día siguiente, a las nueve de la mañana, debía presentarme al gobernador. ¡Qué le vamos a hacer! Me presenté una vez al gobernador de Irkutsk, me presentaré ahora al de Cádiz.

Nos fuimos a cenar, yo, los dos socialistas gaditanos y el polizonte más joven. Este se sentó con nosotros a la mesa, pidió un café y me aconsejó tenazmente el pescado que había de comer, explicándome al mismo tiempo que el jefe de policía mismo le había dado la orden de «tratarme como a un amigo». Anotémoslo en nuestro dietario.

Cádiz. El revolucionario merodea por la ciudad de la salada claridad, y va anotando sus impresiones.

Ya no hay Inquisición, ya no se quema en las hogueras; pero en Cádiz existe un periódico, *El Correo de Cádiz*, que aparece con censura eclesiástica [...]. Recorro las librerías de Cádiz, en compañía del polizonte y del jefe. Es dudoso que la ciencia florezca en esta ciudad histórica [...]. En la calle del duque de Tetuán se ven muchos establecimientos un tanto extraños. Por las anchas ventanas se observa el sólido moblaje, tapizado de cuero, mesitas con periódicos, escupideras al lado de cada butaca, y a través de la llamativa puerta de la primera habitación, abierta de par en par, la sala contigua, con mesas de tapete verde. No hay rótulos, pero la puerta se halla hospitalariamente abierta. No hay menos de diez establecimientos, tan pomposamente instalados, en dicha calle. Sin duda, son distinguidos garitos de juego. Pero no se ven jugadores. ¿Será por la noche? Y a continuación voy solo por la ciudad. ¡Qué bien! Un templo. El sacristán me invita a visitar las catacumbas. No tengo gana de dejar el hermoso sol gaditano. Mar, luz, frescura, palmeras...

El Gobierno, que quiere quitarse de encima al revolucionario, acude a los buenos oficios de Claudio López Bru, segundo marqués de Comillas, propietario de la naviera Compañía Transatlántica, que envía a parlamentar con Trotski a su hombre de confianza, el sobrecargo Macías:

—Mire usted, don León, la compañía le ofrece gratis un pasaje para Nueva York en el vapor *Montserrat* que zarpará de Barcelona el 25 de diciembre. Viajará en camarote de primera clase para usted, su mujer y sus dos hijos. Además le daremos algún *argent de poche.*

Regresemos al relato de Trotski:

> El barco para Nueva York sale de Barcelona el 25 de diciembre. Vendrá haciendo escala, durante algunos días, en todos los puertos españoles de Levante y del sur, entre ellos Cádiz. ¿Qué sentido tiene que la familia venga a Cádiz por ferrocarril, si podemos tomar el barco juntos? Pero para esto yo debo irme a Barcelona. ¿Me lo permitirán? Barcelona no es solamente un puerto de mar, sino también un centro del movimiento obrero. Nueva serie de gestiones, cartas, telegramas y conferencias telefónicas con Madrid. Mis gestiones fueron hechas sin contar con el jefe de policía y tuvieron un éxito inesperado: las autoridades madrileñas me permitieron ir a Barcelona.

Tren para Barcelona. Paisaje aragonés. «Estepa árida. Desierto. Lomas. Arcilla roja, arena, piedra, guijarro. Pueblos: piedra y arcilla sobre arcilla y piedra, y el mismo color ocre.»

Barcelona. Telegrama de protesta al conde de Romanones:

> A mi llegada a Barcelona me tuvieron tres horas en la jefatura de policía, sin darme la posibilidad de comer ni de lavarme. «Dígame qué es lo que quiere de mí su policía.» Romanones, naturalmente, no me contestó. Bien es cierto que la pregunta tenía un carácter retórico.
>
> El viejo diplomático Bourgoing caracteriza a los catalanes: «Ahí huele a plata». Estas son las palabras que ponen al catalán en movimiento. El espíritu comercial domina en esta región, sin debilitar, sin embargo, su perseverancia... Los catalanes son los contrabandistas privilegiados de España: todo lo que sus fábricas no pueden producir lo compran en el extranjero y lo introducen en su país bajo su marca... «Ese es un catalán», dice el español, cuando quiere caracterizar al individuo que no se para ante ningún medio, siempre que se trate de hacer dinero...
>
> Llegó la familia. Dimos un vistazo a la ciudad. A los chicos les gustan el mar y la fruta. Salimos el 25, o sea, el día de Navidad.

Trotski y su familia embarcan por fin. El *Montserrat*, «una terrible calamidad, viejo y mal acondicionado para la navegación transatlántica. Pero el pabellón español es un pabellón neutral, es decir, disminuye el porcentaje de posibilidades de un hundimiento. Por esto la compañía española cobra caro, aloja mal y da peor de comer. El público de a bordo se compone completamente de gentes cansadas de Europa. No siendo un caso de extrema necesidad, nadie embarca ahora».

Después de una travesía espantosa, diecisiete días de tormenta, baqueteado, ojeroso y con el estómago sublevado, avista Trotski, por fin, la *Estatua de la libertad* iluminando el mundo que da la bienvenida a los pasajeros frente al puerto de Nueva York.

Trotski espera una comisión de bienvenida, pero francamente no tan numerosa: una entusiasta multitud de comunistas norteamericanos ha acudido a recibirlo a los muelles, entre ellos su compadre Nikolái Bujarin, que intenta fundar un partido comunista en Estados Unidos, y la activista Alexandra Kollontái, una chica de origen burgués —hija de un general zarista— reconvertida en revolucionaria y feminista.[142]

142. Era muy enamoradiza, siempre de jóvenes revolucionarios a los que pudiera adoctrinar en los descansos. Se le atribuye la célebre cita «satisfacer los deseos sexuales debería ser tan sencillo como beberse un vaso de agua cuando se tiene sed». De la estirpe de la señorita Kollontái eran nuestras progres comunatas de los años setenta, pasado siglo, de las que decía el machista Chumy Chúmez: «Feminista es la que te pregunta cómo va lo de los palestinos mientras se baja las bragas».

CAPÍTULO 38

Rasputin, un cadáver exquisito

Resumamos el culebrón que se desarrolla en la corte de San Petersburgo. Nicolás II, descontento de la marcha de la guerra, destituye a su jefe de Estado Mayor, el archiduque Nikolái, y asume el mando del Ejército, lo que implica la dirección de las operaciones. Como si haber frecuentado los cuarteles en su juventud lo hubiera capacitado para dirigir tropas.

Y del Gobierno, ¿quién se encargará?

La emperatriz Alejandra, esa esposa dominante que lleva tiempo entrometiéndose en la política. «Amorcito —le escribe a Nicolás—, soy tu defensa en la retaguardia. Estoy aquí, no te burles de tu vieja y simple mujercita porque lleve pantalones que no se ven.»[143]

Hubiera sido tolerable que la zarina tomase las riendas del Gobierno en ausencia de su esposo. Lo malo es que no era exactamente la zarina, sino Rasputin, ese inquietante y apestoso monje que la aconseja. Que la zarina está ofuscada por Rasputin se echa de ver en las continuas referencias que hace en sus cartas a «nuestro amigo».

Rasputin, como los validos de los antiguos reyes, se entromete en todo: los suministros de víveres, el transporte, las finanzas,

143. Figes, 2010, p. 325. Es cursi la carta, lo sé. Cosa de enamorados. El que esté libre de haber incurrido alguna vez en cursilería que tire la primera piedra.

la reforma agraria...[144] Resulta especialmente insistente en los nombramientos de funcionarios, en muchos de los cuales seguramente se lleva una comisión.

El gobierno de la zarina resulta bastante movido. En año y medio (de septiembre de 1915 a febrero de 1917), «Rusia tuvo cuatro primeros ministros, cinco ministros del Interior, tres ministros de Asuntos Exteriores, tres ministros de la Guerra, tres ministros de Transportes y cuatro ministros de Agricultura», lo que el historiador Figes denomina «el juego de la pídola ministerial».[145]

La zarina hace oídos sordos a lo que se rumorea de Rasputin en la corte. Para ella es sagrado este monje que tiene el poder de atenuar las alarmantes sangrías de su adorado hijito Alexis.

Sigue siendo un misterio por qué este corpulento y barbudo siberiano fascina a las refinadas y exquisitas damas de la corte. ¿Qué carisma cabe en un ser feo, desgreñado, grosero y sucio, que atropella la gramática cuando habla y del que se murmura que, bajo su capa de santidad, oculta a un borracho, mujeriego y vicioso? Quizá sus ojos azules orlados de negro posean alguna cualidad hipnótica que atrae a las mujeres como las lámparas a las polillas. O quizá sea que sus doctrinas místicas resultan especialmente atractivas: «Cometed los pecados más atroces porque Dios se complace más en perdonar a los grandes pecadores».

La influencia del monje en la corte le ha granjeado el odio de importantes personajes. Algunos incluso empiezan a sospechar que esté a sueldo del odiado káiser y que su frecuentación de la zarina, la alemana, es sospechosa. ¿No será ella misma espía alemana? Otros prefieren pensar que la zarina y Rasputin son amantes. En los retretes de las fábricas abundan los grafitis en los que la zarina aparece copulando con el monje barbudo o manteniendo relaciones lésbicas con su íntima amiga la Vyrubova. Algunos se atreven a insinuar que los tres personajes hacen cama redonda.

En las altas esferas muchos funcionarios y aristócratas odian a Rasputin. Su sospechosa amistad con la zarina desacredita a la monarquía, que es el fundamento de sus privilegios de clase.

144. *Ibid.*, p. 325.
145. *Ibid.*, p. 326.

¿Cómo haríamos para alejar a este sospechoso personaje de la corte y de la zarina?

Sobornándolo, naturalmente (los clérigos ortodoxos de bajo nivel como él tienen fama de codiciosos).

El primer ministro Dmitri Trepov le ofrece doscientos mil rublos si abandona la corte y regresa a Siberia, pero, para su sorpresa y la de muchos, el monje rechaza la oferta. ¿Dónde va a estar mejor que en San Petersburgo, en la intimidad de la zarina y de sus damas?

Si el soborno no ha dado resultado, ¿por qué no lo eliminamos?

El príncipe Félix Yusúpov no tiene motivos para estar descontento con la vida. Descendiente directo de los kanes Nogai tártaros y biznieto de Guillermo IV de Prusia por línea paterna, ha heredado la mayor fortuna de Rusia y por ende de Europa. Joven, guapo, apuesto, inteligente, refinado y graduado en Oxford, de joven se hizo famoso por sus extravagancias: salía por la noche travestido como cabaretera, y recargado de supuesta quincalla (a nadie se le ocurría sospechar que fueran las valiosas joyas de su madre); otras veces se disfrazaba de mendigo para frecuentar el lumpen más arrastrado de San Petersburgo adonde un noble jamás se hubiera aventurado. Ahora, recién cumplidos los veintiocho, parece que ha sentado la cabeza y se ha casado con la mujer más bella de la aristocracia, la archiduquesa Irina Alexándrovna, sobrina del zar.

A este hombre al que no le falta nada le obsesiona la idea de hacer algo sonado que dé que hablar o incluso que le asegure un lugar en la historia. Asiste a un discurso del diputado derechista Purishkevich. «Ese monje siniestro es partidario de sacar a Rusia de la guerra, no por el interés de Rusia, sino por el de Alemania, que de este modo podría acumular todas sus tropas en el frente occidental. Si Alemania gana la guerra, podrá volver entonces sus armas contra nosotros, lo que no dejaría de ser un castigo de la Providencia a nuestra traición.» «¡Debemos evitar que ese siniestro *mujik* siga gobernando Rusia!» «Mientras Rasputin esté vivo, no venceremos.»[146]

146. Pourichkevitch, 1924, p. 72.

¿Qué mayor servicio a la patria rusa y a su clase dominante, a la que pertenece, que eliminar a Rasputin?

Yusúpov es, además de todo lo antedicho, homosexual, una tendencia que la aristocracia rusa tolera siempre que se ejercite discretamente.[147] En su círculo íntimo figuran otros homosexuales notorios: los archiduques Dmitri Pavlovich, sobrino del zar, y Nikolái Mijáilovich, otro primo del zar.[148]

Los tres compadres se confabulan para asesinar a Rasputin. El plan es atraerlo a una cena discreta en el palacio Moika con el pretexto de presentarlo a la bella esposa de Yusúpov, Irina Alexándrovna Románova, sobrina de Nicolás II, que está muy interesada en conocerlo (o sea, cebo de carne, el que mejor funciona con los grandes depredadores).

Otros dos personajes se suman a la conjura: el diputado Vladimir Purishkevich y Oswald Rayner, probable amante de Yusúpov y agente del servicio secreto británico.

Rasputin recibe el tarjetón: un banquete privado que se celebrará en el palacio de los Yusúpov la noche del 29 de diciembre de 1916. Accede encantado con tal de acercarse a la princesa (aparte de que, como a todo religioso, le encanta comer de balde).

Rasputin aguarda con creciente impaciencia el día del encuentro con Irina (conocidas las inclinaciones sexuales un tanto refinadas de los otros asistentes a la cena, seguramente no descarta que la fiesta acabe en cama redonda).

El día decisivo, cuando faltan solo unas horas para el encuen-

147. Existe una teoría, que recoge Figes (2010, p. 338), según la cual Yusúpov acudió a Rasputin para que le curara su homosexualidad, puesto que iba a casarse y a perpetuar su linaje, pero el disoluto monje se prendó de él e intentó seducirlo. Resentido por el engaño, Yusúpov maquinaría el asesinato de Rasputin, aunque le diera un cariz político.

148. El archiduque Dmitri era casi ahijado de Nicolás II. Gran jinete, participó en los Juegos Olímpicos de Estocolmo. El otro archiduque, Nikolái, aunque obligado a seguir la carrera militar como todos los Románov, en realidad quería ser entomólogo y pomólogo, o sea, estudioso de los insectos, en especial de las mariposas, y de las frutas (a él debemos una variedad de mandarina).

tro, tiene un pálpito. La cena, la hora, el lugar, todo parece demasiado discreto. ¿No será una trampa?

Duda Rasputin, pero al final la pulsión erótica vence a la prudencia: asistirá a la cena. No obstante, por si se confirmaran sus peores sospechas, pasa la tarde destruyendo cartas y documentos comprometedores (¿de la zarina, de agentes alemanes?). También va al banco y transfiere buena parte de su dinero a la cuenta de su hija.

El propio Yusúpov en sus memorias nos ha dejado un recuento pormenorizado del magnicidio (o quizá debamos llamarlo *clericidio*).

A las 23.30, el automóvil del príncipe Yusúpov pasa a recoger al ilustre invitado y lo traslada al palacio Moika.

El monje se ha acicalado para el encuentro con la princesa: se ha bañado, se ha lavado las grasientas greñas, ha ungido la cabellera con fijador, se ha perfumado con colonia barata y se ha ataviado con su mejor fondo de armario: amplios pantalones de terciopelo negro dentro de unas botas nuevas recién lustradas y blusón de seda recogido con un cinturón de satén dorado, regalo de la zarina.

Lo recibe en el apeadero del palacio el príncipe Yusúpov y con amabilidad exquisita lo acompaña al sótano donde se han dispuesto las mesas del banquete y ya esperan otros invitados que intentan disimular su nerviosismo fingiendo conversaciones mundanas.

En la espaciosa chimenea arde una carga de leña resinosa que aromatiza el ambiente.

—La princesa está arriba, terminando de acicalarse —explica Yusúpov—. Mientras, tomemos un vino.

En realidad, la bella Irina está en Crimea, en casa de los suegros, ignorante de lo que está ocurriendo en su hogar.

Yusúpov sirve al monje su vino favorito, madeira dulce, de una frasca que previamente ha envenenado con una dosis de cianuro suficiente para tumbar a un percherón. Rasputin, excitado por la perspectiva de intimar con la princesa, se toma varias copas.

Los conjurados vigilan su reacción por el rabillo del ojo. El hombretón sigue como si nada.

Yusúpov le acerca una bandeja de pastelillos. Rasputin, que

goza de un apetito voraz, se atiborra de pastelitos de carne y de canapés de caviar, todos generosamente aderezados con cianuro.

Y sigue tan campante.

Los estupefactos conjurados intercambian miradas nerviosas. Algunos hacen discretos apartes. ¿Qué le pasa a este tío que no se muere? ¿Será verdad que posee poderes extraordinarios?

Le pasa que es fuerte como un toro y está tan encalabrinado con la idea de conocer, quizá incluso bíblicamente, a la mujer que tanto desea, que ni se inmuta. También pudiera ser que el veneno está averiado.

—Mejor conservemos la calma y obremos en consecuencia —aconseja un archiduque—. ¡De aquí no puede salir vivo! Tiene que ser ahora o nunca.

Pasan lentos los minutos. La conversación decae porque todo el mundo está pensando en otra cosa, los conjurados en la muerte del monje y el monje en que parece que tarda la princesa.

En vista de que Rasputin no muere por el veneno, recurren a las balas. El príncipe Yusúpov abandona el sótano con un pretexto, regresa con un revólver y sin mediar palabra tirotea al monje.

Rasputin salta de la silla, con toda su formidable estatura. La expresión de su rostro más que de cólera es de incredulidad, como si no acabara de entender lo que está ocurriendo. Mortalmente herido, trastabillando, sale al patio. Va dejando sobre la nieve un abundante rastro de sangre. Nuevos disparos del diputado Purishkevich dan, por fin, con el santo en tierra. Lo atan y lo arrastran de regreso al interior del palacio. Rasputin está malherido, pero se resiste a morir. Yusúpov, nervioso, le golpea la cabeza con un bastón herrado. Ni por esas.

En vista de que la operación se está prolongando más de lo prudente interviene el agente británico Oswald Rayner, que empuña su revólver Webley Mk IV y le descerraja un tiro en la nuca.

El gigante se inmoviliza por fin, después de unos laboriosos estertores.

«¿Está muerto?», se preguntan.

Acude con toda su ciencia el facultativo Nikolái Lazovert (de él fue la fallida idea del cianuro). Con cierta cautela reconoce al monje. Mira a sus compañeros que aguardan expectantes.

—Ha muerto —declara con alivio.

Tal como estaba previsto, envuelven el cadáver en una alfombra vieja y lo lanzan a las oscuras aguas del Neva, que debido a la estación invernal arrastran grandes placas de hielo.

Al día siguiente del asesinato todavía no ha aparecido el cadáver, pero ya se ha divulgado por San Petersburgo la noticia de su eliminación. Al archiduque Dmitri lo reciben con una gran ovación, el público puesto en pie, cuando aparece por el teatro Mijáilovski.

El cadáver se encuentra unas horas después, enganchado en uno de los puentes, corriente abajo. Lo que es la ignorancia y la superstición: cuando se divulga la noticia acuden mujerucas a sacar agua del Neva creyéndola impregnada de la santidad del difunto.

La autopsia revela que ni el veneno ni los tiros acabaron con Rasputin: después de todo murió ahogado.

Se rumorea que la zarina se debate entre el pesar y la ira, que ha jurado vengarse de los asesinos de su querido monje. Mientras tanto dispone que lo embalsamen y lo hace sepultar en los jardines de Tsárskoye Seló.

El asesinato de Rasputin modifica poco o nada el curso de la historia. Los grandes acontecimientos vienen después.

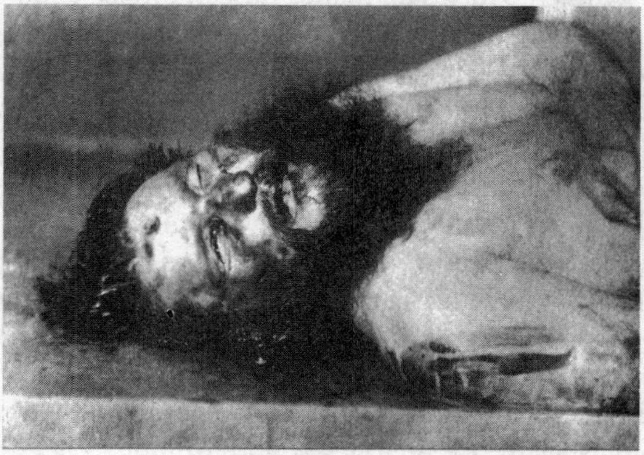

Тело Г. Е. Распутина, убитого в ночь с 16 на 17 декабря 1916 г.

El cadáver de Rasputin.

CAPÍTULO 39

La erupción del volcán

Bajo la nieve, San Petersburgo parece una ciudad tranquila y próspera. Anchas avenidas, palacios, automóviles de charolada carrocería, tranvías, algunos trineos tirados por peludos caballos que exhalan nubes de vapor por los ollares. Clientes de aspecto solvente entran y salen de los almacenes y las tiendas elegantes. Los teatros y las salas de conciertos anuncian sus programas. Los camiones de reparto surten a los restaurantes. Los camareros de los cabarets retiran la nieve de las aceras y esparcen sal mientras llega la hora de acoger a los clientes. En la avenida Nevski, los grandes almacenes de los hermanos Eliséev, un bello edificio cuyas esquinas muestran sendas esculturas de cariátides y atlantes que representan al comercio, la industria, el arte y la ciencia, exhibe coloristas anuncios de alimentos exóticos, vinos y *delicatessen* procedentes del ancho mundo.

En el centro de la ciudad todo parece normal, cotidiano, tranquilo.

En la periferia fabril y obrera el ambiente es muy distinto.

El año 1917 se ha inaugurado bajo los peores auspicios. Las huelgas en las fábricas y las deserciones masivas en el Ejército mantienen a Rusia al borde del caos y de la anarquía.

Nuestro amigo Vladimir Vasiliev, el mecanógrafo de la Ojrana, se ha instalado con una mesita portátil junto a la estufa del pasillo y está redactando un informe en el que leemos: «Según el portavoz del grupo obrero de las industrias de guerra, el proletariado de la capital está al borde de la desesperación; se cree que la más mínima explosión, debida al más nimio pretexto, conducirá a motines incontrolables, con decenas de miles de víctimas. En efecto, las condiciones de semejante explosión están maduras; la situación económica de las masas está próxima a la miseria, pese a una importante subida de los salarios... Aun cuando se estima que los salarios han aumentado un cien por cien, el coste de la vida ha subido un 300 por ciento. La imposibilidad de obtener productos, la pérdida de tiempo que significan las horas de cola ante las tiendas, la creciente mortalidad causada por las malas condiciones de la vivienda, por el frío y por la humedad resultante de la falta de carbón...; todas estas condiciones han creado una situación tal que la masa de los obreros industriales está dispuesta a dejarse llevar por los excesos más salvajes de una revuelta del hambre».[149]

De camino al trabajo, esta mañana, ha observado las colas que se forman frente a las panaderías y en las tiendas que admiten cupones de la cartilla de racionamiento. Los agentes de la Ojrana infiltrados en los ambientes modestos de la ciudad informan del malestar reinante. La gente habla de la guerra. Todo el mundo tiene algún hijo, un sobrino o un conocido en el frente. Las noticias que llegan de allí no son halagüeñas: estamos perdiendo la guerra por la incompetencia de los generales, todos ellos aristócratas. Nuestros soldados andan descalzos mientras que los oficiales se dan a la gran vida en palacios requisados y tiendas de campaña equipadas con todas las comodidades. Incluso radiadores eléctricos y pianos. Muchos se han llevado a sus amantes.

Vladimir Vasiliev nota ese ambiente ominoso, ese aire electrizado que precede a la tormenta. Que habrá revolución todo el mundo lo da por hecho. Solo falta saber cuándo. Los nobles apuran los días de privilegio y placer que les quedan. Se dilapidan fortunas en francachelas, champán, caviar, ruleta, amantes... Los calaveras de las grandes familias se animan mutuamente a pulverizar las herencias antes de que los parias de la tierra se las arrebaten.

149. Abraham, 1990, p. 123.

La policía está desbordada. Menudean los robos, los atracos, los sabotajes. Cuadrillas de obreros hambrientos o desempleados asaltan almacenes de víveres. Algunos tenderos han protegido sus escaparates con planchas de madera para evitar los saqueos.

¿Y el zar? ¿Es que no ve el hambre de su pueblo?

Nicolás no ve nada. Hace meses que se ausentó de San Petersburgo. Ahora se ocupa solamente de la guerra (desde pequeño se aficionó a jugar con soldaditos de plomo y ahora juega con soldaditos de carne y hueso, los hijos de campesinos y obreros, la carne de cañón). Ha dejado el Gobierno en manos de la zarina Alejandra, esa odiada alemana que desprecia profundamente al pueblo.

Para empeorar las cosas se produce un colapso del transporte ferroviario. La guerra es un monstruo insaciable que requiere casi todos los trenes disponibles. La escasez de locomotoras determina que llegue a San Petersburgo menos combustible y menos harina. Las panaderías desabastecidas cierran provisionalmente. La escasez de pan subleva los ánimos. Se producen algunos asaltos a panaderías.

Así están las cosas cuando en este invierno excepcionalmente frío se produce un súbito e inesperado aumento de la temperatura que invita a la gente a salir a la calle. Una subida en el termómetro será la circunstancia fortuita que precipite una revolución que todo el mundo esperaba, pero no tan pronto.

Cinco bajo cero. Eso es, para el ruso acostumbrado al frío pelón, casi una cálida primavera. El 23 de febrero, coincidiendo con el Día Internacional de la Mujer, una manifestación casi dominguera de las siete mil obreras de la fábrica de tejidos de Víborg, muchas de ellas acompañadas por sus hijos pequeños, recorre las principales calles de San Petersburgo. El ambiente es más festivo que reivindicativo. La policía se limita a escoltarlas, sin intervenir.

Cuando se corre la voz de que la policía no reparte los acostumbrados latigazos, los indecisos se animan a unirse a la manifestación, ya con un tono más reivindicativo.

Los obreros afluyen desde los barrios industriales de la periferia al centro administrativo y monumental de la ciudad. Algunos grupos entonan la prohibida *Marsellesa.* En la plaza Znamenskaya, en torno a la masiva estatua de Alejandro III, algunos oradores denuncian los abusos del sistema. Entre los acostumbrados gritos de pan y paz se deslizan algunos mueras al zar.

Cuando se disuelve la multitud, a la caída de la tarde, el pedestal de la estatua aparece decorado con una pintada concienzuda: «Hipopótamo».

Bueno, no es tan grave, «Hipopótamo» es el apodo popular de la estatua.

Por la noche, después de leer el informe policial mecanografiado por Vladimir Vasiliev, el ministro del Interior, Alexandr Protopopov, anota en su diario: «En general no ha ocurrido nada demasiado terrible».

Conténgase el señor ministro, que lo terrible está por llegar.

Al día siguiente se mantiene el sol radiante, lo que invita a salir a la calle. En vista de que las mujeres siguen en huelga, los trabajadores del resto de las fábricas se les unen. Huelga general, aprovechando el buen tiempo. La acostumbrada manifestación multitudinaria empieza por unas veinte mil personas, pero a las pocas horas ya son cincuenta mil.

—¡Abajo la guerra! ¡Abajo el zar! —resuena en la multitud.

Banderas rojas y brazaletes. Por el camino hacia el centro los manifestantes saquean algunas tiendas de alimentación. El Eliséevski Magazín de la avenida Nevski ha protegido su fachada precavidamente con planchas de acero sobre las que varios artistas locales han reproducido anuncios de licores, de chocolates y de conservas para disimular su función.

Protopopov empieza a preocuparse, pero aconseja calma a la policía. Espera que cuando la gente se desahogue amaine la tormenta.

La policía y los soldados que la refuerzan permanecen indiferentes a pesar de los gritos subversivos.

Algunas mujeres se acercan hasta los soldados que forman un muro de bayonetas y los increpan: «Sois hijos del pueblo, como nuestros hijos que están en la guerra. Uníos al pueblo. No seáis los perros que guardan al zar y a su banda».

—¡Viva la revolución! —corean.

Aunque disimulen, muchos soldados comulgan con los manifestantes. Incluso entre ellos hay muchos socialistas que en cuanto tengan ocasión se volverán contra sus oficiales.

A lo largo del día crece el malestar y la manifestación se torna más agresiva. Nunca se han visto tantas banderas rojas. El número de asaltos a panaderías y tiendas de víveres es alarmante.

Los oficiales reciben órdenes de atajar la escalada.

—¿Disparando?

—Si fuera necesario, sí.

Un escuadrón de jinetes cosacos aguarda a la multitud cerca de la catedral de Kazán. La multitud titubea a la vista de los curvos sables desenvainados. ¿Qué hacemos?

En ese momento, una muchacha de frágil apariencia se destaca de los manifestantes, atraviesa la plaza despejada y se acerca al oficial al mando para entregarle un ramo de rosas rojas. Sorprendido, el oficial se inclina y acepta las flores.

Un suspiro de alivio recorre a la muchedumbre. Se escucha un hurra que la multitud corea.

¿Es esta la revolución que estábamos esperando? Los líderes revolucionarios, reunidos para examinar los acontecimientos tienen sus dudas:

—Esto se acaba en cuanto les den una barra de pan.

Parece que ni hay pan ni se acaba el problema.

El domingo 26 amanece tan radiante. El centro de la ciudad aparece ocupado desde hora temprana por escuadrones de soldados y de policías. En la explanada del Palacio de Invierno han emplazado varias ametralladoras que apuntan a la avenida Nevski que la costumbre va convirtiendo en manifestódromo.

Preocupado por la escalada de saqueos e insultos al zar, el ministro Protopopov ha ordenado que, en caso necesario, la policía efectúe disparos al aire y si los manifestantes no entran en razón, fuego directo contra ellos. No consentiremos algaradas. Hay que preservar el principio de autoridad.

Hacia mediodía llega a la mesa del ministro un informe preocupante. En Gostiny Dvor la policía ha efectuado una primera descarga, intimidatoria, al aire, pero como no surtió efecto, realizó una segunda descarga que ha producido docenas de muertos.

Protopopov se alarma. ¿No tendremos a la vista otro Domingo Sangriento?

Eso parecen indicar los siguientes informes: en el puente Alexándrovski, la multitud enfurecida ha conseguido aislar de sus hombres al comandante de la policía. Por lo visto el aterrorizado oficial azuzó el caballo para abrirse camino entre la muchedumbre, y descargó golpes de su *nagaika* a uno y otro lado. De nada le sirvió. Docenas de manos lo desmontaron y lo inmovilizaron en el suelo. Allí lo han matado a tiros con su propio revólver.

La calle se está volviendo peligrosa incluso para los agentes del orden. Empiezan a aparecer obreros armados con fusiles, pistolas y escopetas producto de los saqueos de fincas de años anteriores y de algún escamoteo en los cuarteles. Piquetes de obreros se atreven a asaltar las comisarías del distrito de Víborg.

Lo nunca visto, el mundo al revés: obreros atacando a los policías.

El consejo de dirección de la fábrica de Putílov decide un cierre temporal para amilanar a los huelguistas. Lejos de asustarse, los obreros se adueñan de las instalaciones y convocan una asamblea entre las silenciosas máquinas.

—¡Viva la revolución!

Pasan las tres de la tarde. Ya mismo oscurecerá y nos iremos todos a casa.

Escuadrones de cosacos y policía montada toman posiciones calmosamente en las plazas principales. Los cosacos se miran. Entre ellos hay muchos que están a favor del pueblo. Las órdenes son terminantes, pero las desobedecen en virtud de la legendaria independencia cosaca.

La policía, en vista de que los colegas no van a intervenir, decide acabar el asunto por sí sola.

—Dadles bien a los que llevan banderas rojas y pancartas —ordena el oficial al mando, un joven teniente deseoso de hacer méritos.

Abate el sable, la señal de carga. Sus hombres pican espuelas y parten al trote armas en alto. Desbandada general de huelguistas. Algunos corren hacia el escuadrón de cosacos que asiste a la escena sin intervenir.

—¡Camaradas, ayuda! ¡Somos obreros como vosotros!

El oficial cosaco se atusa los bigotes, indeciso. Es cosa solo de unos segundos. Desenvaina y grita a sus hombres:

—¡A por ellos!

Cargan aullando, como tienen por costumbre.

Cosacos contra policías, lo nunca visto. En la primera carga perece con la cabeza abierta de un sablazo el joven teniente de la policía que intentaba ser citado en el orden del día, aunque de modo muy distinto. Sus subordinados comprenden que es mejor retirarse al cuartel ordenadamente.

Los obreros se entusiasman y empiezan a picar entre los adoquines. Levantan barricadas como han visto hacer a los revolucionarios europeos en los folletos que leen.

Los aristócratas, que conocen el suceso por ese novedoso invento del teléfono y por la prensa del día siguiente, tuercen el gesto.

—Estamos como en 1905.

Esta vez no. Los soldados están amotinándose en los cuarteles. Toda Rusia va camino de ser un acorazado *Potemkin.* El regimiento Volinski asesina a sus oficiales y se pasa a los huelguistas con sus armas.

En pocos días todos los cuarteles de la ciudad se han puesto al lado de los revolucionarios.

Más preocupantes si cabe son las noticias de las bases navales a las que se ha extendido la rebelión. Los marineros de la importante base naval de Kronstadt, casi todos politizados durante el año de reclusión que llevan a bordo y humillados por el trato degradante que les dispensan los mandos (una tradición en la marina rusa), se han amotinado, han cosido a bayonetazos al almirante Robert Viren, comandante de la base, han asesinado a cientos de oficiales y se han declarado república soviética. Algo parecido ha ocurrido en la base de Helsinki.

Las huelgas paralizan San Petersburgo.

Los diputados de la Duma, todos gentes de orden, andan preocupados por las noticias.

En la confusa noche resuenan algunos disparos.

Cuando amanece, el presidente de la Duma, Mijaíl Rodzianko, llamado «el hombre más gordo de Rusia» a causa de su esfericidad, está al borde del infarto, suda copiosamente, traga saliva y le envía un telegrama urgente al zar: «Situación desesperada en la capital, sumida en la anarquía. Crece el descontento general. En las calles hay constantes tiroteos, con una facción de las tropas disparando a la otra. Inaplazable necesidad de nombrar una persona en la que confíe el pueblo para que forme nuevo Gobierno».

La situación en San Petersburgo es incontrolable. Más de la mitad de la guarnición de la ciudad se ha pasado al bando rebelde y usa brazalete rojo para distinguirse de la otra mitad, la que se lo está pensando y seguramente se pasará a los revolucionarios en cuanto amanezca. Es peligroso que venga el zar.

—El gordo de Rodzianko me ha escrito otra vez con más disparates. —Nicolás le resta importancia—. Ni siquiera me molestaré en contestar.

Mientras el zar permanece ajeno al peligro, los obreros y los soldados amotinados requisan automóviles y los ponen al servicio de la revolución, saquean licorerías, asaltan comisarías y arsenales, incendian los archivos policiales, abren las puertas de las cárceles y liberan a unos ocho mil presos que estaban procesados por delitos comunes (asesinos, atracadores, ladrones). Los liberados no tardan en convertirse en bolcheviques para perpetrar toda clase de delitos bajo el amparo de la revolución.

¿Qué hace el general Serguéi Javalov, jefe de la región militar de San Petersburgo?

El buen hombre está aterrado. Aplastado por los acontecimientos, bebe chupitos de coñac en un vano intento de mitigar el temblor de las manos. Hace días aseguró con suficiencia que en su territorio todo estaba controlado. Hoy decide declarar la ciudad en estado de sitio y hace imprimir la correspondiente proclama, pero nadie se atreve a pegar los pasquines en los lugares acostumbrados. Se limitan a tirarla en forma de octavillas desde las ventanas del almirantazgo. Los tristes papeles caen en su mayor parte sobre los parterres del jardín.

En la ciudad no cesan los tiroteos. Se caza a los francotiradores de la policía que desde tejados y cornisas disparaban contra los amotinados. Los espectadores aplauden cuando capturan a alguno de ellos y lo lanzan al vacío. Acuden los curiosos a ver los cadáveres estampados contra el pavimento.

En ausencia de la policía, las cuadrillas de milicianos reforzadas por los delincuentes liberados saquean las mansiones de los burgueses, vacían sus bien provistas despensas y violan a sus mujeres.

Algunos oficiales zaristas se han refugiado con sus familias en el hotel Savoy y otros edificios oficiales del centro en los que han instalado puestos de tirador y ametralladoras. Los revolucionarios los asaltan y asesinan a los resistentes. Hay decenas de muertos. La carnicería en el lujoso vestíbulo del Savoy es tal que la puerta giratoria de la entrada actúa como una noria que descargara sobre la acera cangilones de sangre.

En vista de que los soldados y los cosacos se han puesto de parte de los revolucionarios, la población de San Petersburgo que hace unos días se quedaba en casa esperando acontecimientos sale a la calle para aclamar a los vencedores.

Muchos curiosos se suman a la revuelta y participan activamente en la destrucción de los símbolos zaristas, las águilas Románov que decoran algunos edificios. Con porras y martillos se decapitan las estatuas de los zares.

Todo el mundo quiere congraciarse con los revolucionarios. Tiendas y restaurantes, cuyos dueños ayer mismo miraban con asco al obrero hambriento que pordioseaba las sobras de la cocina, hoy se muestran solícitos con el menesteroso y hasta instalan mesas en la calle para ofrecer refrigerios, bocadillos y té a los camaradas en huelga.

—Mejor congraciarse con ellos y darles gratis una parte antes de que me lo requisen todo.

Hace unos días era peligroso salir a la calle con un brazalete rojo. Hoy ocurre lo contrario: no lucir un brazalete rojo o un lazo de ese color en la solapa te puede acarrear problemas si algún exaltado te señala como contrarrevolucionario. También es conveniente evitar prendas que puedan considerarse burguesas, ternos, los cuellos almidonados, gafas y sombreros. Los soldados se ladean las gorras y desabrochan las guerreras para que el desaliño denote que no siguen las normas porque están amotinados. Las milicianas visten de hombre, pantalones, botas y gorras.

Toda autoridad se convierte en sospechosa, en zarista. Libertad y camaradería, todos iguales. Como el mundo es de los obreros, los que no lo son procuran vestir en consecuencia.

La revolución trae libertad al oprimido, sea obrero o mujer. Se exalta también la libertad sexual, el amor libre, a veces practicándolo a vista de todos para que se vea que hemos arrinconado los prejuicios de la mojigata burguesía.

En el edificio del Gobierno crece el nerviosismo. La situación se ha descontrolado. Las turbas están saqueando e incendiando. Supuestos revolucionarios atracan a la gente por las calles.

La cocinera de la embajada norteamericana llega al trabajo presa de un ataque de histeria porque acaba de ver cómo un piquete revolucionario decapitaba a un policía con su propio sable.

Advirtamos que los policías son especialmente odiados por los revolucionarios. Los llaman «los faraones» o «los de los dos kopeks» *(semishniki)*, el incentivo monetario que se cree que cobran por cada detenido.

Preocupación del embajador. «Con la cocinera en ese estado, me temo que hoy comeremos sándwiches.»

Eso mismo van a comer en el palacio del conde Serguéi, la llamada Casa de la Fuente. Un piquete de soldados desharrapados y hambrientos se ha presentado a la hora del almuerzo, ha entrado en tropel en los salones, ha encontrado la mesa puesta, pues el conde y su nieta Lilí Viázemskaya se disponían a almorzar, y sin mediar palabra ha devorado los manjares que había sobre la mesa, sin dejar migaja, incluso rebañando las fuentes. Llena la andorga se ha marchado por donde llegó, sin decir palabra, si acaso un ligero eructo del cabo que lo capitaneaba.

—No hace falta que digan nada —concluye el conde ayuno—. Ya se ve que han declarado la guerra a los *burzhúi* (los burgueses) como nos llaman (la palabra procede de Marx, Lenin y compañía).

El pueblo en armas, como es mayormente analfabeto y no se anda con sutilezas, considera *burzhúi* robable, estuprable y hasta asesinable a todo el que vista medio decentemente, se vea aseado y use gafas.

Toman nota los afectados y se disfrazan de pordioseros o poco más para salir a la calle. El conde Alexandr Sheremétev incluso condesciende a afeitarse el bigotazo que ha criado con esmero y bigoteras nocturnas y pomada de Londres desde que era un muchacho.

Los registros de palacios, mansiones y bloques de pisos de aspecto *burzhúi* están a la orden del día.

En el salón de la condesa Kleinmichel, hoy no se habla de literatura, ni de caballos ni de la temporada de la ópera. El tema del día es lo ocurrido a Matilde Kshesinskaya, la bailarina y antigua amante de Nicolás II. Ayer las turbas asaltaron su palacio, le tiraron los muebles por las ventanas y unas milicianas desgreñadas se pusieron sobre las camisas los *déshabillés* parisinos que la pizpireta Matilde usaba para despabilar los entusiasmos venéreos de los Románov (plural, porque se entiende con varios).

En el palacio de la condesa Sofía de Kleinmichel, el mayordomo anuncia solemnemente que la cena está servida. Los invitados, todos gente de rango, poquito pelo quizá, pero sin liendres, se dirigen al comedor apurando las últimas noticias de París que han estado comentando durante la velada.

En ese momento irrumpe un criadillo excitado:

—¡Pónganse a salvo, por el amor de Dios, que los rojos acaban de romper la puerta trasera del palacio!

(Por lo menos han sido respetuosos y han usado la puerta de servicio.)

La condesa y sus invitados, todas personas finas y por tanto dotadas de acusado instinto de supervivencia, corren a la puerta principal y sin siquiera pasar por el guardarropa a recoger sus abrigos, se precipitan a la calle nevada, las damas luciendo escotes y albos brazos al aire, para refugiarse en el palacio de enfrente, perteneciente a uno de los invitados.

Con las luces apagadas y el ánimo contrito suben al salón para espiar detrás de las cortinas lo que ocurre en el palacio de la condesa Kleinmichel.

Los revolucionarios han recorrido las lujosas estancias sirviéndose de los variados bibelots de las vitrinas y destrozando algún que otro mueble o algún óleo de la pared, pero al llegar al comedor y ver la mesa puesta han arrimado sillas y le han indicado al aterrado mayordomo que aporte cuanto haya en la cocina porque con este condumio no tienen ni para empezar, que traen hambre atrasada, hambre de generaciones, carpanta revolucionaria. El buen hombre obedece, ¿qué otra cosa puede hacer? Y arrima soperas y fuentes, tajadas, sopas y *delicatessen* parisinas. Criados cargados de botellas suben la bodega al comedor, donde los revolucionarios, ya pintones por las frecuentes libaciones, brindan por la revolución y la buena vida. Con vinos de las mejores añadas de Borgoña y Burdeos.

—¡Me están vaciando la bodega! —se queja la involuntaria anfitriona, la condesa Kleinmichel desde su observatorio de la mansión frontera—. ¡No van a dejar ni las telarañas!

Aún le queda por apurar el último sorbo de la copa de acíbar (es metáfora).

—¡Qué veo! —exclama un minuto después sin dar crédito a sus ojos.

Lo que ve, atónita, la condesa es que sus propios criados, desde los camareros a los mozos de cocina y cuadra, se han incorporado a la mesa revolucionaria y confraternizan con los rojos.

—¡A estos los despido yo! —se jura la condesa.

No, querida condesa. Estos son nuevos tiempos. Son ellos los que van a despedirte a ti. Dentro de dos días estarás refugiada en la legación china, rellenando formularios para exiliarte lo más lejos posible.

«¿Adónde vamos a llegar?», se dicen los privilegiados de antes de ayer, hoy apestados *burzhúi*.

Los revolucionarios los persiguen y los asesinan. A un oficial le han sacado solo un ojo para que con el restante asista a las torturas y la ejecución de sus camaradas, después le han sacado el otro y lo han torturado hasta la muerte.

—¿Dónde guardaba tanto odio el sencillo pueblo? —se preguntan los nobles, los rentistas, los potentados, las espantadas víctimas—. Hicimos mal en darles escuelas. Han aprendido a leer y ahora se han envenenado con esos panfletos rojos.

Muchos nobles y personas de orden (del orden anterior) se curan en salud, confraternizan con sus criados, se proclaman revolucionarios ellos mismos y adornan las fachadas de sus mansiones con banderas rojas. Algunas veces funciona el truco y los piquetes pasan de largo, pero siempre hay alguna pandilla más desconfiada que aporrea la puerta y se invita al palacio del camarada para arramblar con lo que quede en la despensa y con las cuatro chucherías pignorables que en tu nueva situación, abrazado a la causa del pueblo, ya no necesitarás, querido *továrich*.

O sea, que de todos modos te roban.

Otros, más avisados, se largan a sus posesiones del campo o directamente al exilio.

«Nos vamos de la apestosa y criminal Petrogrado», anota el conde Serguéi en su diario.

Lenin triunfante recoge su cosecha. Oigamos a un testigo de aquel día, el periodista norteamericano John Reed:

> Eran exactamente las 8.40 del 26 de octubre cuando una atronadora ola de aplausos anunció la entrada de Lenin [...]. Estaba de pie, agarrado a los bordes de la tribuna, recorriendo con los ojos entornados la masa de los delegados y esperaba, sin reparar en la creciente ovación que duró varios minutos. Cuando esta cesó, dijo breve y simplemente: «Ha llegado el momento de emprender la construcción del socialismo». Nuevo estallido atronador de la tempestad humana, «lo primero que debemos hacer es adoptar medidas prácticas para realizar la paz. Debemos ofrecer la paz a los pueblos de todos los países beligerantes en las condiciones soviéticas, sin anexiones, sin contribuciones [...]. La Revolución de Octubre inicia la era de la revolución socialista. El movimiento obrero, en nombre de la paz y el socialismo, alcanzará la victoria y cumplirá su misión» [...]. Un impulso inesperado y espontáneo nos levantó a todos y nuestra unanimidad se tradujo en los acordes armoniosos y emocionantes de *La Internacional*. Un soldado viejo y canoso lloraba como un niño. El potente himno inundó la sala, atravesó ventanas y puertas y voló al cielo sereno.[150]

150. Reed, 2014, pp. 143-144.

CAPÍTULO 40

No es país para flamencos

Unos se van y otros llegan. El bailarín flamenco (nacido en Burgos) Juan Martínez hace un tiempo que se fue a Rusia huyendo de la Gran Guerra que está devastando Europa.

En Rusia le ha ido solamente regular. Cabarets y salas de fiestas y teatros donde actuar no faltan, y el arte flamenco, las castañuelas, el guitarreo, se aprecian, pero el maestro Juan Martínez está descontento porque con esta tontería de la revolución nunca sabes por dónde te van a venir los tiros.

Estaba en Moscú y los revolucionaros quemaron hasta los cimientos el cabaret donde actuaba. Se muda a San Petersburgo en busca de paz, fatigoso viaje por ferrocarril, y...

> ... a la salida de la estación, en una puerta, estaba clavado a bayonetazos el cadáver de un policía. Tenía la cara cubierta de sangre coagulada y en medio del pecho una bayoneta triangular partida que lo mantenía sujeto a la hoja de la puerta.
>
> En la explanada de la estación, enfilándola, varios automóviles blindados, ametralladoras y cañones. A lo lejos se veían elevarse al cielo densas humaredas. De tiempo en tiempo sonaba el tableteo de ametralladoras. Ni un alma en las calles. Yo, con mis maletas en la mano, me quedé perplejo a la salida de la estación. «¿Dónde me he metido? ¿Qué pasará?», me preguntaba.
>
> —El pueblo está acabando con los cuarenta mil guardias que hay en San Petersburgo —me contestó uno.
>
> ¡Ah, no! Aquello no iba conmigo. Decidí regresar a Moscú

inmediatamente y me volví a la estación con mis maletas. En los andenes vi a un grupo de ferroviarios que discutían formando corro y me dirigí a uno de ellos:

—¿A qué hora sale el primer tren para Moscú? —pregunté.

—Ya no sale ningún tren para ninguna parte, camarada —me respondió palmoteándome alegremente en la espalda al ver mi cara asustada—. ¡Se han acabado los trenes para siempre! ¡Viva la revolución![151]

Sumiso, Juan Martínez se resigna a permanecer en la ciudad inmersa en la vorágine revolucionaria. Con sus maletas a cuestas se interna por la avenida Nevski, una de sus arterias principales, donde ve varias mansiones ardiendo.

Al cruzar algunas bocacalles se percibía el confuso rumor de la lucha, allá en los barrios, y el machaqueo intermitente de las ametralladoras [...]. En Kameni Ostrovsky las casas estaban acribilladas de disparos y no quedaba un cristal sano [...]. Un grupo de soldados y obreros armados venían por el centro de la calle cantando y gritando. Me dijeron que acababan de asaltar el Palacio de Invierno. Uno de los soldados, con la gorra echada hacia atrás, la cara roja de alegría y de vino y el fusil en bandolera, iba abrazado a seis o siete botellas de champaña. Cuando tenía necesidad de decir algo a sus camaradas ponía las botellas en el suelo, protegiéndolas con las piernas, y manoteaba a su grupo para luego abrazarlas de nuevo y seguir al grupo, jadeando, con los brazos agarrotados por no desamparar su presa.

En algunos sitios habían levantado el pavimento de las calles para formar barricadas que abandonaron luego. En las calles céntricas no las había, pero en las barriadas populares levantaron muchísimas. Caminando hacia Novaya Derevnya me enteré de que en algunas calles mandaban todavía los guardias del zar; en otras mandaban los revolucionarios y en otras ni Dios sabía ya quiénes mandaban [...]. Cuarenta mil policías había en San Petersburgo el día que estalló la revolución. En ocho días no quedó ninguno. El pueblo tenía tanto rencor acumulado que cuando yo llegué salían a cazarlos como si fueran conejos. A muchos los

151. Chaves Nogales, 2007, pp. 47-48.

clavaron a bayonetazos en las puertas de las casas, como aquel que vi a la salida de la estación. A otros los acribillaban a balazos, y luego arrastraban sus cadáveres hasta dejarlos convertidos en montones informes de sangre y barro [...]. Aún funcionaba la embajada de España y el consulado. Fui a pedir protección y me contestaron que no respondían de nada. La representación diplomática de España estaba preparando una expedición para retirarse de la ciudad y anunció el día de la partida para que los españoles que quisieran los siguiesen [...]. Yo me volví loco de desesperación. Tenía a Sole en Moscú y no había modo humano de ir por ella ni de hacerla venir [...]. Me fui a buscar un billete para Moscú. Doce días estuve en la cola de la taquilla. Doce mortales días aguantando a pie firme con la esperanza, siempre fallida, de obtener el billete. El servicio de trenes no se había interrumpido, pero era tal la aglomeración de gente que emigraba hacia el sur que no había manera de salir de la ciudad [...]. Los comercios seguían abiertos. Eso sí, vendían al precio que les daba la gana; la revolución, de momento, era el paraíso de los tenderos; lo que hoy costaba uno, al día siguiente valía cinco y dos días después veinte o cincuenta, lo que quisieran pedir [...].

Antes de que cayese la noche, todo el mundo estaba encerrado en su casa y con la puerta atrancada. La ciudad quedaba entonces a merced de las bandas armadas. Se formaban cuadrillas de paisanos y militares que entraban en las casas ricas y las desvalijaban. Cuando veían a un pobre hombre que por necesidad había tenido que salir de su casa y cruzaba la calle huyendo el bulto, se echaban el fusil a la cara y lo tumbaban sin más averiguaciones. Estas bandas estaban formadas, en su mayor parte, por presidiarios, a quienes la revolución había abierto las puertas de las cárceles.

De la fortaleza de San Pedro y San Pablo salieron cientos de delincuentes que se armaron con los fusiles de la policía y del Ejército para cometer impunemente cuantos crímenes querían [...], cuando le daban el alto a uno lo mismo podía tener la suerte de que fuese una patrulla que lo escoltase hasta dejarlo en lugar seguro que la desgracia de que le descerrajasen un tiro por quitarle el reloj, el abrigo o un pan que llevase debajo del sobaco.[152]

152. *Ibid.*, pp. 50-57.

Patrullas de autodefensa recorren las calles. Rusia está en plena descomposición. Aprovechando el vacío de poder los campesinos están tomando las tierras de los propietarios mientras la policía rural ha huido o adopta una actitud pasiva, a la espera de órdenes.

La situación es insostenible, en eso están de acuerdo las personas de orden, independientemente de la ideología que profesen.

Revolucionarios se dispersan tras una descarga
de las fuerzas gubernativas.

CAPÍTULO 41

La Duma se escaquea

Una muchedumbre vociferante de revolucionarios rodea el palacio del Gobierno.

—¿Dónde están los ministros? —preguntan a los asustados ujieres.

No hay Gobierno. El día 27 el Consejo de Ministros reunido de urgencia ha acordado presentar su dimisión al zar.

Los milicianos registran las desiertas estancias. Papeles revueltos por los suelos. Alguna silla volcada. Un teléfono descolgado.

—¡El Gobierno burgués ha huido! —anuncia el miliciano Mijaíl Petrov.

En torno al palacio de Táuride, sede de la Duma, reina la misma animación. Soldados y obreros han acudido a ver qué deciden los diputados.

Es necesario que un líder se haga cargo de la situación. Al final será Alexandr Kérenski, diputado de izquierdas y enemigo declarado del zar.[153]

Kérenski es, a sus treinta cinco años, un político consumado y un actor cumplido (su primera vocación fue la escena, antes de hacerse abogado). Cuando comparece ante la Duma viste atildadamente de chaqué con camisa y cuello almidonado, cuando lo hace

153. Kérenski pertenece al pequeño grupo de los *trudoviki* o laboristas, escisión del Partido de los Socialistas Revolucionarios.

ante el pueblo se muestra en mangas de camisa, sin cuello, como pregonando «soy uno de vosotros». Gran orador, tiene recursos para convencer a unos y a otros, pero quizá él mismo no está convencido de nada: «Ronda la revolución sin entrar en ella», dice Trotski.

El propio Kérenski, finalmente exiliado en París, relató al periodista español Chaves Nogales sus recuerdos de aquellos días decisivos.

> La noche anterior estuve trabajando en mis asuntos de abogado. A las ocho de la mañana mi mujer entró en el dormitorio a despertarme y me dijo:
>
> —Levántate: el zar ha disuelto la Duma y el regimiento de Volinski se ha sublevado.
>
> Mientras me vestía y desayunaba me puse en comunicación telefónica con varios amigos políticos a los que pedí que se dirigiesen a los cuarteles y procurasen arrastrar a los soldados sublevados hacia el palacio de la Duma. Abracé a mi mujer y salí en dirección al palacio de la Duma [...]. Apenas entré en el salón de la biblioteca me vi metido en un torbellino de gente que discutía y gritaba. Me despojé del abrigo y ya no hubo día ni noche para mí. No percibíamos más que el flujo y reflujo de la marea humana; multitudes caóticas que llegaban hasta nosotros y a las que procurábamos auscultar para deducir de sus gritos de júbilo o de sus imprecaciones el curso de los acontecimientos. Fueron cuatro días terribles. Cuatro días sin dormir ni comer; cuatro días en los que permanecimos ajenos a todo lo que fuese el peligro que corría nuestra patria, debatiéndose en el caos y la sangre [...]. Yo tenía confianza en que las tropas sublevadas acabarían por acatar la autoridad de la Duma [...]. Cuando por fin empezaron a formarse grupos de sublevados frente al palacio, los diputados corrieron a avisarme: «¡Sus tropas! ¡Ya llegan sus tropas!». Me quedé un poco perplejo, ¿mis tropas?
>
> Un reportero me sacó de dudas: «¿No sabe usted que a estas horas es usted omnipotente en Rusia?».[154]

Kérenski admite que debía serlo a juzgar por la cantidad de gerifaltes del Gobierno zarista que acudieron como polluelos asustados a refugiarse bajo sus alas.

154. Chaves Nogales, 2011, pp. 86-88.

Atravesaba yo uno de los corredores de la Duma, cuando se me acercó un hombre de aspecto derrotado que me dijo: «Excelencia, acudo a usted por propia voluntad para que me detenga». Era Protopopov, que hasta el día anterior había sido jefe de Gobierno. Llevaba horas escondido en los alrededores de San Petersburgo por miedo al populacho. También detuve al ministro Sujomlinov, al que habrían linchado sin mi intervención: era tal el horror provocado por su conducta que los demás ministros no querían tenerlo como compañero de prisión. También a Makarov, el ministro que había fusilado a centenares de obreros.[155]

Típica jugada de Kérenski: encarcela a los ministros y cuando el pueblo que iba a lincharlos le pide cuentas razona:

—Si no los hubiera encarcelado, habrían escapado de la justicia.

Así queda bien con las dos partes.

Parece que Kérenski es la única autoridad reconocida en medio del caos. Acepta el reto y se postula ante el consejo (sóviet) de los huelguistas y de los soldados como su representante ante la Duma. Hace ver a los revolucionarios que no basta con dominar los cuarteles y las fábricas. Hay que ocupar las estaciones ferroviarias, las oficinas de correos y telégrafos, los centros neurálgicos de poder. Eso nos permitirá extender la revolución a toda Rusia, constituir sóviets en todos los puntos importantes y organizar a la parte del Ejército que está con nosotros contra la otra parte que permanezca fiel al régimen zarista.

Las sesiones de la Duma se han convertido en un guirigay. En la sala parlamentaria hablan simultáneamente hasta seis diputados, cada uno atendido y jaleado por el corrillo de sus incondicionales. Mientras tanto, en las distintas dependencias visitadas por los revolucionarios se van amontonando botellas, colillas, vasos sucios, bandejas con restos de comida y huesos roídos que han ido dejando por los rincones. Ningún ujier se atreve a llamar la atención a nadie. Esta gente es peligrosa. Las noticias que llegan de la ciudad son espeluznantes.

Los revolucionarios han logrado el poder, pero no saben qué

155. *Ibid.*, pp. 89-90.

hacer con él. Ningún líder se atreve a asumir la responsabilidad de gobernar. Quieren orden, pero que lo imponga otro. Temen que la violencia de sus seguidores se vuelva contra ellos si adoptan las medidas restrictivas que tan necesarias se hacen para la buena gobernanza del país.[156]

Para los miembros del Sóviet, el pueblo ruso no está todavía maduro para regirse por un gobierno socialista. Mejor favorecer un gobierno burgués de transición que evite los excesos y reconduzca pacíficamente el proceso revolucionario hasta que Rusia «disponga de la levadura proletaria necesaria para cocer con éxito la hogaza del socialismo».

En el aparentemente tripartito Sóviet de Diputados, Obreros y Soldados, los únicos que tienen idea de cómo se maneja una administración son los diputados. Hombres acostumbrados a gastar la prosa y a guardar la mosca contentan a sus incultos colegas con la concesión de algunas reivindicaciones obreras y, a cambio, obtienen los apoyos necesarios para nombrar un Gobierno provisional claramente burgués.

El 3 de marzo de 1917 se constituye el Gobierno provisional que regirá Rusia hasta la convocatoria de elecciones. El príncipe Gueorgui Lvov será primer ministro y de los doce ministros restantes ocho son diputados de la Duma. Kérenski se conforma con el Ministerio de Justicia y cede protagonismo a Pável Miliukov, el fundador del partido kadete.

¿Qué ha ocurrido? Ha ocurrido que un sóviet de obreros que tenía la sartén por el mango ha consentido que se forme un Gobierno provisional integrado por burgueses.

—¿Qué hacen estos tontos? —se indigna Lenin en el exilio—: ¡Conquistan el poder y se lo ceden graciosamente a un Gobierno burgués!

156. Un caso parecido, salvando circunstancias, al que se dio en Barcelona la noche del 20 de julio de 1936 cuando, sofocada la rebelión militar, los líderes anarquistas dueños de la situación se presentaron en el despacho de Companys, que acongojado les ofreció el poder, y ellos, conscientes de su inexperiencia, prefirieron dejarlo en sus supuestamente expertas manos siempre que no los contrariara demasiado.

Trotski define la situación con su acostumbrada lucidez:

—Los sóviets tienen la fuerza, pero no el poder. Los burgueses tienen el poder, pero no la fuerza.

Sí, todos estos ideólogos son muy lúcidos, y sin duda hubiesen dirigido mejor la jugada al pie del andamio, pero a todos les ha cogido la revolución con el paso cambiado: a Lenin en Zúrich; a Lunacharski, en París; a Bujarin y a Trotski, en Nueva York.[157]

En la calle la composición del nuevo Gobierno sienta regular:

—Hemos hecho una revolución para quitar al zar y resulta que nos ponen a un príncipe.

Pero ese príncipe es el único que concuerda los dos extremos del gabinete: la derecha kadete (Miliukov) y la izquierda (Kérenski).

Pável Miliukov consigue que el nuevo Gobierno aplace la convocatoria de la Asamblea Constituyente y las reformas sociales hasta que termine la guerra. La guerra, con un frente que está a punto de desplomarse, es lo realmente prioritario.

La Duma y el Sóviet discuten sobre el gobierno futuro. El Sóviet quiere una república y los de la Duma abogan por una monarquía constitucional.

Sin Nicolás el Sanguinario, por supuesto. Esperan obligarlo a abdicar en su hijo Alexis. El archiduque Mijaíl, hermano de Nicolás, puede ejercer de regente hasta la mayoría de edad del muchacho. Que lo decida la Asamblea Constituyente.

La revolución socialista queda aparcada en una vía muerta. Mientras tanto, por el dilatado país cunde la anarquía. Campan a su antojo milicianos rojos armados o simples delincuentes que aprovechan la desaparición de la autoridad para perpetrar sus fechorías: asaltan los palacios y las mansiones de los ricos, asesinan a su paso, violan, saquean e incendian.

157. Por cierto que Trotski, aunque reconocido internacionalista, no terminó de adaptarse a las costumbres capitalistas de Estados Unidos. En los restaurantes baratos de Nueva York donde solía almorzar lo miraban atravesado no solo porque no dejaba la preceptiva propina, sino porque encima intentaba catequizar a los camareros sobre la indignidad que supone aceptarla.

En realidad, la Revolución rusa se va a desarrollar en tres actos, como las comedias o los dramas antiguos.

El primer acto es este que acabamos de contar: los obreros y los soldados de San Petersburgo se hacen con el poder imprevistamente, lo que pilla por sorpresa tanto al zar como a los revolucionarios profesionales (Lenin y compañía), que están en el extranjero.

El segundo acto es el Gobierno provisional: los revolucionarios, sorprendidos de su propio éxito, no se han atrevido a asumir el poder y lo han delegado en diputados conservadores que solo abordan reformas cosméticas. No sé si en ruso habrá un refrán equivalente, pero en España tenemos uno que viene como anillo al dedo: el que a sí mismo se capa buenos cojones se deja.

El tercer y decisivo acto es la propiamente llamada Revolución de Octubre: Lenin y otros revolucionarios profesionales regresan precipitadamente del exilio para pescar a río revuelto y puesto que el pueblo está pidiendo paz a cualquier precio, se la dan a cambio del poder, aunque para ello tengan que ceder a los alemanes media Rusia.

LA GUERRA EUROPEA

Graves sucesos en San Petersburgo

Los maximalistas, después de derrotar á las tropas del Gobierno, se hacen dueños de la capital y destituyen á Kerensky. -- La Embajada francesa, custodiada.--El desastre italiano sigue en aumento.--Los austroalemanes se dirigen hacia el Piave.

RESUMEN DEL DIA

Aunque se esperaba hace varios meses la neutralización absoluta de Rusia como elemento militar, ha causado impresión profunda la llegada del momento supremo en que se ha roto definitivamente el bloque de la Entente.

Los Soviet han destituído al dictador Kerensky y han proclamado un Gobierno provisional, cuyo primer acto será hacer la paz, siguiendo los deseos del pueblo y del Ejército.

No comentamos todavía este culminante suceso. Lo teníamos previsto, hemos estudiado repetidas veces sus consecuencias, y es mejor esperar á conocer más detalles antes de formular nuevos juicios, que harán, además, por sí mismos, nuestros lectores.

Otra línea gruesa marca el contacto de ambos bandos, según los últimos datos oficiales; pero seguramente ya no será exacta su indicación cuando sea leído este resumen, porque el progreso hacia Belluno debe ser mayor en estos instantes.

Aunque las situaciones respectivas están bastante claras en el croquis, hemos añadido dos flechas letra P para marcar el avance hacia el Piave; otra, letra B, indica la marcha hacia Belluno, y una tercera, con una S, el ataque por el valle del Brenta (Sugana).

Si, por fin, hay una gran batalla en el Adigio y los alemanes se apoderan de Venecia y Lombardía, Cadorna tendrá que replegarse al Po, si no obtiene una victoria aplastante en que nadie cree.

Y libre el camino de Milán, inutilizada Italia como Rusia, muy fatigada Francia la Gran Bretaña tendrá que pensar lo que le conviene, porque el auxilio

especial atención. Es seguro que el enemigo ha hecho durante las últimas semanas preparativos importantes en el Trentino.

El emperador Carlos ha inspeccionado en diversas ocasiones las tropas acumuladas en este sector, antes de marchar al Isonzo.

Además, la *Gaceta de Francfort* confesaba recientemente la presencia en el Trentino de fuertes contingentes alemanes y bávaros, especializados en la guerra de montañas. No ha de tardar, pues, en saberse si estos preparativos estaban destinados á engañar á los aliados y á la Entente ó á lograr un fin más práctico.

De Milán telegrafían que el público sigue buscando las causas de la derrota sufrida por el segundo ejército. Hay un hecho que es objeto de todos los comentarios.

Se asegura que una propaganda desmoralizadora fué llevada á cabo entre ciertos oficiales jóvenes y entre soldados de algunos departamentos rurales. (Tacha la censura.)

Comienzan á llegar á Italia los refuerzos aliados. Dicen los periódicos que no hay que ocultar que el ejército de refuerzo no podrá

La Revolución rusa en la prensa española.

CAPÍTULO 42

La metamorfosis de la calabaza: de su alteza imperial a Nicolasillo[158]

¿Dónde está Nicolás mientras arde San Petersburgo y la monarquía Románov se va por el sumidero de la historia?

Su alteza imperial está en Maguilov, sede de la Stavka (Cuartel General de las Fuerzas Armadas del Imperio Ruso).

Supuestamente está allí porque ha tomado sobre sus hombros la dirección de la guerra, pero la verdad es que, consciente de su propia incompetencia, ha delegado en otros la dirección de las operaciones.

En la Stavka, los días de Nicolás se parecen como gotas de agua. Tiene mucho tiempo para deprimirse y meditar. Es posible que haya comprendido que toda su vida ha sido un gigantesco error. Durante veintidós años se ha obstinado en mantener intacta su autocracia contra los consejos de cuantos le señalaban la conveniencia de descargar el poder ejecutivo en la Duma. Ahora es demasiado tarde. En los últimos meses ha envejecido notablemente y su mirada, apagada de ordinario, no tiene más brillo que un montón de ceniza. Intuye, quizá, que su tiempo se acaba.

En la noche del 27 de febrero sus adláteres deciden dejar de

158. Tomo el título de una insólita obra de Séneca, la *Apocolocyntos* o *Metamorfosis de Claudio en calabaza*, un libelo en el que el gran autor latino se mofaba del recientemente extinto emperador Claudio, al tiempo que fingía rendirle honores imperiales.

suavizarle las noticias que llegan de San Petersburgo. Que se enfrente con la realidad, caramba.

El zar comprende que cuenta con pocos apoyos. Las reverencias en su presencia son menos enérgicas, como si sus cortesanos lo dieran ya por amortizado.

Nicolás hace preparar el tren imperial. Quiere regresar a Tsárskoye Seló junto a su familia, quizá para llorar en las faldas de la zarina, pero los problemas técnicos lo llevan primero a Málaya Víshera, donde se entera de que no puede seguir porque esa línea está en manos de los revolucionarios. Hay que dar un rodeo por la de Pskov.

El día 2 de marzo, mientras Nicolás duerme, se recibe un telegrama de Mijaíl Alexéev, su jefe de Estado Mayor, con súplica de despertar al zar «sin respetar protocolos» e informarlo de la situación.

La revolución se ha consolidado en San Petersburgo. Las tropas enviadas a sofocar la rebelión se han detenido. Alexéev se une a los que suplican al zar que abdique. Para que se haga cargo de la gravedad de la situación le entregan las transcripciones de la conversación mantenida entre el general Nikolái Ruzski y Mijaíl Rodzianko (el presidente de la Duma) a través de un aparato Hughes.[159]

Nicolás no parece afectado. Lleva días con cara de póquer, como si todo le diera igual. Tan solo se encierra aún más en su mutismo.

Los generales y consejeros insisten. «No queda más salida que abdicar, majestad. Al menos de esta manera salvamos la dinastía.»

Quizá el pueblo se conforme con el zar como víctima propiciatoria.

—Si es necesario que yo abdique, estoy dispuesto —concede Nicolás al fin.

Se deprime un poco más. Dista de ser la persona enérgica

159. El aparato Hughes es una especie de teletipo que transmite y recibe por una cinta impresa hasta sesenta palabras por minuto, frente a las veinticinco del sistema morse.

que era su padre. ¡Enseguida se le hubieran subido a las barbas los súbditos a Alejandro II, aquel trueno, el Hipopótamo!

—Estoy rodeado de traidores —le oyen murmurar.

A las tres de la tarde del 2 de marzo, Nicolás abdica en su heredero, el *tsarevich* Alexis.

Sus consejeros muestran un entusiasmo limitado por el nuevo zar. Seamos sinceros, el chico no está en condiciones de reinar, ¿cómo va a capitanear la compleja nave del Estado si ni siquiera puede sostenerse de pie en tierra? Menuda imagen la de un zar al que tiene que llevar en brazos un forzudo marinero.

Los consejeros invierten toda la tarde en convencer a Nicolás de que el hemofílico muchacho es demasiado endeble para sostener la corona en tiempos tan revueltos.

Veinte minutos antes de la medianoche, Nicolás cede a las presiones y designa sucesor (transgrediendo la ley de sucesión, por cierto) al siguiente heredero de la línea dinástica, su hermano menor, el archiduque Mijaíl Alexándrovich, prestigioso y apuesto general de cosacos.

Esa noche el telégrafo no da abasto anunciando a las unidades militares y a las ciudades que tienen un nuevo zar.

Al archiduque Mijaíl lo han sorprendido los disturbios en San Petersburgo, invitado en el palacio de la princesa Olga Putiatina. Allí van a verlo el primer ministro Lvov y Kérenski con objeto de convencerlo para que abdique.

—La revolución ha triunfado —le advierten—. Si su imperial majestad no rechaza la corona, se desencadenará una cruenta guerra civil. El Gobierno provisional le suplica que abdique para evitar mayores calamidades.

Ligero mareo. El mundo se le viene encima a este hombre tranquilo que lo único que quiere es mandar a sus tropas alejado de politiqueos.

—Entonces yo acabaría con la dinastía —observa, solemne.

—Esa es la idea, alteza imperial. Para hacer las cosas legalmente podría condicionar su aceptación de la corona a la ratificación por la Duma.

—¿Puedo hablar con Rodzianko?

—Por supuesto.

El gordo presidente de la Duma va al palacio de la princesa Putiatina a encontrarse a solas con el recién estrenado zar.

—¿Puede la Duma garantizarme mi seguridad personal?

—Me temo que no, alteza imperial.

El archiduque Mijaíl abdica. Redactan el documento en un cuaderno escolar de la hija de la princesa.

Cuando se divulga la noticia de que la odiada dinastía Románov ha dado paso a la república del pueblo, una explosión de júbilo conmueve Rusia.

Doblan las campanas en los campanarios (las mismas que cuatro años antes doblaron en el tricentenario de los Románov), silban las locomotoras en las estaciones, la gente adorna sus ventanas con banderas rojas o rusas, la multitud sale a la calle a celebrarlo. Todo el mundo luce el preceptivo brazalete o la cinta roja en el ojal. Los gobernadores provinciales dimiten discretamente y dejan el poder en manos de comités de ciudadanos. Lo mismo hace la policía.

El sentimiento general es de alivio y de fe en el futuro. El zarismo consagró a una clase explotadora del pueblo. El final del zarismo traerá la paz social y el futuro de progreso que todos desean.

Por todo el Imperio se celebran festivales de la libertad en los que se destruyen públicamente los símbolos zaristas.

Rusia empieza con fe una nueva era.

Tan solo en remotas aldeas campesinas la noticia se toma como una calamidad y provoca rezos y lloros: «Si perdemos a nuestro padrecito el zar, ¿quién nos amparará?».

Evidentemente están al margen de la historia.

La caída de la dinastía acarrea la disolución espontánea de sus instituciones represoras: policía, Ojrana y cuerpo de gendarmes, pero los empleados de otras organizaciones estatales como el Ejército, el funcionariado y los popes de la Iglesia ortodoxa, en su noble afán por mantener el puesto que les da de comer, se apresuran a unirse a la revolución y se declaran partidarios del Gobierno provisional.

De la noche a la mañana resulta que todo el mundo abominaba del zar.

Tan solo las clases perjudicadas, la aristocracia y los monárquicos incondicionales se muestran contrarios y preparan la inminente guerra civil.

El archiduque Mijaíl Alexándrovich con su esposa, 1903.

El archiduque Mijaíl y su esposa, en el tiempo en que vivían divinamente en Europa, lejos de las obligaciones de la corte rusa.

CAPÍTULO 43

¿Pudo ocurrir que Nicolás no abdicara?

Existe una segunda versión de la historia en la que Nicolás no abdica, sino que *lo abdican*.

Procede de fuente envenenada y por lo tanto no es creíble, pero la traigo a colación porque es posible que recoja un bulo (¿o no tan bulo?) fabricado por los monárquicos que de este modo intentaban rehabilitar la figura de su adorado zar.[160]

Cuando la familia imperial estaba en su destierro siberiano de Tobolsk, una noche coincidieron frente a la chimenea el zar, su hija Olga y algunos de sus acompañantes, entre los que se contaban el doctor Friderenski, el jefe de guardia Kobylinski y el comisario Pankratov.

En la conversación alguien mencionó la abdicación del zar.

—Nunca abdiqué —precisó Nicolás.

Lo miraron sorprendidos.

—¿Cómo es eso? —preguntó Pankratov—. Todos creíamos que abdicó. La noticia apareció en todos los periódicos.

—¿Puede explicarlo, señor? —le rogó Kobylinski.

—¡Dios mío, eso no solo altera la historia, sino que la pone bocabajo! —dijo el doctor Friderenski.

160. Al parecer, la autora del libro, una tal Marga Boodts, que intentaba hacerse pasar por la archiduquesa Olga milagrosamente superviviente del fusilamiento de la familia imperial, tuvo dificultades para encontrar un editor que le hiciera caso.

—¡Exacto! ¡La pone bocabajo! —remachó el zar—. Los archiduques, mis parientes, y los generales se habían vuelto contra mí. Si ha triunfado la revolución no se debe a los revolucionarios, sino a las conspiraciones tramadas en los salones de San Petersburgo y entre los generales más importantes.

Nicolás relató cómo estando en el frente recibió informes falsos del embajador británico en Rusia, sir George Buchanan, quitando importancia a los sucesos de San Petersburgo.

—Buchanan estaba implicado en el golpe de Estado, eso es evidente. Rodeado de traidores que procuraban suministrarme informes falsos me persuadieron para que regresara a Tsárskoye Seló para controlar desde allí los desórdenes de la capital. Íbamos en ruta cuando me vinieron con la noticia de que un grupo de rebeldes había tomado la línea hasta Tsárskoye Seló. Cambiamos la ruta del tren a Pskov, donde el general Nikolái Ruzski abordó el tren para comunicarme con palabras nada diplomáticas que el general Ivanov había ocupado Tsárskoye Seló en lugar de dirigirse como se le había ordenado a aplastar la rebelión en San Petersburgo. A continuación me exigió que abdicara.

Tras una breve pausa, continuó el zar.

—Soy cristiano y perdono a todos mis enemigos. Al que no puedo perdonar y nunca perdonaré es al general Nikolái Ruzski. ¡Peor que Judas, ha apuñalado no el cuerpo del zar, sino el de la nación y el de sus soldados!

En ese punto Pankratov intervino.

—Pero, majestad, usted firmó una proclamación al Ejército en la que...

—No escribí tal proclamación y no la firmé —afirmó Nicolás con firmeza—. La verdad es muy diferente. El general Ruzski me mantuvo prisionero en el tren dos días con sus noches, presionándome para que abdicara en mi nombre y en el del *tsarevich* Alexis. Yo me negué en redondo, siempre.[161]

161. Nikoláievna, 2012.

CAPÍTULO 44

Una víctima de la historia (más bien dos)

Antes de que las tensiones familiares los distanciaran, Nicky Románov había profesado a su hermanito Misha un conmovedor amor fraternal.

Mijaíl figuraba en cuarto lugar dentro de la línea dinástica, con tres hermanos varones por delante. Como no estaba destinado a reinar se relajó y encauzó su vida al disfrute de un estatus privilegiado lejos de las obligaciones de la corte.

La muerte de los dos hermanos que lo precedían y los sucesivos nacimientos de chicas en el hogar imperial lo han mantenido en la indeseada posición de heredero del trono. Cuando Alejandra tuvo por fin al *tsarevich* Alexis se sintió liberado, pero la mala salud del niño lo devolvió a la incómoda posición de probable heredero.

Quizá en su subconsciente ha recurrido a la única treta que puede liberarlo de la obligación: emparejarse con una mujer inadecuada. Primero lo intentó con Alexandra Kossikovskaya, dama de compañía de su hermana Olga, pero su hermano el zar le prohibió terminantemente la boda. Luego probó fortuna con algunas beldades de la aristocracia inglesa, entre ellas, según la prensa británica, con otra nieta de la reina Victoria, la princesa Patricia de Connaught (que dio calabazas a nuestro Alfonso XIII),[162]

162. En una cena real, los colocaron juntos para tratar de emparejarlos, pero Patricia pasó de Alfonso y de ser reina de España, espantada de

pero tampoco resultó. Entonces se enamoró de Natalia Sheremetievskaya, una beldad que, sobre ser de origen plebeyo, hija de un abogado moscovita, tenía un pasado (dos maridos y algún amante). Para mayor escándalo, el segundo marido era compañero de armas de Mijaíl en el mismo regimiento.

Espantado, Nicolás II le prohibió terminantemente que se casara con ella y encomendó a la Ojrana que lo vigilara estrechamente. Mijaíl, avisado, anunció que se iba con su amante a Cannes, con estación intermedia en Berlín, y envió por delante al servicio con los baúles del equipaje. La Ojrana mordió el anzuelo. Mientras sus sabuesos seguían al cocinero y a la doncella, Mijaíl y Natalia llegaron de incógnito a Viena, donde un pope serbio los unió en santo e indisoluble matrimonio.

Los esposos prosiguieron viaje, ya luna de miel, por Venecia y Milán, como una pareja más de enamorados pudientes y, aunque llevaban tiempo conviviendo y es evidente que se habían comido la merienda antes de llegar al campo (hablo en metáfora, claro está, por si lo leen los niños), es fama que no se ahorraban arrumacos.

Instalados en Cannes, Mijaíl escribió una carta a su emperador y hermano en la que lo informaba de la reciente mudanza de su estado civil.

¿Cómo reaccionó su augusta majestad el zar?

Decir encolerizado es quedarse corto. La emperatriz viuda recibió el encargo de responder a la carta explicando que el hecho les parecía «indescriptiblemente horrible en todos los sentidos».

Nicolás, que, como muchos tímidos, era hombre de reposados rencores, descabalgó al delincuente del escalafón sucesorio, lo expulsó del Ejército, lo desterró y, lo más doloroso, le confiscó las propiedades.

Expulsada del paraíso, la enamorada pareja erró un tiempo por los hoteles de lujo, los salones y los casinos de los lugares de moda en Suiza y Francia. Cuando el dinero empezó a escasear se establecieron en una casita de la campiña inglesa.

---

la fealdad del monarca, de su halitosis o de la combinación de las dos cualidades.

Allí habría sido feliz Mijaíl si no hubiera estallado la guerra mundial. ¿Qué hacer? El patriota que había en él le suplicó a su hermano el zar que le permitiera luchar por su país. «¿Soy militar, no?» Nicolás accedió y permitió el regreso de la pareja que, mientras tanto, había tenido un hijito.

Ascendido a general, Mijaíl destacó en la campaña de los Cárpatos al mando de la División Salvaje y de la caballería cosaca.

Zar por un día, o unas horas. Esa fútil sacralización le acarreó la ruina. Cuando los rojos se hicieron con el poder lo deportaron a Perm, en los Urales, bajo la vigilancia del sóviet local, que finalmente lo asesinó y enterró su cadáver en un bosque el 13 junio de 1918, un mes antes del asesinato del zar y su familia.

El archiduque Mijaíl posa con un grupo de oficiales de su División Salvaje.

CAPÍTULO 45

¿Guerra o paz?

No adelantemos acontecimientos y regresemos ahora sobre nuestros pasos al primer acto: el Gobierno provisional.

El Gobierno provisional, al que no le llega la camisa al cuerpo, intenta introducir un poco de orden en la Administración que, tras las revueltas revolucionarias, ha quedado en manos de comités, a menudo formados por analfabetos, que o no saben cómo ordenar la vida pública o solo atienden a sacar tajada de la confusa situación.

Regiones y comarcas de la extensa Rusia se han declarado en repúblicas independientes, o Estados independientes, y han elegido los comités o sóviets que los han de regir. Algunos se lo han tomado tan a pecho que incluso han declarado la guerra a los del comité de la aldea de al lado por alguna cuestión baladí (lo que nos recuerda vivamente al cantonalismo español de 1873, en el que se dio el caso peregrino de que las provincias de Jaén y Granada se declararon la guerra).

Una mínima autoridad central formada por personas cualificadas es necesaria, especialmente porque Rusia está en guerra con Alemania y el suministro de víveres, municiones y nuevas levas de soldados exige cierta organización y respeto a un principio de autoridad.

Aunque aristócrata de origen, el primer ministro Lvov es un optimista tan iluso que confía en el sano pueblo ruso y cree que al serle devueltas las libertades, cada individuo se transformará en un ciudadano *(grazhdanin)* o ciudadana *(grazhdanka)* comprometido con la democracia al estilo de Francia y otras sociedades occidentales.[163]

Aunque izquierdista de origen, Kérenski está convencido de que el pueblo ruso no es tan sano como lo pinta su colega, sino más bien un hato de granujas descerebrados que cuando se sustraen al látigo de la autoridad perpetran las mayores barbaridades. Falta mucha cultura y mucha evolución hasta hacer de ellos ciudadanos responsables.

El resto de los miembros del Gobierno comparte, con más o menos reservas, la optimista visión de Lvov. Han dictado leyes tan progresistas (libertad de reunión, de prensa, de expresión, sufragio universal, amnistía, reducción de la jornada laboral, abolición de la pena de muerte...) que han hecho de Rusia el «país más libre del mundo». No entienden que al cabo de dos meses la gente desagradecida vuelva a las protestas como en tiempos de los zares.

¿Qué está pasando?

Es que mucha gente sencilla cree que la democracia consiste en perseguir a los poderosos, a «los de antes», no en desarrollar leyes igualitarias y en hacerlas cumplir mediante un sistema correctivo proporcionado.

Como en los peores tiempos de la revolución, vuelven a menudear los casos de las haciendas saqueadas, de hacendados asesinados y de mansiones incendiadas. Con la policía zarista desaparecida, las únicas fuerzas del orden son las milicias que se constituyen en los barrios de cierta entidad y las brigadas de trabajadores en los distritos obreros. Pero faltos de coordinación y de una dirección central a la que obedezcan, su utilidad es relativa.

163. Los ciudadanos que han recuperado la dignidad se hacen tratar por sus superiores con el debido respeto: se abole el tuteo, el informal *ty* propio de los siervos y se generaliza el formal *vy*, «usted». Los que hasta ayer eran criados o mozos de mulas se hacen llamar «directores domésticos». Algo parecido a lo que ocurrió en España con la modernidad: las *criadas* pasaron a ser *asistentas*.

Los de antes

Miembros de la casa Románov en la coronación de 1896.

La familia del archiduque Alexandr Mijáilovich y la archiduquesa Xenia Alexándrovna, agosto de 1914.

Los duques de Connaught en la coronación de Nicolás II, 1896.

Nobles de merienda campestre, el 27 de julio de 1908, en una finca de Menshovo, al sur de Moscú.

Asistentes al convite de Varvara Gudóvich y Vladimir Obolenski. Ostafievo, 7 de agosto de 1921.

El Gobierno provisional carece de poder coactivo y el persuasivo es muy limitado.[164] Durante la revolución de febrero muchas armas almacenadas en arsenales y cuarteles fueron a parar al pueblo. Nadie las ha devuelto. Entre los bolcheviques más concienciados existe incluso un germen de ejército del partido, la Guardia Roja.

Las cartas de protesta se amontonan sobre la mesa del bienintencionado Lvov. En una de ellas se queja un hacendado: «El antiguo Gobierno sabía tratar mejor a esa escoria campesina que usted llama el pueblo».[165]

Para arreglar el guiso hubieran hecho falta políticos maniobreros, pero lo que más abunda en la Duma son los abogados puntillosos. Mientras el Gobierno provisional arbitra maneras de convocar una Asamblea Constituyente y una ley electoral que conduzca al país por la senda adecuada tras elecciones limpias, el pueblo se empieza a impacientar por la prolongación de la guerra y la prolongación de los problemas económicos.

En primavera más de medio millón de trabajadores se suma a una huelga que afecta a todos los sectores de la producción, incluido el de las señoras de alterne.[166]

Detrás de las huelgas llegan inevitablemente las manifestaciones que se convierten en algaradas. Aparecen pancartas contra el «Gobierno de los burgueses». En lugar de reprimir estos excesos, el Gobierno provisional contemporiza esperando que no vayan a más.

A esos problemas se suman los de los desertores que, aprovechando el desmadre administrativo que existe, escapan de la guerra y se reintegran por su cuenta a la sociedad civil.[167]

164. Figes, 2010, p. 421.

165. *Ibid.*, p. 414.

166. *Ibid.*, p. 415.

167. Desde que empezó la guerra, las deserciones habían sido la plaga del Ejército zarista. Con el triunfo de la revolución, las deserciones del Ejército degeneran en auténticas desbandadas (quizá un millón de soldados en 1918; dos millones en 1919, y así sucesivamente). Lenin reprimió las deserciones con mano dura creando divisiones especiales de la Checa

En las trincheras circulan gran cantidad de periódicos, hojas volanderas y folletos de propaganda bolchevique y revolucionaria. Muchos de los pobres muchachos que arrancados de sus aldeas miserables llegaron a las trincheras sin ideología política, como siervos sumisos, se convierten en revolucionarios activos ansiosos de vengar la esclavitud de su clase:

> Los soldados solo querían una cosa: paz para poder volver a casa, a robar a los terratenientes y a vivir libremente sin pagar impuestos ni reconocer autoridad alguna.
>
> Los soldados se vuelven hacia el bolchevismo porque creen que ese es su programa. No tienen la más mínima idea de lo que significa en realidad el comunismo, pero se imaginan en casa viviendo tan ricamente, sin leyes ni terratenientes.[168]

El pueblo exige que se firme la paz con Alemania para que los soldados regresen del frente. Los oportunistas bolcheviques aprovechan ese nicho de oferta (digámoslo con términos comerciales modernos) y predican contra la «guerra imperialista que solo beneficia a los capitalistas que se enriquecen con ella».

El Gobierno provisional se ve atrapado entre el compromiso contraído con las potencias aliadas y la presión del pueblo que no entiende de tratados internacionales ni de compromisos de honor con los aliados.

Mientras parece que la revolución ha vuelto de nuevo y la barbarie asoma su feo rostro en Rusia, ¿qué ha sido de nuestro amigo Juan Martínez, el bailaor flamenco, al que dejamos atribulado en un San Petersburgo convulso?

Por fin consiguió un billete para el tren de Moscú y voló al lado de su Sole.

En Moscú la gente no se preocupaba demasiado por la revolución —le contaría a Chaves Nogales—. Los barrios céntricos presentaban un aspecto deslumbrante, parecía que no había pa-

---

que fusilaban a los desertores por miles. Sin embargo, la fórmula más efectiva consistió en castigar a las familias de los desertores.

168. Brusílov, citado por Figes, 2010, pp. 428-429.

sado nada y en el corazón de la ciudad los burgueses seguían teniendo un aire triunfal, quizá más insolente que nunca porque el triunfo de los revolucionarios los tenía irritados. La muchedumbre elegante de Moscú discurría como si tal cosa bajo las bóvedas de cristales de las galerías. Solo alguna que otra vez se arremolinaba la gente y se enteraba uno de que un grupo de mujeres del pueblo, sucias, desgreñadas, estaban acorralando a una de aquellas elegantes damas moscovitas —las más finas y elegantes del mundo—, que con sus cutis transparentes y sus *toilettes* parisinas provocaban el odio de los pobres que venían de las colas del pan. Las comadres escupían a la burguesa y la insultaban, y los hombres del pueblo, con el pretexto de cortar la escena, la empujaban dándole achuchones y procurando rozarse con ella. A veces surgía un oficial de los que de mala gana se habían tenido que arrancar las charreteras, o bien de los que aún las llevaban, desafiantes, y tomaban caballerescamente la defensa de la dama. Entonces ocurría una de estas dos cosas: o lo linchaban o los desarrapados se asustaban ante sus desplantes y se iban refunfuñando amenazas.[169]

El sencillo pueblo que tiene a sus hijos y maridos en el frente espera que el triunfo de la revolución precipite el final de la guerra.

¿Quién le explica que no se puede romper con los aliados de la noche a la mañana, que aunque no haya zar existen compromisos contraídos por la nación?

Eso el pueblo no lo entiende. Comienzan las protestas por el final de la guerra.

El Gobierno alemán está bien informado de lo que ocurre en Rusia. ¿No sería maravilloso que alcanzara el poder alguien decidido a terminar la guerra?

El káiser y sus generales se interesan por Lenin, ese enano mongol con fama de astuto que vive en Suiza conspirando e incordiando al zar con periodiquillos. «Si lográramos auparlo al poder en Rusia y él hiciera las paces con nosotros, eliminaríamos el segundo frente y podríamos concentrar las tropas en las trin-

169. Chaves Nogales, 2007, pp. 62-63.

cheras de Francia. Sería una jugada maestra. En pocos meses ganaríamos la guerra.»

—Demos un salvoconducto a Lenin para que atraviese nuestros territorios y regrese a Rusia a reavivar la revolución que quiere terminar con la guerra.

—No solo un salvoconducto: vamos a financiarlo para que por dinero no quede.

El Gobierno provisional, 1917.

CAPÍTULO 46

En un tren sellado, con la legítima y la amante

9 de abril de 1917. Un tren especial parte de la estación de Gottmadingen, en la frontera germano-suiza, con destino a Sassnitz, en la península de Jasmund, en la costa oriental de la isla de Rügen, el extremo norte de Alemania.

El tren atraviesa Alemania sin detenerse más que para repostar agua en las estaciones de Mannheim, Fráncfort y Berlín. En Sassnitz los pasajeros tomarán un transbordador que los llevará a Malmo, ya en Suecia.

Las autoridades germanas han sellado el tren precavidamente porque lleva a bordo el peligroso virus de la revolución.

Ese virus es Vladimir Ilich Lenin, un hombrecillo calvo, con perilla, los ojos rasgados, de aspecto tártaro, que viaja con un reducido séquito.[170] Entre las pasajeras figuran su esposa legítima, la eficiente Nadezhda (Nadia) Krúpskaya, y su amante, la seductora francesa Inessa Armand.[171]

170. El periodista norteamericano John Reed nos dejó un cumplido retrato del gran líder. «Era un hombre bajito y fornido, de gran calva y cabeza abombada sobre robusto cuello. Ojos pequeños, nariz noble, boca ancha y noble, mentón saliente, afeitado, pero ya asomaba la barbita tan conocida en el pasado y en el futuro. Traje bastante usado, pantalones un poco largos para su talla. Nada que recordase a un ídolo de las multitudes, sencillo, amado y respetado como tal vez lo hayan sido muy pocos dirigentes en la historia» (Reed, 2014, p. 143).

171. Inessa, ya dos veces viuda, pero atractiva y pasional, mantuvo

Lenin es brillante, inteligente, sagaz, elocuente, persuasivo y está enteramente entregado a la causa de hacer más feliz a la humanidad, aunque para ello tenga que sacrificarse o sacrificarla, más lo segundo que lo primero.

Ya tuvo problemas con el Gobierno zarista que lo deportó tres años a Siberia. Después ha viajado por Europa. Está en contacto con los movimientos obreros y revolucionarios de diversos países y sobre todo está preparado para acaudillar la Revolución rusa, la definitiva.

Cuando el Gobierno alemán, imperialista y capitalista, se ofrece a facilitar el regreso de Lenin a Rusia, sus compañeros de revolución lo ponen en guardia: «Cuidado, camarada, puede ser una trampa». Pero Lenin replica: «Cuando la revolución está en peligro no podemos caer en tontos prejuicios burgueses. Si los capitalistas alemanes son tan cándidos como para llevarnos a Rusia, allá ellos. Por mi parte, acepto el ofrecimiento. ¡Iré!».

Desde Malmo, Lenin y su nutrido séquito (los treinta y dos camaradas que lo acompañan, entre ellos las mencionadas féminas) se las arreglan para penetrar en Rusia por Finlandia.

A última hora le asaltan a Lenin dudas, cobarde como es, de si no se estará metiendo en una ratonera zarista. Los diez años de actividades revolucionarias le habrán granjeado muchos enemigos.

---

con Lenin una tórrida relación adúltera que los mojigatos comunistas ocultaron a la opinión pública, pues querían ofrecer una imagen convencional de su líder como marido devoto de su esposa y de la revolución. Inessa, que era feminista convencida, quiso publicar un opúsculo en defensa del amor libre como el que Engels practicaba con las jóvenes proletarias que acudían a sus lecciones socialistas, pero Lenin obstaculizó la publicación objetando que lo del amor libre es un prejuicio burgués. Uno se pregunta: ¿es que Lenin era antifeminista, o sea, machista? Nada de eso. Aunque estuviera contra el amor libre eso no significa que fuera partidario del matrimonio. Creía, con Engels, que «el surgimiento de la familia nuclear es la derrota del sexo femenino». De hecho, Engels nunca incurrió en el matrimonio aunque quizá sí en la familia, como podemos deducir del hecho de que, tras la muerte de su amante, Mary Burns, estableciera la misma relación con su cuñada, Lydia Burns. Todo quedaba en casa.

Con esos y otros pensamientos llegan a San Petersburgo el 3 de abril de 1917.

¡Lenin en Rusia! ¡Niñas al salón, que el Dioni está en la ciudad!

¡El legendario luchador por la libertad de los obreros del mundo ha regresado!

Una multitud acude a recibirlo a la estación Finlyandski (o sea, la de Finlandia).

Intensa emoción de la multitud cuando el tren número 293 conducido por el ferroviario finés (y comunista hasta las trancas) Hugo Jalava hace su entrada bajo la marquesina de la estación.

El tren se detiene. Se abre la puerta. Lenin aparece con su cara levemente mongola, de fuertes pómulos y acerados ojos, sonriente.

Lo llevan a la sala vip donde el zar solía descansar antes de conducirlo en volandas a la plaza de la Estación, donde trepa hasta el techo de un auto blindado Austin-Putílov para predicar la buena nueva a la entusiasta multitud que ha venido a recibirlo.[172]

En los días siguientes Lenin no se recata de aparecer en público, recibe a periodistas, realiza declaraciones que se divulgan impresas por toda Rusia, predica en fábricas y plazas su atractivo programa para salvar a Rusia: pan, tierra y paz.

¿Colaborar con el Gobierno provisional? De ninguna manera. Mis bolcheviques no harán tal cosa. Ese Gobierno de burgueses es más de lo mismo, zaristas encubiertos.

Decía Tierno Galván, el viejo profesor, que en la historia reciente de la humanidad ha habido dos organizadores admirables: san Ignacio, el fundador de los jesuitas, y Lenin.

172. El acontecimiento permanece en el imaginario colectivo comunista como un hito histórico semejante al descubrimiento de América. Edmund Wilson tituló *Hacia la estación de Finlandia* (1940), véase la bibliografía, su famoso estudio del socialismo desde la Revolución francesa hasta el regreso de Lenin a Rusia. Una lectura aconsejable para mentes abiertas. En el preciso sitio donde Lenin predicó a la multitud la buena nueva le levantarían después una estatua. El Gobierno finlandés regaló al ruso la locomotora 293 que arrastró el tren de Lenin. También se exhibe en la estación.

Lenin reorganiza a los bolcheviques para sacar provecho del *impasse* revolucionario en que anda Rusia. En sus manos la errática revolución se transforma en un movimiento organizado y eficaz. Obreros y soldados convencidos por sus predicaciones engrosan las filas socialistas. Gracias a la secreta financiación alemana,[173] los revolucionarios que antes de la guerra tenían que financiarse atracando bancos, disponen de una línea de crédito casi ilimitada con la que financian periódicos y arman a su Guardia Roja.

El bolchevismo crece como la espuma. En pocos meses se hará con el control de la revolución.[174]

El astuto Lenin encuentra un resquicio por el que arrebatar el poder a los burgueses de la Duma y ponerse al frente de la revolución. En todos los mítines promete lo mismo:

—Esa guerra criminal en la que estamos enzarzados, ese manantial de sangre obrera que empapa los campos de Europa es una guerra burguesa. Nosotros haremos la paz que el Gobierno no es capaz de conseguir. Nosotros transformaremos una guerra entre naciones en una guerra de clases. Entregadnos el poder a los bolcheviques y terminaremos con la guerra de un plumazo.

—Desvaríos de un loco —comentan en los salones aristocráticos.

En el frente, el Ejército ruso está en franca descomposición.

173. En un informe interno fechado el 3 de diciembre de 1917, el secretario de Estado de Asuntos Exteriores alemán, Richard von Kühlmann, considera: «Solo los recursos que les suministramos continuamente a los bolcheviques por múltiples vías y de múltiples maneras les han permitido poner en marcha el *Pravda*, su máximo órgano de expresión, llevar a cabo una gran labor de agitación y ampliar considerablemente la base de un partido que al principio tuvo escasos apoyos». Se ha calculado que esa ayuda no superó los 26 millones de marcos, cantidad irrisoria en el contexto de lo que las potencias beligerantes invertían en la guerra, pero fue el dinero mejor gastado de toda la historia alemana, si se tiene en cuenta que contribuyó a la liquidación del frente ruso en inmejorables condiciones.

174. Entre abril y agosto de 1917 el partido bolchevique crece de 78 a 162 agrupaciones locales y de 23.000 a más de 200.000 miembros.

Los soldados están desertando en masa. Los alemanes aprovechan la desbandada para extender sus conquistas hasta Lituania y Letonia, las regiones que en el siglo XV conquistaron los caballeros teutónicos de los que tantos *Von* prusianos se consideran reencarnación.[175]

Captura de dos desertores.

175. El símbolo de los caballeros teutónicos era una cruz paté negra con los filos de plata, de la que desciende directamente la cruz de hierro, emblema primero del reino de Prusia y posteriormente del resto de Alemania.

CAPÍTULO 47

¿Qué hacemos con la familia imperial?

¿Qué hacemos con los Románov?

El Gobierno provisional aloja a la familia real en su palacio de Tsárskoye Seló en una especie de arresto domiciliario.

> Me negué a ser el Marat de la Revolución rusa (el que dispuso la ejecución del rey) —prosigue Kérenski en su entrevista con Chaves Nogales—, pero tuve, como ministro de Justicia, que convertirme en su carcelero [...]. Yo había detestado siempre al zar; alguna vez dije que la única sentencia de muerte que me atrevería a firmar sería la de Nicolás II. Pero ahora lo encontraba impotente, desgraciado, abandonado por aquellos a quienes había colmado de favores... Quise verlo. Cuando entré en las habitaciones del palacio de Alejandro que le servían de prisión, toda la familia real estaba en pie, agrupada desordenadamente en torno a una mesita colocada junto a una ventana. Un hombre vestido de uniforme se destacó y avanzó hacia mí, un poco vacilante, ensayando una sonrisa. Seguramente no sabía qué hacer. ¿Me tendería la mano? Me acerqué y se la tendí yo, sonriendo, al tiempo que le decía mi nombre: «Kérenski». Me estrechó la mano con fuerza y me llevó junto a la familia. Sus hijas y el *tsarevich* me miraban sencillamente con curiosidad. La emperatriz, altiva, fría, me tendió la mano contra su voluntad. Así fue mi primera entrevista con Nicolás el Sanguinario.[176]

176. Chaves Nogales, 2011, p. 90.

Es dura la realidad. Como en el romance del rey don Rodrigo («ayer villas y castillos, hoy ninguno poseía»), Nicolás, ayer dueño de Rusia y autócrata por designación divina, es hoy un pobre hombre que cuando pasea en bicicleta por los jardines tiene que soportar las puyas soeces de los guardias revolucionarios. Incluso uno de ellos le introduce la bayoneta entre los radios de la rueda y le hace caer entre un coro de carcajadas.

Nicolás soporta estoicamente las humillaciones, no exterioriza sentimiento alguno, pero la procesión va por dentro. «Estaba mortalmente pálido, la cara cubierta de innumerables arrugas, el pelo gris en las sienes y ojeras oscuras. Parecía un anciano.»

En cuanto a la emperatriz, prefiere no abandonar sus habitaciones. Se pasa las horas mirando al cielo a través de la ventana o cosiendo, sin decir palabra, en una profunda depresión. Apenas come.

El atribulado Nicolás hace planes para vivir felizmente unas vacaciones vitalicias, quizá en un palacete de la soleada Crimea, lejos de los fríos. Por otra parte, tal como están las cosas, quizá sea más prudente exiliarse en el extranjero. Un buen lugar sería Inglaterra, al amparo del primo Jorge V, que nada más enterarse de su abdicación le ha ofrecido asilo. Nicky y Georgie, los amigos de la infancia, otra vez juntos. Sería estupendo.

Kérenski acoge con interés la idea del exilio en Gran Bretaña. Dado que Europa está en guerra y que las comunicaciones terrestres están interrumpidas, lo ideal sería considerar la posibilidad de evacuar a la familia imperial por mar. Seguramente el káiser (el primo Willy) no tendría inconveniente en conceder salvoconducto a un crucero británico que bajo bandera blanca fondeara en el puerto de Múrmansk para recoger a la familia imperial y trasladarla a Inglaterra. Aunque sus pueblos estén enfrentados en una guerra, el zar y el káiser no dejan de ser parientes. Recordemos que son nietos de la reina Victoria. Bueno, Nicolás es solo nieto político, pero su mujer, Alejandra, es una princesa alemana y eso también pesa.

El plan parece factible, pero al final se malogrará. El Parlamento británico anda en tratos con los bolcheviques (la guerra impone esas alianzas) y teme que los sóviets interpreten como un gesto inamistoso la acogida en Inglaterra de la familia del zar.

La prensa bolchevique ultraja a la familia imperial con historias denigrantes que son ávidamente seguidas por el populacho. Abundan las caricaturas en las que la zarina aparece como amante de Rasputin y el zar como un carnicero que se deleita asistiendo a ejecuciones (Nicolás el Sanguinario).

Los curiosos acuden a las verjas de palacio para ver al zar en el jardín. Es una insólita estampa verlo quitando nieve del sendero con una pala.

«¡Qué poca gente leal queda!», anota Nicolás en su diario.

Esa adoración que antes le profesaban a la figura del zar se transfiere en el sencillo pueblo a Kérenski, cuyas apariciones públicas desatan el entusiasmo de la gente sencilla.

Tampoco durará mucho (la historia se acelera en estos tiempos). Al cabo de unos meses odiarán a Kérenski, como veremos.

Caricatura alusiva a la presunta relación de la zarina con Rasputin.

CAPÍTULO 48

Kérenski en la tormenta

Mientras el fermento de la revolución trabaja en las fábricas y en las aldeas rusas, la guerra europea prosigue con su cotidiana carnicería. Los aliados creen que Alemania y Austria no resistirían una ofensiva que se desencadenara a la vez en los dos frentes, este y oeste.

Kérenski y el Gobierno provisional están de acuerdo (deben estarlo, puesto que ambos reciben ayuda económica de los aliados). «Terminemos la guerra en los mejores términos, haciendo honor al compromiso contraído con nuestros socios europeos.»

Esa fidelidad al compromiso no la comprende el sencillo pueblo ruso, exento como está de tan elevados principios morales. «Si queremos ausentarnos de esa guerra en la que nos metió el zar, ¿por qué seguimos en ella?», se preguntan.

Los bolcheviques, que están infiltrados por doquier, tienen una respuesta: «Es que estamos consintiendo un Gobierno burgués lacayo de la clase privilegiada que se lucra con esta guerra».

Los ricos hacen dinero de la sangre del pobre.

El descontento contra el Gobierno burgués crece y quizá pronto se torne intolerable.

El primer gabinete del Gobierno provisional apenas se mantiene mes y pico. En abril los ministros socialistas riñen con los conservadores sobre la dirección de la guerra.

Suceden varios Gobiernos de coalición entre liberales y socialistas. Kérenski sucede al príncipe Lvov al frente del gabinete.

El malestar del pueblo se agudiza. Hay que acabar con la guerra como sea, mejor mediante una victoria.

Los estrategas del gobierno provisional creen que si el ejército ruso compromete sus reservas en una gran ofensiva, el enemigo pedirá la paz. Kérenski nombra a Brusílov comandante en jefe y le encomienda esa tarea.

Kérenski, Brusílov y los generales del alto estado mayor pecan de optimistas cuando piensan que el enemigo está casi derrotado y que con un pequeño empuje acabará cayendo. Han calculado que sus tropas sufrirán unas seis mil bajas, una cifra perfectamente asumible. En realidad se acercará a las cuatrocientas mil.

El 16 de junio empieza la gran ofensiva. Al principio todo va bien y los alemanes ceden terreno, pero al tercer día contraatacan con éxito. Vueltas las tornas, el ejército ruso no solo cede terreno sino que huye a la desbandada. Es la consecuencia de la deficiente planificación y del uso de tropas mal armadas, mal dirigidas y mal entrenadas (a muchos soldados, con los nervios del combate, se les olvida que hay que quitar la anilla de seguridad antes de lanzar la granada).

El frente se hunde tras el desastre. El ejército, sin oficiales ni mando, se convierte en una horda bárbara que saquea y viola por las aldeas por donde pasa. Los alemanes conquistan extensos territorios desprotegidos sin pegar un tiro.

Ese fracaso acaba de desprestigiar al gobierno provisional. Los soldados se convierten en masa al bolchevismo.

—¿Tú sabes qué es bolchevismo? —le preguntan al soldado Andréi Popov.

—Ni lo sé, ni me importa —responde—. Lo único que sé es que el bolchevismo quiere hacer la paz y enviarnos de regreso a nuestras casas. Yo estoy con el que me saque de la guerra.

El ruso rural que jamás ha salido de los límites de su aldea tiene poco desarrollado el concepto de patria.

El soldado Popov mantiene esta conversación con el antiguo maestro y después mecanógrafo de una gran compañía —eso dice— Vladimir Vasiliev.

Están en una aldea llamada Legorod, en los desmontes de la

estación de ferrocarril donde se han concentrado varios regimientos de amotinados. Los líderes se han reunido en uno de los almacenes del apeadero para discutir el futuro.

—Si nos echan el guante, nos llevarán ante un consejo de guerra —dice uno.

—Lo dudo —opina otro—. Cuando una docena de soldados se amotinan en tiempo de guerra es fácil aplicarles el código de justicia militar y fusilarlos, pero si los amotinados pasamos de cincuenta mil, el consejo de guerra se lo piensa antes de ordenar el fusilamiento de tanta gente.

—Por otra parte —interviene un tercero—, también estarán pensando que nosotros podemos fusilarlos a ellos. Me consta que están buscando soluciones alternativas que les permitan salvar la cara.

Mientras el frente se desploma porque los generales no conocen su oficio y las tropas están escasas de víveres y cartuchos, el Gobierno provisional instalado en los salones del requisado Palacio de Invierno asiste perplejo a la marea bolchevique que ha conquistado a la masa obrera y la vuelve contra él.

Noticias preocupantes: los campesinos han asaltado una hacienda cerca de Bezhetsk y la han quemado con el dueño dentro.

En una finca de los potentados Sheremétev, los campesinos encuentran una bodega tan bien surtida que hacen un alto en sus actividades revolucionarias para bebérsela.

Los soldados enviados para reprimirlos se han unido a la juerga. En la euforia de la borrachera están incendiando las fincas de alrededor.

—En el verano de 1917 —recordará Bunin—, el odio cainita, el ansia de sangre y la crueldad más salvaje se apoderaron del pueblo ruso mientras que en los mítines se ensalzaban la hermandad, la igualdad y la fraternidad.[177]

Todavía quedan intelectuales que intentan justificar los desmanes revolucionarios porque para que el orden nuevo triunfe es necesario acabar con los símbolos del antiguo. Otros, el novelista Gorki entre ellos, no son tan idealistas o acomodaticios y de-

177. Smith, 2015, p. 116.

nuncian «la corrupción moral de la revolución y el descenso del pueblo hacia la barbarie».[178]

Los campesinos amotinados profanan tumbas, desentierran cadáveres, asesinan a mansalva a los propietarios, especialmente a los adscritos al partido de los kadetes, considerados típicos representantes de la odiada burguesía.

—Lo ha dicho Marx, camarada: la clase burguesa está condenada a la extinción por la propia historia. Es una reliquia del pasado. Desaparecerá como desaparecieron los mamuts de las estepas siberianas.

En una carta a su esposa, la activista Yekaterina Peshkova, Gorki se queja amargamente de las actuaciones de los revolucionarios en los que no ve ideología alguna fuera de «la ola anárquica de violencia y venganza plebeyas», un comportamiento «zoológico» que nos conduce a «una nueva edad oscura de caos bárbaro».[179] En otra carta, Gorki considera que «esta revolución asiática está acabando con la civilización occidental de Rusia».[180] «Si la revolución se reduce a una liberación de los instintos del pueblo acumulados por la esclavitud y la opresión, entonces no es una revolución [...], la avaricia y la maldad del Antiguo Régimen perduran.»[181]

Esta visión gorkiana que contrapone civilización occidental a barbarie asiática la comparten otros intelectuales rusos y quizá explica los excesos que se observan en el comportamiento del campesinado y de la soldadesca (generalmente procedente a su vez del campesinado): es que en el fondo son bárbaros asiáticos, gente «ignorante y ruin» enfrentada a la aristocracia y a la burguesía que representan la civilización europea. La misma impresión tiene Chaves Nogales, el sagaz periodista sevillano que viajó a Rusia para ver con sus ojos los resultados del comunismo: «En lo poco que conozco de Rusia, he advertido siempre, casi a flor de piel, un fondo de barbarie, mal disimulado por una capa de

178. Figes, 2010, p. 449.
179. Carta del 18 de junio de 1917.
180. Carta del 14 de junio de 1917.
181. Figes, 2010, p. 451.

cultura europea. Aun en este hecho gigantesco de la revolución comunista, creo que Europa ha puesto lo mejor, la teoría, y Rusia lo peor, la barbarie de su aplicación».[182]

Es lo que tiene que Rusia sea un país tan extenso y tan europeo como asiático.

Muchos concienzudos bolcheviques le echan una mano a la historia eliminando los elementos prescindibles de la ecuación social, es decir, a todo el que no piensa como ellos. Como dice el camarada Trotski, «nada tiene de inmoral que el proletariado acabe con las clases que están derrumbándose: se halla en su derecho».[183]

Los campesinos están mostrando su verdadero rostro, lo que durante siglos de sumisión perruna han ocultado bajo la máscara de acatamiento amable: «Codicia, grosería, impudicia, estupidez», escribe la princesa Catherine Sayn-Wittgenstein.

Por toda Rusia no queda casa campesina en la que no tengan una provisión de libros robados en grandes haciendas que suministran el papel de liar a ese apestoso tabaco que consumen y para otros usos menos nobles.

Incluso en aquellas haciendas en las que los criados permanecen fieles a los antiguos amos, ahora considerados empleadores, empiezan a desaparecer pequeños objetos, víveres, cubiertos de plata, un cenicero, unas botas, un corsé o media docena de bragas de puntilla adquiridas en las Galerías Lafayette Haussmann. Los mayordomos no se atreven a investigar entre el servicio.

—Hace bien, Yuri Kozlov —aprueba la señora—. Extrememos los miramientos con los criados, no sea que se ofendan y nos quemen la casa.

A la señora le han llegado noticias de lo ocurrido a una dama de Tashan, provincia de Poltava. Una campesina puso sus vacas a pastar en el jardín. La señora le envió recado para que sacara las vacas de los parterres y ¿qué hizo? Ascendió calmosamente, como recreándose en la faena, la escalera imperial que conducía del jardín a la terraza de la galería acristalada desde la que la observaba

182. Chaves Nogales, 2011, p. 188.
183. Smith, 2015, p. 153.

la señora, la miró fijamente con más sorna que respeto, se agachó, se subió las faldas e hizo de cuerpo ante sus propias narices.

—¿Hizo de cuerpo? ¿Quieres decir que defecó?

—Una mierda generosa —asiente—. Del tamaño de una tarta de doce porciones o así.

En algunas haciendas el servicio simplemente se ha largado sin decir adiós y la señora y sus hijas tienen que hacerse cargo de la cocina, la escoba, la lavandería...

A algunas señoras, las propias criadas las avisan en secreto de que los revolucionarios están planeando visitar la hacienda. Cunde el pánico por las comarcas. Docenas de propietarios desamparan sus campos y se refugian en las ciudades donde todavía parece que existe cierta seguridad.

Los guardas jurados de la Unión de Hacendados de Todas las Rusias, creada en 1905 durante los disturbios campesinos, devuelven sus armas.

—No nos estamos enfrentando a bandidos, señor. En algunas partidas vienen más soldados con fusiles que campesinos. Esto se ha vuelto una guerra y eso no podemos atajarlo.

Los consejos de obreros y soldados en Nóvgorod, 1917.

CAPÍTULO 49

Lenin el Incendiario se viste de bombero

—El Gobierno provisional está desprestigiado —clama un predicador bolchevique en la fábrica—. El pueblo le ha dado la espalda. Está amortizado. Es solo una cáscara vacía.

Llega un julio excepcionalmente caluroso. El buen tiempo invita a salir a la calle, a manifestarse, a cambiar las cosas.

El Gobierno provisional está en crisis. Dimiten los ministros kadetes. Anarcocomunistas y bolcheviques aprovechan la crisis para tratar de derrocar al Gobierno y traspasar el poder a los sóviets (consejos). El golpe de Estado es tan chapucero que fracasa.

Lenin está detrás de todo esto, dicen los informes de la policía.

18 de julio. El Gobierno contraataca. El ministro de Justicia Perevérzev publica un informe con datos fidedignos que demuestran que Lenin está trabajando para los alemanes. Algo de cierto hay en ello. La verdad es que los alemanes están financiando a los bolcheviques desde que facilitaron el regreso de Lenin.

La noticia descorazona a muchos rebeldes que creían en Lenin. Sumemos a ello que el Gobierno consigue el apoyo de buena parte de las tropas de San Petersburgo.

Malos tiempos para los bolcheviques que ya se veían aupados al poder. Un destacamento de soldados arrasa las instalaciones del diario *Pravda*. Las tropas leales al Gobierno controlan los centros del poder y marchan sobre los suburbios obreros.

19 de julio. El Gobierno provisional emite una orden de

detención contra Lenin, Zinoviev y Kamenev, significados revolucionarios.

Lenin no sabe qué hacer. ¿Se entrega a la justicia o pasa a la clandestinidad?

Podría hacer como su colega Trotski en aquel memorable juicio que convirtió, con su elocuencia, en un alegato contra el sistema zarista. Sí, apabulló al tribunal, pero a él lo deportaron a Siberia.

Lenin, siempre extremadamente precavido, decide que es más sano pasar a la clandestinidad. En San Petersburgo no se siente seguro. Mejor cambiar de aires, regresar a Finlandia y ver de nuevo los toros desde la barrera.

El ministro de Justicia le ha enviado a la policía una orden de busca y captura, y ofrece por él una recompensa de doscientos mil rublos.

La situación es grave. Tal como están las cosas, cualquier buen bolchevique pudiera denunciarlo por la recompensa. Hay que poner tierra de por medio sin aguardar a que las cosas se calmen. ¿Qué hacer? Las fronteras están vigiladas. Lenin se hace maquillar con añadidos pegados al rostro, se viste de bombero y abandona San Petersburgo en el tren 293 que conduce su fiel Hugo Jalava. No como pasajero, sino como fogonero ayudante de Jalava en la plataforma de la locomotora, alimentando la caldera con troncos de leña.

Aunque obligado por las circunstancias a trabajar con las manos (una actividad que toda su vida rechazó), Lenin se siente feliz porque vestido de esta guisa no lo conocería ni la madre que lo parió.

Problemas: la máscara que lleva en la cara se está derritiendo con el calor. Habría que despegarla con cuidado, con agua caliente, pero en el tren no disponen de apaños y tienen que arrancarla a lo vivo, lo que deja el verdadero rostro de Lenin irritado y más rojo que el trasero de un babuino. ¿No llamará la atención de la policía? Con esa angustia pasan los controles policiales, Lenin y su breve séquito.

Una vez más la Providencia, con sus designios inescrutables, protege a los rojos y permite que pasen inadvertidos.

10 de agosto. Lenin a salvo en Helsinki. Solo un respiro para lamerse las heridas porque al cabo de un mes regresará al tajo, o sea, a San Petersburgo, esta vez disfrazado de pastor luterano, peluca, gorra, afeitada la perilla, y nuevamente a bordo del tren que conduce su incondicional Jalava.

Lenin disfrazado de obrero en la estación Razliv.

CAPÍTULO 50

Nos llevan a Siberia

Agosto de 1917. Kérenski teme que los bolcheviques intenten asesinar a Nicolás el Sanguinario. Decide alejarlo de San Petersburgo y enviarlo a un lugar más apartado y seguro, «lejos de las fábricas y de los cuarteles, quizá en la finca de algún terrateniente rico».[184] Nicolás alberga la esperanza de que su nuevo destino sea Crimea, pero Kérenski teme por su seguridad. El ferrocarril, cuyos empleados son en su mayoría bolcheviques, tendría que atravesar núcleos obreros de la Rusia Central. Podrían detener el convoy y linchar al zar en cualquier estación.

Ignorantes de las reservas de Kérenski, los Románov preparan el equipaje para Crimea. Gran decepción cuando se les advierte que deben llevar ropa de abrigo y que el viaje durará cinco días.

—¿Pues adónde vamos?

—A Siberia.

Con más de una semana de anticipación preparan el equipaje. La zarina toma una decisión heroica. Solo llevarán consigo lo estrictamente indispensable: un par de docenas de vestidos, la ropa de cama, la vajilla de plata, las cuberterías, las mantelerías, el fonógrafo y los discos, sus cuadros favoritos, una buena selección de libros, el archivo del zar con sus cartas y diarios...

—¿Y las fotos, mamá? —suplica Olga.

184. Rappaport, 2015, p. 363.

La zarina escoge los diecinueve álbumes de fotografías más representativos de su felicidad pasada.

En el lugar adonde van seguramente no será necesario mucho servicio. Solo llevarán consigo cuarenta y cinco personas.

Deja atrás la zarina, para que se lo envíen posteriormente, una serie de bultos con alfombras, cortinas y una cuidada selección de vinos de la bodega imperial (rescatados antes de que los bolcheviques se los beban) en la que no falten escogidos caldos y champán francés...

En su última entrevista con Nicolás, Kérenski le advierte:

—Los sóviets están buscando mi cabeza, y después irán por su majestad y su familia.

Ese momento podría llegar antes de lo que imaginan. Cuando están ya vestidos y dispuestos en el vestíbulo del palacio, los tienen una noche entera esperando a que lleguen los automóviles que los llevarán a la estación de ferrocarril. Al parecer han surgido problemas de última hora. Los ferroviarios están obstaculizando la partida del zar. Sospechan que sea una huida para escapar de la justicia bolchevique.

Ha circulado la noticia de la marcha del zar y una multitud amenazadora se ha congregado en la estación para despedir a *Nikolashkadurachok* («Nicolasillo el loco»).

Entre abucheos de la enfebrecida multitud, la familia imperial embarca hacia su incierto destino en un tren escoltado por trescientos treinta soldados al mando de seis oficiales. El convoy cruza a toda velocidad los núcleos poblados. Solo se detiene para repostar agua y carbón en apeaderos apartados.

Cinco días de fatigoso viaje los dejan en la estación terminal, Tiumén. Desde allí tendrán que seguir hasta su destino por barco fluvial, en el vapor estadounidense *Rus*, al que siguen otras dos embarcaciones, el *Komilets* y el *Tiumén*, con el voluminoso equipaje y parte de la servidumbre que los acompaña.

Molidos del viaje llegan a su destino, Tobolsk, en Siberia Oriental, el 5 de agosto.

Se les cae el alma a los pies. Alejandra no parece, por una vez, la emperatriz «orgullosa y soberbia, muy consciente de su derecho a reinar», sino «una madre ansiosa que llora».[185]

Tobolsk, Siberia, no es tan frío como el lector español se imagina (es que Siberia es muy grande y caben en ella varios climas). Cuando llegan los Románov es verano suave, veinticuatro grados de temperatura, y soleado, muy agradable. Eso sí, en invierno el termómetro cae hasta veinte bajo cero. Lo más molesto es que llueve mucho.

Kérenski ha dispuesto que los Románov se instalen en la mejor vivienda de la ciudad, la mansión del antiguo gobernador zarista que han rebautizado Casa de la Libertad, pero sus recientes ocupantes, una manada de revolucionarios, la han dejado tan sucia y deteriorada que no está presentable y mucho menos habitable. La familia real debe permanecer unos días en el barco mientras una cuadrilla de obreros pone a punto su nueva residencia.

No es una prisión severa la de Tobolsk. La casa es espaciosa y tiene detrás un jardín descuidado donde sobreviven unas matas de nabos y repollos.

El Gobierno provisional designa al comisario Vasili Pankratov para que vigile a los ilustres prisioneros. Resulta ser un buen hombre que intenta hacerles la vida lo más agradable posible.

En Tobolsk la vida de la familia imperial es apacible y monótona. El zar se entretiene en pequeños trabajos de carpintería, como levantar una especie de tablado sobre el invernadero para solárium de la familia. También gusta de ejercitarse cortando leña para el invierno.

La zarina y sus hijas cosen y bordan (la costura recreativa es uno de los pocos trabajos que se permiten las damas de la aristocracia). Algunas veces salen a estirar las piernas y conversan con los soldados, jóvenes como ellas, que montan guardia. Las archiduquesas son unas chicas encantadoras y con esos modales tan exquisitos que tienen se hacen querer, y desear, por todos.

Por la tarde, Nicolás reúne a la familia y lee en voz alta (y monótona) pasajes de sus novelas favoritas. También juegan a los naipes, conversan y escuchan música.

185. Rappaport, 2015, p. 367.

Algunas veces van a la iglesia. La gente les cede el paso por la calle y se destoca con respeto; otras veces viene el cura a casa y les canta misa frente al altar portátil, adornado con profusión de iconos, que Alejandra lleva siempre consigo en sus viajes y arregla personalmente.

La verdad es que se aburren bastante. «Hoy ha sido exactamente igual que ayer», escribe el joven Alexis en su diario. «El día ha transcurrido como siempre, igual que ayer», consigna Nicolás en el suyo. «Hacemos lo mismo todos los días», se queja la inquieta Anastasia.

Vida monótona hasta que un día llega la noticia que va a alterarlo todo: los bolcheviques han dado un golpe de Estado en San Petersburgo. El Gobierno provisional está en fuga. De la noche a la mañana toda Rusia se ha tornado roja.

La familia imperial en Tobolsk, abril de 1918.
Última foto de los Románov.

CAPÍTULO 51

Sonata de otoño

El mundo al revés: en el frente faltan fusiles, pero en retaguardia todos los dinteles de las puertas están rayados del roce de las bayonetas proletarias. El fusil con bayoneta incorporada se ha vuelto distintivo imprescindible de los milicianos bolcheviques.[186]

Así llega el otoño, cuando el verraco del jabalí afila sus colmillos en los bosques de Siberia, tiempo de castañas y de arroyos cristalinos en los que desovan las truchas.

Los alemanes han ocupado Riga; los campesinos ocupan fincas. Los autonomistas ocupan los edificios administrativos del disminuido poder central.

—Nos vamos al garete —confía el jefe kadete Miliukov al general Lavr Kornílov—. Aquí lo que necesitamos es un hombre fuerte que imponga su autoridad, un dictador.

Kornílov no es un gran estratega, pero tiene la ventaja de que no procede de ninguna rama aristocrática, lo que lo hace más aceptable por el pueblo. Además, la propaganda lo ha convertido en héroe nacional no por sus méritos en el campo de batalla, que están por ver, sino porque cayó prisionero de los alemanes y se fugó.

186. Siempre vemos el fusil ruso Mosin Nagant con su bayoneta de pincho, popularmente conocida como «la pinchacerdos». Si la llevaban siempre puesta, con la consiguiente incomodidad, no era por chulería, sino porque el diseñador había calculado que su peso equilibraba el arma.

Kornílov se anima a dar el golpe de Estado. Fracasa, como en todo lo que ha emprendido en su vida. Lo único que consigue con el golpe es crear un caos financiero, desacreditar a la derecha y hundir la bolsa con grave quebranto de las clases medias.

Atento al quite, Kérenski nombra un directorio de cinco miembros que disimula su dictadura personal como comandante en jefe del Ejército.

Como parece que pintan bastos, nuestro amigo el bailarín Juan Martínez se refugia en la ciudad por miedo a las violencias de los campesinos.

> Después de la *tournée* por Ucrania, y cuando vimos la mala jeta que tenían los campesinos en los últimos tiempos de Kérenski, decidimos refugiarnos en Moscú. Aquellas bestias de campesinos rusos eran capaces de todo. En una ciudad grande y civilizada —pensamos— no es posible que se cometan grandes atrocidades. Moscú, en septiembre y octubre de 1917, vivía alegre y confiada, sorteando con buen ánimo los sinsabores de la guerra y la revolución. El Gobierno de Kérenski lo permitía todo y durante el verano se abrieron cadenas de cabarets y casas de juego en las que rodaba el dinero alegremente. Los pobres hacían cola mientras tanto a la puerta de las panaderías, pero los rusos eran gente acostumbrada a estos contrastes [...]. A mediados de septiembre empezamos a oír hablar de otra revolución. Los clientes del cabaret esperaban de un momento a otro un golpe de Estado, pero no por parte de los bolcheviques, a los que nadie concedía importancia, sino de los zaristas. Se decía que el pueblo iba a derribar a Kérenski.[187]

Hace unos meses Kérenski era el héroe, el salvador de Rusia. Los nueve meses de decepcionante Gobierno provisional, en los que no se reparte la tierra a los campesinos, no se mejoran las condiciones de los obreros, no se reduce el hambre y no se acaba la guerra, lo convierten en el personaje más odiado de Rusia. Se vierten sobre él toda clase de calumnias: que es un borracho, que es un morfinómano, que consume cocaína, que es judío, que de

187. Chaves Nogales, 2011, pp. 70-71.

noche se viste con ropas de mujer, y que está liado con Elena Biriukova, la esposa de su primo.

Llegan a las ciudades bandadas de soldados que han desertado del frente o de los centros de reclutamiento e instrucción. Se mezclan con los revolucionarios que a su vez parecen soldados porque usan capotes e indumentos procedentes de los cuarteles. Dentro de la camaradería de las armas, los que saben leer instruyen a los camaradas analfabetos.

—Ya no hay señores, ni clases. El Consejo de los Sóviets ha abolido los títulos de nobleza y los rangos. Ya solo existe la categoría *ciudadano*, a la que todos pertenecemos.

—¡Gran avance bolchevique!

—No, ciudadano. A partir de ahora hay que decir comunista. Rusia es comunista, y pronto, gracias al esfuerzo de la Internacional, todo el mundo lo será.[188]

Vladimir Vasiliev ha cambiado de ocupación. Ahora está empleado en la Fiscalía de Abastecimientos. Dado que sus jefes son unos indocumentados cuyo único mérito es haber sido revolucionarios de primera hora, procura remediar con su trabajo las deficiencias del departamento. En esa labor se alarma al consultar los estadillos de los almacenes.

—¡Nos queda harina para una semana y eso administrándola bien!

—¿Y cuando pase la semana?

—Hambre para los pobres y para los demás. Ya veremos.

Rusia está en manos de los revolucionarios con más o menos doctrina, pero San Petersburgo va camino de estar en manos de los adoctrinados bolcheviques —perdón, comunistas.

—Hora de demostrarlo —piensa Lenin, que desde su seguro retiro finlandés se mantiene bien informado—. El Gobierno se tambalea, hay que asestarle el golpe de gracia cueste lo que cueste.

188. En marzo de 1918 los bolcheviques acordaron denominarse Partido Comunista de Rusia (Bolchevique) que posteriormente sustituiría la palabra *Rusia* por *Unión Soviética (Bolchevique)*. En 1952 Stalin eliminó la palabra *bolchevique* para simplificar el nombre del partido.

Los bolcheviques controlan a los sóviets de San Petersburgo y Moscú.

Trotski está haciendo una estupenda labor en San Petersburgo. ¿No va siendo hora de dar el golpe de Estado definitivo? Cuando caigan las principales ciudades caerá toda Rusia.

Lenin se afeita la perilla, se coloca una buena peluca y un sombrero, y regresa a San Petersburgo en su socorrido tren número 293 conducido por el amigo Jalava, esta vez en un vagón de primera bajo el disfraz de un respetable pastor luterano.

Siempre receloso de su seguridad personal, se instala en secreto en el piso de la obrera bolchevique Margarita Fofanova. Desde allí convoca una reunión en el piso de otra militante, Galina Flakserman, que está casada (una pequeña contrariedad) con un menchevique, Nikolái Sujanov.

Galina se lleva bien con el marido, pero en cuestiones políticas es inflexible. Advierte al sufrido Nikolái que ese día no aparezca por casa.

Lenin llega por la noche convenientemente cubierta su cabeza calva por una peluca generosa. Con la emoción del peligro ha olvidado darse polvos de talco en el cráneo mondo y la peluca le resbala continuamente.

Con discreción de conspiradores van llegando los invitados a la reunión, doce en total de los veintiún miembros que componen el Comité Central.[189]

Tema único: ¿nos lanzamos ya a una rebelión armada contra el Gobierno provisional?

Discuten acaloradamente sobre el asunto porque existe gran discordancia de opiniones. Cuando más enzarzados están, en medio de la noche, alguien da unos golpes en la puerta. ¿La policía?

Revuelo general. Por un momento se ven todos en la trena, Lenin suda copiosamente debajo de la peluca.

Galina abre la puerta y aparece su hermano Yuri Flakserman,

189. Los miembros del Comité Central presentes en la reunión son: Lenin, Bubnov, Dzerzhinski, Zinoviev, Kamenev, Kollontái, Lomov, Sokolnikov, Stalin, Trotski, Uritski y Yakovleva.

devoto bolchevique, que viene a prepararles un buen samovar. Respiran aliviados. Se reanuda la discusión, esta vez en términos más suaves. Poco después del susto Lenin impone su criterio: la sublevación tiene que ser ahora o nunca.

Los que se resistían acaban acomodándose a su punto de vista.

La reunión termina cuando empieza a amanecer. Galina Flakserman, en su papel de anfitriona, despeja la mesa de papeles, tiende el mantel y sirve el desayuno.

Con gran apetito, los conspiradores devoran queso, salchichas y pan negro, y beben una taza tras otra de té negro.

—Bonito samovar —alaba uno.

—De familia.

Lenin aclamado por sus devotos
a su llegada a la estación Finlandia.

CAPÍTULO 52

Una española entrevista a Trotski

La ejecutiva del Sóviet se ha instalado en el Instituto Smolny, un colegio de señoritas a las afueras de San Petersburgo.

Entran y salen delegados de los distintos sóviets. Por doquier se celebran reuniones, conversaciones, mítines, «aquello zumbaba como una colmena gigante», anota el periodista norteamericano John Reed. Por los pasillos atestados de colillas, papeles, restos de comida y toda clase de basuras se leen numerosos avisos. «Camaradas, por vuestra propia salud, mantened la limpieza.»

El Comité Central bolchevique se ha reunido en la habitación 36 para acordar la fecha del levantamiento armado.

Una intrépida periodista española, Sofía Casanova, que desde San Petersburgo envía sus crónicas al diario *ABC*, decide meterse en la boca del lobo y presentarse en la guarida de los sóviets para entrevistar a la segunda cabeza del lobo bolchevique, o quién sabe si la primera, a Trotski.

> Cuando hace cuatro días decidí, sin comunicarlo a mi familia, ir al Instituto Smolny, una nevada densa y callada caía sobre San Petersburgo. Deseaba y temía ir —por qué no confesarlo— al apartado lugar donde funcionan todas las dependencias del Gobierno popular. Como no me atrevía a ir sola ni otra persona alguna hubiera querido acompañarme, le dije a la fiel gallega, inseparable nuestra en estas penalidades, que viniera conmigo, pero sin descubrirle el objeto de nuestra salida...

Obscuras las calles resbaladizas como vidrios enjabonados y completamente solitarias a aquella hora —cinco de la tarde—, tras muchos tumbos hallamos un *isvostchik* somnoliento en el pescante del trineo. Extrañado de la dirección que le daba y puesto buen precio a la carrera, atravesamos lobregueces y más lobregueces de barrios extremos, hasta dar en un edificio enorme que sobresale de callejuelas adyacentes.

Entre el portón que da a la calle y el de la entrada principal del edificio hay un gran espacio, jardín en otro tiempo, donde esperan los automóviles del personal gubernativo. Los guardias de la entrada, paisanos armados, caliéntanse en una hoguera. Me preguntan adónde voy; respondo que voy a ver al comisario Trotski, y me señalan con franco ademán la escalinata. Penetro en el edificio, y en la sala contigua a un vestíbulo, donde se desparraman grandes paquetes de papel, veo sentados en torno de una mesa dos marineros, tres soldados y dos jóvenes judías, que escriben. Repito mi demanda de ver a Trotski —ministro de Negocios Extranjeros, que es el más interesante de los compañeros de Lenin—, y sin más requisitos nos entregan dos pedacillos de papel timbrado con el número del piso y el número del cuarto donde el compañero Trotski trabaja. Ruego que me indiquen el camino de aquel piso tercero y aquel número 67, y merezco la deferencia a la muchachita judía Sarah Ivanovna de que nos conduzca ella misma a los pisos altos. Son muchos los escalones, y a cada uno que subimos auméntase el pánico de Pepa, que, aterrados los ojos, el mantillín caído sobre la frente, me dice en gallego cerrado:

—¿Adónde me *leva*, señora? Mire que aquí nos matan, *a* canalla está muy armada; a *mim* me tiembla *o* pulso.

Nos dejó Sarah junto a una puerta, donde la Guardia Roja hacía centinela, y mientras que pasaban mi tarjeta a Trotski dialogué con «*a* canalla muy armada» que allí había. Les había anunciado la judía que éramos españolas, y cuando uno de aquellos proletarios me dijo que había leído cosas de España, y fijándose en Pepa habló con calor de las mujeres de mi país, oíselo apagándose la luz eléctrica y lanzó un grito Pepa, agarrándose a mí espantada. Fue un momento de pintoresca emoción; volvió la luz, se abrió la puerta, y el soldado, correcto, que había llevado mi tarjeta, dijo:

—Les ruego que pasen.

Atravesamos una sala grande, sin más muebles que algunas sillas y máquinas de escribir, y a la izquierda, en un gabinete chico, nos esperaba Trotski. Me rogó que tomara asiento en el único sillón de la estancia, frente a él, junto a una mesa de despacho. Indicó a Pepa el sofá, que completaba el sobrio mobiliario, y con voz agradable se expresó así en francés:

—Conozco España; es un hermoso país del que tengo buenos recuerdos, aunque la policía *comme de raison* me trató mal. He visitado Madrid, Barcelona, Valencia. Mi amigo Pablo Iglesias estaba a la sazón en un sanatorio; sentí dejar España.

»Nuestra política es la única que puede hacerse al presente. El mundo está hambriento de paz y nosotros tenemos la esperanza de que se haga no la paz aislada de Rusia, sino la general, la de todos los pueblos combatientes. Ahora mismo acabo de recibir un radiotelegrama de Czernin de conformidad con nuestra iniciativa de armisticio y de gestiones pacifistas. No hemos de detenernos, ni mis compañeros ni yo, en el camino emprendido.

—Pero ¿la actitud de las potencias de la Entente es inquietante? —indiqué.

Veló con los cansados párpados su aguda mirada Trotski, y en vano esperé una respuesta o un comentario a mi frase.

Conversamos aún, rozando los asuntos, sin ahondar en ellos y con sencillez me dijo al despedirnos:

—Me alegro de haberla conocido a usted y por su conducto envío un saludo a España.

Volviose a su asiento, y su cabeza se inclinó sobre los documentos allí reunidos.

¿Es simpático Trotski? No es atractivo. Acentúa su tipo israelita la espesa melena revolucionaria, que enmarca con negrura su rostro irregular y agudo. Las cejas y la recortada perilla, muy negras, son a modo de pinceladas mefistofélicas en el rostro cetrino. No se revelan en él ni la voluntad ni la inteligencia; nada, en fin, potencialmente fuerte. Podría pasar por un artista decadente, y, sin embargo, yo creo que tiene un valor irremplazable en la Rusia actual, y que no son las circunstancias precarias las que dan relieve a una medianía, sino que es la personalidad de este hombre la que se impone a aquellas con actos de un plan político desconcertante y trascendental.

En el antro de las fieras existe menos disparidad entre ellas y aquel que existía en el palacio de la Duma. En el Instituto Smolny es todo plebeyamente democrático, y los feroces marineros de Kronstadt, confundidos con la Guardia Roja, no desdicen de los fríos muros, de las salas desamuebladas, donde funcionan como árbitros de San Petersburgo. Impresionan y desasosiegan el Instituto Smolny y sus moradores, porque es un foco de anarquía y porque la ignorancia y el odio de los antiguos esclavos a todas las clases sociales arman sus manos con el ensañamiento demoledor.

Al fanatismo jerárquico del Imperio sustituye el otro, el de la ergástula en rebeldía. ¿Qué pueblo podrá ser feliz gobernado por el terrorismo de abajo?

Solo la bandera blanca de la paz, que estos hombres levantan, da el alivio de una esperanza a nuestra angustia de desterrados.

¡La paz!, la paz, y luego... ¿qué ocurrirá en las regiones de Rusia, dispersas y sin tradición de independencia? Aquella hoguera llameando sobre la nieve a la entrada del Instituto Smolny me parece un símbolo del porvenir: ¡incendio en las estepas invernales![190]

Lenin y Bedny se retratan con el delegado del Sóviet de Ucrania, F. Panfilov, en el Congreso VIII. Obsérvese la catadura del sujeto.

190. Sofía Casanova, *ABC*, 2 de marzo de 1918.

CAPÍTULO 53

La afortunada chapuza

La situación en la ciudad es ya desesperada, especialmente porque el desabastecimiento de harina y combustible obliga a cerrar panaderías.

Menudean los atracos. Los desertores se convierten en maleantes y los maleantes en asesinos.

El 19 de octubre unos ochenta mil obreros de las fábricas de la ciudad están en huelga.

Parece que la situación ha madurado lo suficiente para que Lenin dé el golpe de Estado que lleva tiempo rumiando.

Prácticamente la ciudad se ha rebelado. Las tropas adictas al Gobierno provisional solo dominan el Palacio de Invierno y sus alrededores.

Lenin, que sigue encerrado en el piso de la Fofanova, envía un mensaje a las oficinas del partido instando a que los bolcheviques se levanten en armas. Es importante hacerlo antes de la reunión del Congreso de los Sóviets programada para el día siguiente del que pudieran emanar consignas contrarias a los designios de Lenin.

Pasan lentas las horas. Lenin, sin noticias de levantamiento alguno, se impacienta. A las diez de la noche se disfraza con sus peores y más raídas ropas, se encasqueta su peluca, la sujeta con una venda para que no resbale (sigue sin conocer las virtudes del talco) y juntando valor se echa al ruedo.

En compañía de un bolchevique de toda confianza el gran

líder de la revolución toma un tranvía solitario que lo acerca a la estación de Finlandia.

A su paso por el centro de la ciudad nota Lenin que los problemas de abastecimiento no parecen haber afectado demasiado a los habitantes de estos barrios, los malditos burgueses. Aquí sigue funcionando el transporte público, y los teatros y los restaurantes siguen abiertos e iluminados.

Mejor para estas dos sombras que intentan pasar inadvertidas. Apeados del tranvía, los dos hombres se dirigen a pie a la residencia Smolny, el hogar de los sóviets.

Es una buena caminata. Por el camino, una patrulla de la policía los intercepta y se dispone a pedirles la documentación, pero cuando los ven de cerca les parecen dos borrachos inofensivos y los dejan seguir.

Llegan por fin a Smolny, que está tomado por milicianos de los distintos sóviets. Lenin, que no tiene pase, consigue colarse en un descuido y se dirige a la sede de su partido, la habitación 36. Convoca una reunión urgente del Comité Central:

—La insurrección debe comenzar ya.

Nombran el Gobierno provisional revolucionario que, a petición de Trotski, no estará formado por ministros, sino por «comisarios del pueblo». «La nomenclatura es importante, que se note que no somos continuidad de los gobiernos burgueses.»

Amanece el histórico 25 de octubre de 1917, el día de la Gran Revolución Socialista de Octubre (para nosotros, el 6 de noviembre).

En los libros de historia soviéticos los acontecimientos de ese día están nimbados de una aureola épica. No fue para menos. En ese día se dispersó el Gobierno burgués y los bolcheviques tomaron en sus manos las riendas del país.

Hoy podemos asegurar que incluso la Providencia estuvo de parte de los bolcheviques (sí, la Providencia, por alguno de esos designios suyos que son inescrutables), porque de no intervenir la Providencia aquello no hubiera acabado como acabó.

Todo está perfectamente planeado. Todo sale mal.

A la hora estipulada no ha llegado la tropa de marineros del Báltico fieles al bolchevismo que se ha comprometido a enviar el

Comité Militar Revolucionario para asaltar el Palacio de Invierno, sede del Gobierno provisional burgués.

El comisario bolchevique de la vecina fortaleza de San Pedro y San Pablo, el camarada Gueorgui Blagonravov, toma la decisión de cumplir con sus instrucciones de todos modos, a ver si mientras tanto llegan las tropas.

Se ha decidido que el asalto del Palacio de Invierno vaya precedido por un bombardeo desde los cañones de la fortaleza de San Pedro y San Pablo.

Los conjurados intentan dispararlos, pero las bisagras de los cierres están oxidadas y no giran. Blagonravov se caga en unos pocos santos antes de ordenar que traigan otros cañones (en la fortaleza hay muchos). Los milicianos arrastran otros cañones de menor calibre y los ponen en situación. Mala suerte. Cuando intentan dispararlos descubren que la munición no se adapta al calibre del tubo, una negligencia por la que deberían rodar cabezas.

—¡Está bien, sin cañones! —decide Blagonravov—. Por lo menos poned la linterna roja en el extremo del asta.

Era la señal bolchevique para la sublevación de la ciudad.

Los milicianos registran los cuartos de luces, los cuerpos de guardia, las cocinas... nada. No encuentran linterna roja alguna.

Exasperado por la ineptitud de sus hombres, el propio Blagonravov sale en busca de la dichosa linterna. Cuando va camino de uno de los almacenes de la fortaleza, en plena oscuridad, cae en una letrina, afortunadamente sin romperse hueso alguno (nuevamente la mano de la Providencia) porque el barro del fondo amortigua la caída.

Eso sí, sale embadurnado de una sustancia que más vale no analizar. Todo sea por la revolución.

Finalmente consiguen una linterna y la suben al extremo del palo.

—No es roja, camarada —observa un miliciano.

—Da igual. Nosotros ya hemos cumplido.

Como parte del plan, los bolcheviques sitúan el crucero *Aurora* en medio del Neva, frente al Palacio de Invierno.

Una mole de acero gris en medio del ancho río de oscuras y heladas aguas.

Parsimoniosamente, el crucero apunta al palacio con su cañón de mayor calibre, el de popa. Dispara una salva de fogueo.

El cañonazo tan cercano impone. Aunque no lleve bala, todas las ventanas del palacio tiemblan (las salvas de fogueo son más ruidosas que los cañonazos con carga de guerra).

Los ministros del Gobierno provisional se acongojan. Corren a asomarse a los ventanales que dan al Neva. El negro cañón les apunta ahora directamente a ellos.

Una señal clara de que ha llegado el momento de transmitir los poderes.

Kérenski renuncia al cargo. Su Gobierno dimite igualmente.

Hace meses fue relativamente fácil engatusar a los revolucionarios, pero ahora con Lenin y Trotski al frente, la situación se ha vuelto peligrosa.

Las masas, aleccionadas por las predicaciones bolcheviques, gritan en la calle: «¡Fuera los ministros burgueses!».

Para el catecismo bolchevique, como es sabido, el burgués es carne de horca revolucionaria.

Cunde el pánico.

Mediada la mañana, a la hora de los señoritos, un escuadrón de milicianos y soldados bolcheviques cruza la plaza y se hace cargo del Palacio de Invierno abandonado por el Gobierno burgués.

¿Y Kérenski? ¿Dónde está el ministro al que culpan de haber abortado la revolución de febrero?

Regresemos a su relato en la entrevista de Chaves Nogales: «Kérenski se encuentra solo en el Palacio de Invierno, rodeado de oficiales en cuyos ojos se lee la traición y defendido únicamente por un batallón de mujeres y por los alumnos de las escuelas militares. Telegrafía pidiendo refuerzos al frente. A las siete de la mañana, rendido, se echa sin desvestirse en el diván de su despacho. Durante una hora permanece en un estado de semiinconsciencia. Lo despiertan para comunicarle que los bolcheviques han sitiado el palacio y han cortado las comunicaciones».

Kérenski, agotado, tira la toalla.

> Hice preparar mi auto de turismo descubierto con mi *chauffeur* al que todos conocían y me senté como siempre en el asiento de

detrás, a la derecha. Me acompañaban el coronel Kuxmin y un oficial del Estado Mayor. Vestía mi uniforme semimilitar, sobradamente conocido por todos. Al llegar a la Morskaia pasamos junto al primer piquete bolchevique. Íbamos a la velocidad reglamentaria en la ciudad. Después encontramos otros piquetes rojos en el hotel Astoria y en el palacio María. Al pasar, las patrullas rojas me reconocían y me hacían el saludo reglamentario, al que yo contestaba como de costumbre. Creo que un instante después de haber pasado todos ellos se preguntaban cómo habían podido saludarme. Pero cuando reaccionaban nuestro auto estaba ya lejos. A la salida de la ciudad una patrulla se lanzó en nuestra persecución [...], había circulado la orden telegráfica de detenerme.[191]

Ese es el relato que Kérenski hizo al periodista Chaves Nogales, en su exilio parisino. Es posible que lo embelleciera, nada más humano. En realidad parece que salió de San Petersburgo en un coche requisado a la embajada norteamericana, el único que se encontró. Todo ocurrió tan rápido ese día que Kérenski ni siquiera tuvo tiempo de recuperar el dinero de su cuenta bancaria (el día anterior había retirado un pequeño reintegro).

Las ratas abandonan el barco que va a naufragar en medio del mar Rojo (si me permiten la metáfora). Ministros, directores generales, subsecretarios y carguillos menores, abandonan los edificios gubernativos, hacen apresuradamente las maletas y huyen de la capital. No quedan plazas en los trenes. Las carreteras que van a Moscú nunca se vieron tan concurridas de automóviles y camiones cargados de enseres. Los autobuses van a tope, con gente sentada en los pasillos...

Todavía no corre la sangre, pero los posibles perjudicados se ponen a salvo, por si acaso. Lo que corre en esa eufórica mañana del día 26 es el vino.

A los barrios más extremos y populares de la ciudad llega el rumor de que los milicianos que registraron el Palacio de Invierno encontraron en los bajos una bodega fabulosa con la que se están corriendo una buena juerga.

Una multitud, que va creciendo según se aproxima al barrio

191. Chaves Nogales, 2011, pp. 94-95.

gubernamental, está deseosa de brindar por la revolución con el vino del zar. Escogidos caldos de las mejores bodegas de Europa descienden por las gargantas de los desheredados de la fortuna, que los beben a gollete, como bajantes pluviales.

Los mandos bolcheviques se alarman cuando la borrachera colectiva se va tornando incontrolable y empiezan los tiros a los techos del palacio que desprenden ricas molduras doradas.

¿No nos estaremos excediendo? Los más prudentes toman la heroica decisión de verter el resto del vino por las alcantarillas.

¿Tirar el vino? ¿Para esto hemos hecho una revolución? Los alegres bebedores se encrespan. Imaginemos la escena:

—¡Salvemos la revolución, *továrich*! ¡No perdamos la pureza proletaria por un poco de vino burgués!

—¡Vete a la mierda, abstemio mariconazo!

—Con la ideología transigimos y aquí tenéis nuestras cabezas abiertas como campos en barbecho para recibir la doctrina marxista, pero el vino no se toca, el vino es nuestro, del pueblo, y al que destruya propiedades del pueblo se lo fusila.

No les falta razón. Los jefes bolcheviques contemporizan.

Durante semanas los revolucionarios agarran monumentales curdas. La bodega imperial no es la única en la que apuran las reservas de la odiada burguesía.

Borremos las huellas de la clase opresora. Bebámonos hasta la última pipa.

Rusos felices.

CAPÍTULO 54

Noches de Moscú

Mientras tanto, ¿cómo marchan las cosas en Moscú?

Al bailarín Juan Martínez, los famosos diez días que conmocionaron al mundo lo sorprenden en Moscú vestido de corto, «bailando en el tablado de un cabaret y bebiendo champaña a todo pasto».

> Estaba bailando por bulerías en un tabladillo del cabaret Alpinskaia Rosa, en Moscú, cuando vi llegar al portero con la cara descompuesta. Subió al tablado, mandó parar a la orquesta y gritó:
>
> —¡Ha estallado la revolución! ¡Sálvese quien pueda!
>
> Los clientes de Alpinskaia Rosa huyeron como conejos [...], los tiros sonaban demasiado cerca. Yo me encontré en medio de la calle vestido de corto con chaquetilla de terciopelo y alamares. Un traje a propósito para la revolución [...]. De todos los barrios de Moscú habían empezado a afluir al centro grupos de obreros y soldados armados que acribillaban las fachadas de las casas y rompían las puertas a culatazos [...], una tropilla avanzaba por medio de la calle formando una masa compacta y negruzca de la que se escapaban blasfemias, risotadas, juramentos, los fusiles y el obsesionante chas-chas de las cartucheras cargadas y los correajes sacudidos rítmicamente por el trote lento y pesado que llevaban [...], disparaban contra todo lo que veían, persona o cosa.[192]

192. Chaves Nogales, 2011, p. 74.

De regreso a mi pensión, como salir a la calle era peligroso y teníamos vituallas guardadas bajo las camas, iniciamos una partida de póquer que duró nueve días, los mismos nueve días que duró la otra partida, la que tenían empeñada a tiro limpio en las calles de Moscú los revolucionaros y los contrarrevolucionarios [...]. Los bolcheviques habían emplazado unas piezas de artillería en el parque Petrovsky, a la espalda de nuestra casa. Artilleros que habían aprendido el oficio media hora antes, disparaban por elevación, sobre nuestras cabezas, contra el Kremlin que estaba delante [...]. Cerca de Tverskaya, alrededor de una estatua que estaba frente al palacio del Gobierno, cuatro cañones apuntaban hacia los cuatro puntos cardinales y barrían con su metralla el centro de la ciudad. Estos cañones los emplazaron allí guardias blancos en los primeros momentos de la lucha, pero luego pasaron a poder de los rojos, que sin moverlos del sitio donde estaban los utilizaron para sembrar el pánico y tener a raya, encerrados en las casas, a los contrarrevolucionarios, que eran todos, absolutamente todos los habitantes de aquel barrio rico, lleno de grandes bancos, comercios lujosos, edificios oficiales y palacios aristocráticos.[193]

Juan Martínez asiste, con asombro y miedo, a la lucha entre rojos y blancos en las calles de la gran ciudad.

En los primeros momentos de la revolución, los guardias blancos se apoderaron del Kremlin. Al rendirse los bolcheviques, los blancos los habían encerrado en un patio y con tres o cuatro ametralladoras estuvieron haciendo fuego sobre ellos hasta que no quedó ni uno [...]. Toda una semana estuvieron los cañones, las ametralladoras y los fusiles disparando sobre Moscú día y noche. La gente, encerrada en sus casas, sufría hambre y miedo, esperando siempre que aquel machaqueo sordo de las explosiones inacabables se resolviera en una gran traca final [...]. A los siete días las pausas entre los estampidos fueron ampliándose. Solo se oía ya un disparo suelto muy de tarde en tarde. La gente seguía encerrada en sus casas preguntándose con angustia «¿qué habrá pasado?». Hubo un día entero en que no se oyó un solo disparo ni se vio un alma por las calles. Moscú parecía deshabitado, pero detrás de las ventanas,

193. *Ibid.*, pp. 78-81.

atisbando por las rendijas, un millón de seres humanos luchaba entre la curiosidad y el miedo.[194]

Después de unos días de incertidumbre, los bolcheviques dominan la situación y se instalan en el Kremlin.

Rusia no se disuelve en la anarquía porque el providencial Lenin ocupa el vacío de poder como presidente del Consejo del Pueblo.

Lenin, el gran organizador (recordemos el elogio de Tierno Galván), nombra gobierno. Los ministros comunistas no se llamarán ministros, que suena a capitalista, sino comisarios.

En las oficinas de los ministerios y de las compañías, los subalternos comunistas toman el mando y reorganizan a su manera la jerarquía.

—Eso del escalafón es cosa capitalista. A partir de ahora se premiará la fidelidad al partido.

Como los milicianos suelen acompañarse con fusiles y bayonetas, pocos funcionarios destituidos se atreven a protestar.

La temida y populosa Ojrana se transforma, en manos bolcheviques, en una nueva organización, mismos perros con distintos collares, la Checa,[195] cuya misión consiste en suprimir cualquier acto «contrarrevolucionario» o «desviacionista», la típica labor inquisitorial que se observa en todas las religiones monoteístas.

Aquí tenemos de nuevo a nuestro animoso amigo Vladimir Vasiliev ataviado con una holgada chaqueta de cuero que se combina con la barbita del mentón y greñas grasientas por los hombros para darle un aire revolucionario.

Los nuevos inspectores de la Checa recogen sus carnets identificativos.

El funcionario que los sella se queda mirando a Vasiliev.

194. *Ibid.*, pp. 83-84.

195. Recuerde el lector: ChK, «Comisión Extraordinaria» (en ruso ЧК-Чрезвычáйная Комиссия, Chrezvycháinaya Komíssiya), creada el 20 de diciembre de 1917 por Félix Dzerzhinski. En 1922 se reorganizó y cambió el nombre a Gosudárstvennoye Polítícheskoye Upravlénie o GPU (Directorio Político Estatal) y en 1934, Naródny Komissariat Vnútrennij Del o NKVD (Comisariado del Pueblo para Asuntos Internos).

—¿No nos conocemos, camarada?

—No caigo.

—Me suena tu cara.

De pronto se acuerda. Él era funcionario de la Ojrana y a veces requirió los servicios de Vasiliev para mecanografiar algún escrito.

—Ahora que caigo, no nos conocemos —dice sellando la cartulina—. Te había confundido con otro.

—Es que corren tiempos confusos, camarada —responde Vasiliev—. Yo también estaba a punto de confundirte con otro.

Muchos camaradas surgidos de la victoria bolchevique tienen un pasado que ocultar. El propio fundador de la Checa, Félix Dzerzhinski, procede de una familia polaca acendradamente católica y quiso meterse a jesuita, pero cambió ese sacerdocio por el marxista. Abandonados los estudios para dedicarse a la causa, se convirtió tempranamente en revolucionario profesional desprovisto de sentimientos y completamente entregado a la causa, con voluntad ignaciana. Partidario por igual de la «violencia revolucionaria» y del estajanovismo, instaló su Checa en el edificio Lubianka, que había pertenecido a una antigua aseguradora, y desde allí se entregó a la causa con abnegación ejemplar. Se reservó una escueta habitación más parecida a una celda de la que apenas salía porque, derrengado por una jornada de hasta dieciocho horas de trabajo, se echaba a dormir allí mismo en un catre militar que tenía pudorosamente oculto detrás de un biombo.

Su ideario se resume en la frase: «Hay que inculcar en todos los ciudadanos la sensación de que pueden ser detenidos y fusilados en cualquier momento y por cualquier motivo». Eso explica que su esbelta y afilada figura, entre Nosferatu y Lee van Cleef, sembraba el pánico incluso entre sus camaradas cuando, por un acaso, se topaba con alguno por los pasillos y se interesaba por su familia o por su lumbago. El otro quedaba mosqueado para varios días, elucubrando si no habría intención oculta, y amenazante, en aquella amabilidad.

La denominación *checa* pasará al vocabulario español al principio de la guerra civil, cuando diversas organizaciones del Frente Popular intentaron reproducir en España el modelo soviético e instituyeron centros de detención parapoliciales en los que se detenía, torturaba y, llegado el caso, se eliminaba a los presuntos enemigos del pueblo.

> Nos encontramos de golpe y porrazo viviendo en pleno régimen soviético —continúa el bailarín Juan Martínez con sus recuerdos—. Los bolcheviques iban casa por casa diciendo a los inquilinos lo que debían hacer. En cada casa los inquilinos formaron un comité que elegía a un vecino como comisario de la vivienda. De la noche a la mañana pasamos de un mundo a otro. La casa era nuestra, de los inquilinos; ya no había propietarios. Se acabó el casero. Yo no me lo creí del todo, pero entre muchos vecinos se produjo un gran revuelo. Cada cual se adjudicó las habitaciones que pudo, y aunque nadie las tenía todas consigo, hubo algunos que hasta tomaron el aire de auténticos propietarios, siquiera fuese de una alcoba [...]. Había que tomar precauciones contra los ladrones [...]. Moscú estaba aquellos días llena de gente salida del presidio, con un fusil en las manos, y merced a la impunidad asaltaban las casas y robaban cuanto se les antojaba [...]. Los bolcheviques se creyeron que lo iban a arreglar todo de golpe y porrazo. Querían meter las narices en todo y se pusieron a trabajar tan de buena fe y [con] tanto entusiasmo que aunque no se quisiera, se les tomaba simpatía. Trabajaban día y noche, patrullado por las calles con el fusil a la espalda o en aquellas oficinas desmanteladas en las que garrapateaban bonos, salvoconductos, órdenes de requisa, autorizaciones y prohibiciones [...]. Entre ellos mismos no se entendían, lo que prohibían en un lugar lo autorizaban en otro, cada bolchevique ponía su ley, se aceptaba y se procuraba cumplirla, pero detrás de aquel bolchevique venía otro que, fusil en mano, exigía lo contrario [...], lo más prudente era decir que sí a todo [...]. Los bolcheviques hacían a toda prisa inventarios, requisaban transportes e instalaciones de cooperativas y la gente se moría de hambre a pesar de aquellos buenos propósitos [...]. Como habían prohibido los cabarets, a los pobres artistas la revolución nos condenaba a morir de hambre. Guardé en el fondo del baúl las músicas, las castañuelas y los trajes de luces, enfundé la guitarra y me eché a la calle a buscarme la vida con unas alpargatas y una barba de siete días, dispuesto a ser más proletario que Lenin.[196]

196. Chaves Nogales, 2011, pp. 86-94.

Un piquete de comunistas, identificados con los correspondientes brazaletes rojos, se presenta en el banco estatal de San Petersburgo.

—¿El director?

Un ujier tembloroso conduce a los milicianos al despacho del director.

—Soy Viacheslav Menzhinski, nuevo comisario de Finanzas —se presenta el que parece al mando de la cuadrilla—. ¿Dónde están las llaves de la cámara acorazada?

El director intenta resistirse. Contrariado, Menzhinski enarca una ceja. Uno de los semovientes malencarados que lo escolta desenfunda su enorme Nagant y lo amartilla.

—¿Le pego un tiro, jefe?

El director de la entidad comprende que es mejor ceder y llevarse bien con los nuevos amos.

Provisto de las llaves, el flamante comisario de Finanzas examina los contenidos de la cámara acorazada. ¡Menudo pastizal guardaban aquí los capitalistas! No hagamos el viaje en balde. Toma una de las bolsas de terciopelo cuidadosamente plegadas que ve en una estantería, la llena de billetes, unos cinco millones de rublos, y se la lleva a Lenin. Combustible capitalista para la causa.

La requisa del banco estatal no es excepción, sino norma. Entre noviembre de 1917 y enero de 1920 los bolcheviques confiscan la tierra, las industrias, los palacios, las iglesias, los rebaños..., ¡todo confiscado, todo del pueblo!

Se prohíbe el comercio privado. La producción agrícola debe entregarse íntegra al sóviet local para que la administre.

Ley sobre ley, los bolcheviques arramblan con la riqueza del país, tanto estatal como privada.

Representantes del Estado se hacen cargo incluso de las suculentas cajas privadas de los bancos (atiborradas de joyas y títulos de valor burgueses, riquezas generadas con el sudor y la sangre del trabajador) para entregarlas a una nueva entidad proletaria, el Depósito Estatal de Objetos de Valor, que encuentra cierta competencia con la igualmente reciente Comisión Bolchevique de Cajas Fuertes.[197]

197. El ansia viva por mandar conduce con frecuencia a esta dupli-

Consecuencia del «mayor atraco de la historia», como lo denomina un historiador (entiéndase que, de nuevo, hablo de Rusia, no de España), Rusia ostenta hoy el primer puesto en tesorillos encontrados por excavadores y albañiles. Es que todo el que tenía algo de valor lo escondió y muchos murieron antes de recuperarlo.[198]

Conscientes del escamoteo de sus propiedades, en algunos lugares el Sóviet encarcela a los burgueses más prominentes y les exige un rescate colectivo. Después de meses de cárcel y trato riguroso suelen ceder y entregan lo pactado.

Los gerifaltes bolcheviques, en su afán por comprender a la odiada burguesía a la que deben reeducar, movidos por una curiosidad científica, se rebajan a adoptar algunas de sus costumbres. Se instalan en mansiones confiscadas, a ver qué tal se vive con calefacción central, bañera de mármol y sábanas de Holanda. Los automóviles de lujo vuelven a circular, aunque ya nos los conduce un chófer de uniforme, sino un camarada. Lenin, sin ir más lejos, posee dos Rolls-Royce y el Delaunay-Belleville que pertenecieron a Nicolás II. También ha heredado al mayordomo del Kremlin, el anciano Nóvikov, que ha servido a cuatro zares, y al famoso cocinero francés de la familia Sheremétev.[199]

---

cidad de funciones. Y eso no ocurre solamente en Rusia: pensemos en las diecisiete autonomías españolas y en la cantidad de zánganos improductivos que han generado.

198. Tsiganov, el fiel chófer de los Nabokov (la familia del famoso novelista, autor de *Lolita*) desmontó el automóvil Wolseley de la familia y lo enterró por piezas separadas que previamente untaba generosamente de grasa y envolvía en hules. Todavía no se ha encontrado.

199. Una anécdota cierta: en la Navidad de 1919, se dirigía Lenin, tan cómodo, en el Rolls-Royce del zar a una visita privada, sin escolta, cuando en las inmediaciones del Kremlin, le salió al paso una cuadrilla de atracadores que le dieron el alto y lo desvalijaron a punta de pistola sin reconocerlo. A Sabina, que tuvo la misma experiencia (véase su canción «Pacto entre caballeros»), los cacos le devolvieron el dinero y el reloj y lo invitaron a unas birras y a un casquete con Maruja la Cachonda. No hay color. Donde se ponga un delincuente español, que se quiten los que importamos de los países del Este.

«Las condesas trabajan como sirvientas y las antiguas sirvientas, ahora al frente de importantes departamentos gubernativos, viajan [...] en coches oficiales», observa el reportero angloamericano Walter Duranty, de viaje por Moscú en 1921.[200]

«Personas que nunca habían entrado en una cocina aprendieron a guisar —observa Alexandra Tolstoi—, aprendieron a lavar, a fregar las calles. Tenían que procurarse comida, vender, intercambiar, viajar en los techos de los trenes o en el empalme entre vagones. Incluso tuvieron que robar.»[201]

Quizá a los nuevos aristócratas aupados por la revolución se les nota el pelo de la dehesa por más que intenten imitar a la nobleza de sangre y pedigrí que han suplantado. Contemplando sus actitudes se nota que les falta clase. La carencia se manifiesta tanto en el atuendo como en la actitud: «Marineros con grandes revólveres al cinto, carteristas, zafios criminales, dandis afeitados con chaqueta de faena, pantalones de montar, zapatos de señorito con espuelas, dientes de oro y grandes ojos oscuros, como de cocainómano».[202]

Bueno, ya irán puliéndose con el tiempo. Por ahora, lo importante es que forman parte de la crema del mando, lo que los exime de ganarse el pan doblando el espinazo.

Se vive bien así, pero Lenin es consciente de que para aplacar al soliviantado pueblo hay que cumplirle la promesa más importante de su programa, hacer la paz con Alemania para que los hijos y los maridos regresen de la guerra.

—Es lo que prometimos al pueblo y si no lo cumplimos, pueden sacarnos de los palacios del Gobierno con los pies por delante.

El flamante comisario de Asuntos Exteriores, León Trotski, contacta con los alemanes para iniciar negociaciones de paz.

Conocedores de la debilidad de la posición bolchevique, los alemanes se muestran implacables (aparte de que siguen subvencionando a Lenin).

200. Duranty, 1934, p. 112.
201. Tolstoi, 1934, p. 58.
202. Smith, 2015, p. 250.

Paz a cambio de transigir con todas nuestras exigencias por abusivas que sean, viene a proponer el káiser.

El 3 de marzo de 1918, los compromisarios rusos Yoffe, Kamenev y Karajan comparecen en Brest-Litovsk, cuartel general alemán en Oriente, para firmar un tratado que, desde el punto de vista diplomático, recuerda el principio de Woody Allen en la resolución de sus divorcios.[203]

Para que quede claro que los bolcheviques están actuando en nombre de todos los proletarios de Rusia añaden a la delegación a un soldado, un marino, un obrero, una mujer y un campesino.

—¡Coño, se nos ha olvidado el campesino! —exclama Kamenev cuando ya van camino de la estación Varsovia.

Afortunadamente columbran en la oscuridad de la noche la figura inconfundible de un campesino con botas desfondadas, un ajado abrigo y un saco a la espalda. Incluso por la descuidada barba gris y el rostro atezado por la intemperie se echa de ver su procedencia rural.

Detienen el coche al borde de la acera.

—¿Adónde vas, *továrich*?

—A la estación de Moscú.

—Sube, que te llevamos.

Arrancan. Yoffe, que ocupa el asiento del copiloto se vuelve hacia el campesino.

—¿A qué partido perteneces?

El campesino, con esa intuición que suelen tener los rústicos, ha notado ya que sus benefactores son revolucionarios profesionales de los que no han dado palo al agua en su vida, pero viven del cuento, o sea, de la ideología.

203. «He llegado a un acuerdo con mi exmujer: ella se queda con todo.» Igualmente, la Rusia revolucionaria llega a un acuerdo con los compromisarios del káiser: Alemania se queda con todo. En virtud del tratado, Rusia cede a los imperios centrales Finlandia, Polonia, Estonia, Livonia, Curlandia, Lituania, Ucrania y Besarabia. También entrega al Imperio otomano Ardahán, Kars y Batumi. Rusia le cedía a Alemania un tercio de su población y su territorio más rico en industrias y minas de carbón. Un despojo, sí. La paz, a cualquier precio.

Entre revoluciones

Apertura de la primera Duma por Nicolás II, 1906. A la derecha del zar, sus partidarios; a la izquierda, los demócratas.

El zar amenazado por la revolución. Caricatura de la época.

El ministro Stolypin.

El asesinato del ministro Stolypin, óleo de D. Nesypova.

1913: el tricentenario de los Románov

La dinastía Románov representada en una única imagen para conmemorar su tricentenario.

Nicolás II y Miguel I (1613), el pasado y el presente de los Románov.

Actos conmemorativos del tricentenario.

La revolución

En las calles de Petrogrado,
Iván Vladimirov.

El asalto al Palacio de Invierno,
Iván Vladimirov.

La huelga, óleo de
Robert Koehler.

El crucero *Aurora,* que disparó contra el Palacio de Invierno, hoy convertido en museo, 2012.

Doblando las campanas, óleo de Pável Ryzhenkov.

Milicianos bolcheviques en el Palacio de Invierno, óleo de Vladimir Serov.

Campesinos que han saqueado la mansión del señor, óleo de Serguéi Lemesev.

La catequesis comunista.

Revolucionarios en un tren, óleo de Konstantin Kashcheyev.

Adiós a la escolta imperial, óleo de Pável Ryzhenkov.

Vuelo de la burguesía de Novorossiyk, mar Negro, 12 de marzo de 1920, óleo de Iván Vladimirov.

Lenin

Lenin proclama el poder de los sóviets, óleo de Vladimir Sorov.

Traducción del cartel: «El camarada Lenin limpia la Tierra del mal».

Lenin en Smolny, óleo de Isaak Brodski.

Amistades peligrosas.

Felicitación navideña, 1923.

Nadezhda Krúpskaya, la esposa de Lenin.

La soledad del poder.

Las muchachas en flor y el príncipe doliente

Prisión y muerte de los Románov

Los zares en su arresto domiciliario de Tsárskcye Seló, óleo de Pável Ryzhenkov.

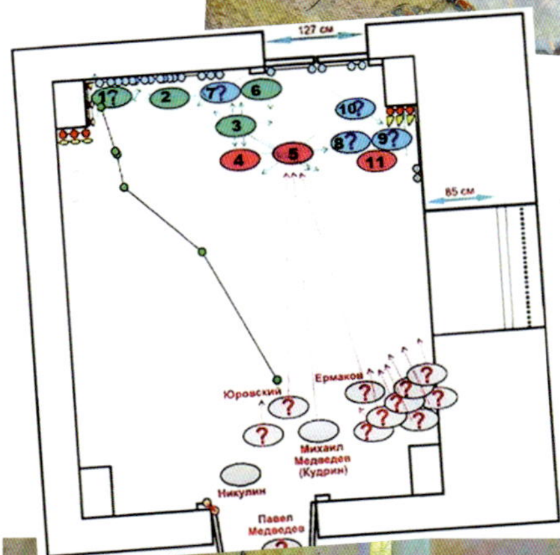

Reconstrucción de la escena del crimen: 1. Trupp Shad; 2. Iván Jaritonov; 3. Doctor Botkin; 4. Alexis; 5. Nicolás II; 6. Anna Demídova; 7. Olga; 8. María; 9. Tatiana; 10. Ana.

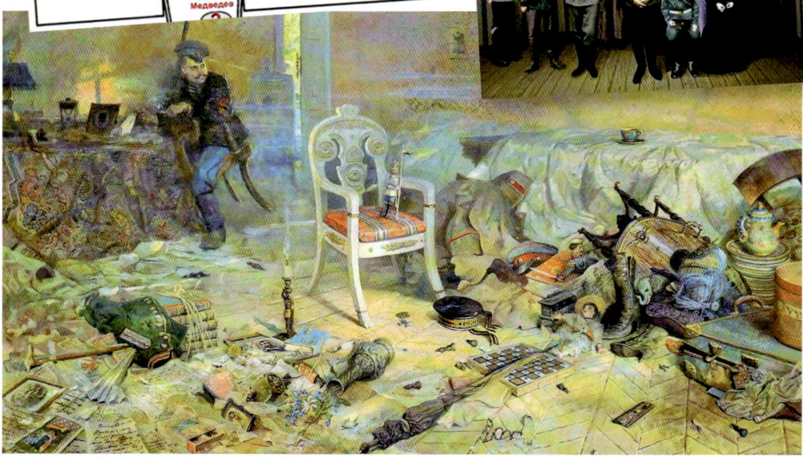

La alcoba de los zares después del regicidio, óleo de Pável Ryzhenkov.

Guerra civil: Blancos contra Rojos

El Ejército Rojo cruza
el Dniéper.

Adiós a los galones, óleo de Pável Ryzhenkov. Un oficial zarista despedido del ejército se dispone a enterrar sus galones.

Escena de la guerra civil, óleo de Yevgueni Ponomarev.

Recepción de Estado en el Kremlin, 1945, óleo de Dmitri Nalbandian.

Medalla al trabajo.

El minero Alexéi Grigorévich Stajánov, ejemplo de trabajador soviético implicado en la causa, óleo de Peter Crawford.

Soberanía del koljoz, óleo de Alexandr Deineka.

La decepción

Emblema de la Checa.

Karl Marx varado en una playa.

De la opresión zarista a la opresión comunista.

Después de Lenin

El entierro de Lenin (foto de Wolfang Kumm).

Fidel Castro, el vigilante de la ortodoxia comunista.

Las reliquias de los Románov

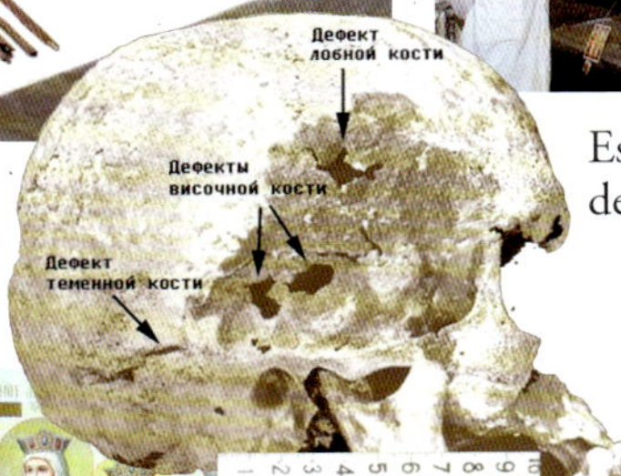

Estudio forense de los restos de la familia imperial.

Los Románov en los altares.

La pasión de san Nicolás (estampa, 2013).

Capilla de Santa Catalina. Catedral de San Pedro y San Pablo de San Petersburgo.

—Soy socialista revolucionario, camaradas —responde precavido—. ¡De la izquierda de la izquierda! —remacha, temiendo quedarse corto.

—Nos vale —sentencia Kamenev satisfecho.

Así es como el destripaterrones Román Stashkov, un hombre que no sabe hacer la «o» con un canuto, se ve de pronto aupado a la categoría de «representante plenipotenciario del campesinado ruso» en la delegación diplomática que firmará la Paz de Brest-Litovsk.

—Oigan, que este no es el camino, que yo voy a la estación de Moscú —protesta Stashkov cuando ve que no siguen su itinerario.

—La revolución te compensará con cinco mil rublos por los tres días que vas a perder —le indica Kamenev.

—Si es así, no hay problema —se conforma el rústico—. Yo, por la revolución, lo que sea.

Firmado el tratado, los alemanes, con esa largueza del que sabe que ha hecho un buen trato, ofrecen un opíparo banquete a la delegación rusa. Cuando el camarero le pregunta qué vino prefiere, tinto o blanco, Román Stashkov se vuelve hacia su vecino de mesa, que resulta ser el príncipe Ernst von Hohenlohe y le pregunta: «¿Cuál es el más fuerte?».

—El tinto, sin duda —responde el príncipe.

—Que sea tinto —ordena Stashkov al camarero.[204]

El espectáculo que ofrecen los compromisarios rusos a los negociadores alemanes es tan penoso que uno de los oficiales del zar asistentes al banquete, el general Jevstafi Skalon, se suicida dos horas después, abochornado de ver en qué manos ha caído su amada patria.[205]

No descuidan Lenin y sus barandas el gobierno de la dilatada Rusia. Consciente de que solo un afortunado golpe de Estado le ha permitido hacerse con el poder y de que sus bolcheviques solo

204. Fokke, D. G., «Na stene i za kulisami brestkoy tragikomedii», en *Arjiv Russkoi Revoliutsii*, vol. 20, Berlín, 1930, pp. 15-17, 36-38. Citado por Figes, 2010, pp. 597-598.

205. Urbach, 2015, p. 74.

dominan, y superficialmente, algunos puntos del país, emprende un apresurado programa social (para ganarse a la amorfa masa campesina) y político (para eliminar a la oposición).

Grandes y hermosas palabras: en el III Congreso de los Sóviets (enero de 1918) se declara que la meta del nuevo régimen es «acabar con cualquier forma de explotación del hombre por el hombre». A los antiguos explotadores, «los de antes» *(byvshie liudi)*, como los llaman, categoría social que abarcaría entre tres y cinco millones de rusos, se les declara «enemigos de clase».

Se levanta la veda del burgués: hay que acabar con ellos.[206]

¿Cómo acabamos con ellos? Primero dándoles donde más les duele: el Sóviet de Comisarios del Pueblo decreta que la burguesía debe trabajar (resolución del 5 de octubre de 1918). El que no trabaja no tiene derecho a cartilla de racionamiento y el que no tiene cartilla se muere de hambre (incluso con cartilla muchos se mueren).

Aquí tienen a la princesa Volkónskaya, antes tan elegante, vestida de obrera y quitando nieve en la calle con una pala.

El periódico *Pravda* describe la situación con indisimulado placer: «¿Adónde fueron a parar las damas ricas y elegantes, los restaurantes caros, las suntuosas celebraciones, toda esa corrupta vida dorada? Todo eso ha desaparecido. Ya no se ve por la calle a ningún señor con abrigo de pieles [...]. Está demacrado y ha adelgazado porque subsiste con una ración de tercera clase. Ya ni siquiera parece un señor».[207]

Muchos de los privilegiados de los tiempos zaristas tienen conciencia de ser los culpables de su desventura: «Estamos pagando por los pecados de nuestros mayores, sobre todo por la

206. El que avisa no es traidor. Unos meses antes Lenin ha publicado un opúsculo, *El Estado y la revolución*, en el que declara que la función del Estado proletario es «organizar la violencia contra la burguesía». «A esos enemigos de clase hay que castigarlos de la forma más despiadada en cuanto vulneren mínimamente las normas y leyes de la sociedad socialista» (Smith, 2015, p. 179).

207. *Ibid.*, p. 188.

institución de la servidumbre, con todos sus horrores», escribe el alcalde de Bogoroditsk.

Aquello que ocultaron los nobles, especialmente joyas, acaba en el mercado negro. Las magníficas diademas que se lucían en las recepciones del Palacio de Invierno pasan por las manos de joyeros, a veces vendidas por una miseria —el hambre obliga— para convertirse en brazaletes, colgantes, anillos, que lucirán las esposas de los nuevos privilegiados, la élite comunista (pronto conocida como *nomenklatura*).

Los bolcheviques legislan y legislan. Hay que darle la vuelta a la justicia siempre con vistas a la aniquilación del adversario. El ciudadano que conserve una vivienda de varias habitaciones usará una y albergará a familias proletarias en las restantes (especialmente si antes solía ser burgués). Ítem más, el que haya servido al zar figura en la lista de los *lishentsi* o privados del derecho a voto, a la vivienda y a la cartilla de racionamiento.

Andando el tiempo ocurrirá que los bolcheviques se vean obligados a recurrir a estos proscritos para desempeñar los trabajos que exceden a las capacidades de los revolucionarios: dirigir una fábrica, diseñar una campaña, decidir sobre las piezas de un museo, ocupar una cátedra universitaria...

Lenin y los suyos comprenden que no habrá más remedio que readmitirlos, aunque siempre sometidos a estricta vigilancia policial, una costumbre esta, la de desconfiar del funcionario, que pronto se torna en parte de la idiosincrasia comunista.[208]

La fiebre de legislar incurre a veces en relativos excesos. Por ejemplo, el Decreto sobre Nacionalización de Muchachas y Mujeres que emiten en la primavera de 1918 el Sóviet de Ekaterimburgo y el de Yekaterinodar. El de este último, orilla rumorosa del Kubán, precisa: «Se declaran socializadas las mujeres solteras de entre dieciséis y veinticinco años».

—¿Y cómo se reparten, camarada?

208. «Quizá un 20 por ciento de los burócratas y técnicos soviéticos procedía de la antigua élite. El 35 por ciento de los comisionados del Pueblo para la Agricultura habían sido nobles y muchos más componían los niveles inferiores de ese ministerio» (Smith, 2015, p. 287).

—Somos comunistas, ¿no? Recuerda: de cada cual según su capacidad; a cada cual según sus necesidades.

—Eso de las necesidades es muy relativo. Y en cuanto a capacidad, a mí me sobra capacidad para atender a cinco.

En efecto. Para evitar abusos se pone como tope que el ciudadano solo pueda optar al uso de diez mujeres como máximo.

Nada más publicarse el decreto, los milicianos rojos, muchos de ellos jóvenes en el hervor de la primavera, confiscan setenta muchachas pertenecientes a la burguesía local, las llevan al cuartel y las violan. Saciados los apetitos, se muestran generosos y las reparten entre la comandancia local del partido y el hotel Bristol, sede de otro cuartel provisional.

Hay que imaginarse la angustia de las familias sin noticias de las muchachas. A algunas las liberan al cabo de unas horas, a otras en penosas condiciones al cabo de unos días. De otras solo vuelve a saberse cuando, después de una larga ausencia, sus cadáveres empiezan a aparecer flotando en el río Kubán.[209]

En otros lugares —Rusia es ancha—, los bolcheviques recurren a otros argumentos para proveerse de mujeres: «Se convirtió en práctica común tomar como rehén a un hombre y esperar a que volviese su esposa y hacerle comprar la vida del marido con su cuerpo».[210]

Finalmente, la revolución triunfante acarrea otras formas sutiles de humillación de la odiada clase burguesa a través de sus mujeres: «A comienzos de los años veinte más del 45 por ciento de las prostitutas de Moscú procedía de la pequeña nobleza o de familias en su día adineradas».[211] ¿Qué ha ocurrido? Viudas y huérfanas repudiadas por la sociedad comunista, que fuera de la placenta cálida de sus familias se encuentran desamparadas y no aciertan a ganarse la vida de otra manera.

Cerrado el frente que implicaba a Rusia en la Gran Guerra, se abren otros frentes, el de la reyerta entre eseristas (o socialrevolucionarios) y los bolcheviques, que se cruzan mutuas acusa-

209. *Ibid.*, p. 181.
210. Radzinsky, 1997, pp. 152-155.
211. Smith, 2015, p. 268.

ciones de desviarse de la doctrina marxista. El otro frente, más claramente delimitado, el que opone a los *rojos* (bolcheviques) y a los *blancos* (nobleza, cosacos y parte del Ejército zarista), que reclaman el regreso del zar garante de sus privilegios, va a causar una larga y cruenta guerra civil.

La princesa Irina y el príncipe Félix Yusúpov camino del exilio a bordo del crucero inglés *HMS Marlborough*.

CAPÍTULO 55

Blancos contra rojos

Los desposeídos no se cruzan de brazos ante el abuso comunista. Militares, terratenientes, profesionales, comerciantes, todo el que ha perdido algo a manos de los bolcheviques apoya a un nuevo bando armado que se va formando, el de los blancos.

Blancos y rojos se enzarzan en una guerra civil que durará tres años (1918-1921), como la española, pero será mucho más cruenta: quizá unos diez millones de muertos, la mayoría de ellos no combatientes que perecen de hambre y tifus.

Al frente del Ejército Blanco están los generales zaristas Mijaíl Alexéev y Lavr Kornílov. Al frente del Rojo, su organizador, el propio Trotski, y el letón Ioakim Vatsetis, excoronel del Ejército zarista. Luego se le irán incorporando muchos antiguos oficiales zaristas, algunos por miedo a represalias sobre sus familias (el caso del héroe de guerra Alexéi Brusílov) y otros simplemente porque aceptan trabajar para los nuevos amos, entre ellos Mijáil Tujachevski, *el Bonaparte Rojo*, que hará una brillante carrera hasta que Stalin lo ejecute en las purgas de 1937.

La retirada de Rusia de la Gran Guerra perjudica a la causa aliada. En esta tesitura, los aliados deciden enviar contingentes de tropas en ayuda del Ejército Blanco que combate a los bolcheviques.[212]

212. Japón envía 70.000 soldados, que establecen un Estado títere en Siberia. El Gobierno británico envía una fuerza combinada de 50.000

¿Por qué se implican los aliados en un asunto interno ruso, con la guerra que tienen liada en Europa?

No es por filantropía, sino por cálculo interesado. Si consiguen restaurar la monarquía zarista, esperan que declare nuevamente la guerra a Alemania y reabra el tan necesario segundo frente.

También, lógico, subyace el temor de que la revolución bolchevique se extienda por el resto del mundo y dé al traste con sus monarquías y repúblicas burguesas.

En la guerra civil se suceden episodios de gratuita crueldad tanto en un bando como en otro.

Nicolas Werth, en el celebrado (y controvertido) *Libro negro del comunismo*, establece una diferencia entre el terror rojo y el terror blanco: «El terror bolchevique era más sistemático, estaba mejor organizado y apuntaba a todas las clases sociales. Es más, lo habían planeado y practicado antes del estallido de la guerra civil. Por el contrario, el terror blanco nunca fue tan sistemático. Casi siempre fue obra de cuadrillas de incontrolables que actuaban al margen de sus superiores. Si exceptuamos las matanzas de judíos que el propio Denikin condena, el terror blanco se redujo a una serie de represalias en las que la policía actuaba como fuerza de contraespionaje».

La Checa y las Tropas para la Defensa Interna de la República constituyen poderosos instrumentos de represión completamente distintos, que cuentan con la aprobación de los líderes del régimen bolchevique.[213]

Uno de sus participantes, Borís Sávinkov, un interesante personaje que empezó de terrorista vocacional y acabó procesado y preso por antibolchevique (de hecho, lo *suicidaron* arrojándolo

---

canadienses, australianos e indios. Grecia envía 24.000 soldados a Crimea; Estados Unidos, 5.000 soldados a Arcángel (Operación Oso Polar) y otros 8.000 a Vladivostok. Francia envía 12.000 soldados coloniales a Arcángel y Odesa; Italia, 2.500 soldados, a Arcángel y Siberia; Rumanía, 4.000 soldados a Arcángel; Polonia, 12.000 soldados a Crimea y Ucrania; China, 2.000 soldados a Vladivostok; y Serbia, 4.000 soldados a Arcángel.

213. VV. AA., 1999, p. 82

desde una ventana de la Lubianka), lo reflejó en una novela autobiográfica, *El caballo negro*:

> A mi alrededor todos matan. Se derrama el «zumo de arándanos» [así llaman castizamente a la sangre], salpica incluso las bridas de los caballos. El hombre vive y respira para el asesinato, vaga entre las tinieblas sangrientas y en las tinieblas sangrientas muere. Los animales salvajes matan cuando los atormenta el hambre, pero el hombre mata por cansancio, por pereza, por aburrimiento. Así es la vida. Es nuestra naturaleza más íntima, escapa a nuestra voluntad y no está en nuestras manos cambiarla...[214]

Otro pasaje extraído de sus recuerdos, cuando ya los blancos se batían en retirada, perdida la guerra, y no había motivo para prolongar la crueldad:

> —¿Cuántas farolas hay en la plaza?
> —No las he contado, mi coronel.
> —Cuéntalas. Y cuelga a un hombre en cada una de ellas. ¿Entendido?
> —A sus órdenes, mi coronel.

En Odesa detienen al maestro del ajedrez Alexandr Alejin por sospechas de que espía para los blancos.

—¿En qué se basan?

—Es de buena familia, hijo de millonario y va de un lado para otro organizando partidas. Y debe estar resentido contra nosotros porque le confiscamos sus bienes en Moscú.

O sea, el razonamiento es impecable: si lo jorobamos, debe odiarnos, y si nos odia, seguro que es contrarrevolucionario, *ergo* hay que cargárselo.

En el mundo del ajedrez se cuenta, pero la verdad solo el que está arriba la sabe, que Alejin recibió en su celda la visita de León Trotski que estaba interesado en jugar con él una partida. Jugaron varias y perdió siempre Trotski, aunque no era mal ajedrecista.

214. Sávinkov, 2015, p. 52.

—Libérenlo y que no lo molesten en lo sucesivo —ordenó Trotski al responsable—. Este hombre no es ni rojo ni blanco: es el ajedrez.

Los primeros compases de la guerra civil son favorables a los blancos. Natural: tropas profesionales, disciplinadas, más o menos entrenadas que se enfrentan a un ejército improvisado, indisciplinado y escaso de oficiales, formado por los milicianos bolcheviques de la Guardia Roja.

Pero los rojos se reservan una carta esencial del juego: ellos tienen de rehenes al zar y a su familia.

Lenin bosteza como un león durante una partida de ajedrez con Aleksandr Bogdánov, en presencia de Máximo Gorki. Capri, 1909.

CAPÍTULO 56

La Casa del Propósito Especial

La caída del Gobierno provisional y la conquista del poder por los bolcheviques agravan la situación de la familia imperial. Por lo pronto, el nuevo Gobierno restringe la asignación mensual de Nicolás y familia a seiscientos rublos por persona. Nicolás tiene que apretarse el cinturón, despedir a diez sirvientes, economizar. Como a cualquier otro ciudadano, el Gobierno le ha asignado una cartilla de racionamiento, la número 54, con la que puede adquirir su magra ración de harina, mantequilla y azúcar.

Llegan nuevos guardias, estos más severos, para la vigilancia de la familia imperial. Las salidas de la familia del zar fuera de la casa del gobernador se restringen. Tampoco es que las echen de menos. La calle se está volviendo más insegura: merodean milicianos forasteros que asustan a la gente. A falta de mansiones que saquear se rumorea que viven de los rescates de gente pudiente secuestrada.

«La atmósfera está cargada. Notamos que se avecina tormenta —le escribe la zarina a su amiga Anna Vyrubova—, pero sabemos que Dios es misericordioso y se ocupará de nosotros.»[215]

El niño Alexis cae enfermo, como es su costumbre. Tose tanto que se provoca fiebre, dolores y una hemorragia en la ingle. Lo reconoce el doctor Terevenko: «Temo que no salga de esta».

Alejandra se consuela un poco con la religión, pero también

215. Rappaport, 2015, p. 406.

se deprime. Pasa las horas a la cabecera del enfermito. Llora en silencio.

Mientras tanto, los mandamases bolcheviques se están preguntando: «¿Qué hacemos con el zar?».

Trotski propone juzgarlo mediante un tribunal popular, en Moscú, con luz y taquígrafos, en un juicio que revele al mundo sus crímenes.

A principios de abril de 1918 llega a Tobolsk el comisario Vasili Yakovlev, al que han encomendado que custodie al zar hasta Moscú, donde lo juzgará el tribunal popular propuesto por Trotski.

La zarina tiene el corazón dividido entre acompañar a su esposo o quedarse junto a su hijito enfermo (el *tsarevich* Alexis no está en condiciones de viajar).

Al final Alexandra decide acompañar al marido que podría necesitarla más: desde que es prisionero de los rojos está como alelado y lo mismo tiene periodos de euforia en los que le da por palear nieve, aserrar troncos o hacer gimnasia sueca, que se sume en una especie de ensimismamiento autodestructivo.

María, la hija tercera, se empeña en acompañarlos. Llevarán también al asistente del zar Terenti Chemodurov, al médico Yevgueni Botkin, a la doncella de la zarina, Anna Demídova y al lacayo Iván Sednev.

De Tobolsk al apeadero de Tiumén viajan en un coche de caballos que los baquetea sin misericordia porque el camino es malo y el vehículo tiene menos amortiguadores que un carro merovingio.

En la estación les han preparado un vagón de primera clase en el tren especial número 8. Guardias armados de semblante hosco patrullan por la estación y guardan las vías. El convoy se pone en marcha y no se detiene hasta llegar a Omsk, un nudo de comunicaciones donde se cruzan los dos ramales principales del ferrocarril transiberiano.

Desde la oficina de la estación, Vasili Yakovlev telefonea a sus superiores y mantiene una larga conversación mientras el tren espera.

La zarina observa el movimiento de tropas y viajeros por la

ventanilla. Se le enciende una lucecita de esperanza. Desde aquí podrían llevarlos a Vladivostok para embarcar hacia Japón, la libertad. Pronto se disipa esa ilusión. Han ordenado a Yakovlev que regrese a Tiumén y lleve a Nicolás a Ekaterimburgo.

¿A qué obedece el cambio de planes? Alexandr Belodovorov, presidente del radicalizado Sóviet de los Urales, sospecha la existencia de un complot para poner al zar a salvo vía Japón (el Ejército Rojo está infiltrado de agentes que trabajan para los monarquistas blancos) y ha presionado en Moscú para que se le confíe su custodia en Ekaterimburgo, donde sus leales lo tendrán a buen recaudo.

—¡Ekaterimburgo! —comenta Nicolás al conocer su nuevo destino—. El último lugar adonde me gustaría ir.

Es una mediana ciudad de los Urales, capital de una región famosa por sus minas de platino y, ¡ay!, por ser uno de los destinos tradicionales de los deportados políticos.

Los trabajadores de Ekaterimburgo tienen fama de radicales. Mal asiento para el odiado zar.

28 de abril de 1918. Una multitud de enfurecidos bolcheviques se ha congregado en la estación principal al conocer la noticia de que el zar los visita. Filipp Goloshchokin, comisario jefe del Sóviet, teme que se produzcan linchamientos *(samosudy)* a destiempo. Dispone que el tren siga su marcha hasta Shartash, un apeadero de las afueras. Allí aguarda a los ilustres prisioneros en compañía de su plana mayor para dispensarles una gélida bienvenida.

Los prisioneros se acomodan en dos coches. Escoltados por un camión de milicianos se dirigen a su destino. La carretera discurre entre espesos bosques de pinos, abedules y alerces. Al llegar a la ciudad pasan ante el monumento en el que una flecha indica «Europa» y otra señala en dirección opuesta: «Asia».

Ekaterimburgo dista de ser un lugar agradable. Vagan por las calles cientos de desarrapados sin oficio entre los que es difícil diferenciar a los desertores, a los milicianos del Ejército Rojo y a los expresidiarios.

El Sóviet de los Urales ha previsto alojar a la pareja imperial en la mansión recientemente requisada de un hombre de negocios local, Nikolái Ipátiev. En los comunicados oficiales se llamará «la Casa del Propósito Especial» *(Dom Osobogo Naznacheniya)*, y los bolcheviques la rodean con una tosca valla para ocultarla de las vistas y subrayar su nuevo oficio de prisión.

En la puerta aguarda a sus ilustres huéspedes el nuevo carcelero, Filipp Goloshchokin quien, con un gesto entre magnánimo e irónico, indica al zar:

—Puede entrar, ciudadano Nicolás Románov.

Ya se ve que estos guardias no van a ser tan considerados como los siberianos. En los días sucesivos esa impresión se confirma. A la emperatriz, que se mantiene siempre altiva, la contemplan con mirada tasadora, machista. Al zar lo tratan de tú y lo llaman por diminutivos despectivos: *Nikoluchka* o *Nikolachka*.

La casa no es tan cómoda como la de Tobolsk. Los Románov se instalan en el único dormitorio. El doctor Botkin y los criados duermen en el salón y la doncella de la zarina, en una pequeña habitación adyacente. Todos comparten un único baño del piso superior. Les imponen que para subir hagan sonar una campanita, pero la zarina se niega en redondo a esa última humillación de avisar a sus carceleros cuando visita el *toilet*.

Se suceden los días. La zarina, inquieta por sus hijos que quedaron en Tobolsk, les escribe largas cartas; el zar lee los Evangelios en voz alta. Los días son soleados, aunque aún no lo suficiente para derretir la nieve sucia que tapiza las calles.

El 23 de mayo llegan por fin las tres archiduquesas y el pequeño Alexis, pero a los veintisiete criados que los acompañaban no les permiten pasar de la estación, a algunos los detienen y al resto les dicen que se busquen la vida.

Uno de los que se quedan es Pierre Gilliard, el profesor de francés que ha acompañado a los hijos del zar en los últimos años. Tiempo después recordará en sus memorias la despedida:

> El marinero Nagorni, que atendía a Alexis Nikoláievich, pasó por mi ventana con el niño enfermo en sus brazos. Detrás de él venían las grandes duquesas cargadas de maletas y pequeños objetos personales. Traté de salir, pero el centinela me obligó a entrar de nue-

vo en el carruaje. Volví a la ventana. Tatiana Nikoláievna venía al último llevando a su perrito y luchando por arrastrar una pesada maleta marrón. Llovía y los pies se le hundían en el barro. Nagorni intentó ayudarla, pero uno de los comisarios lo apartó de un empujón.[216]

Un ingeniero que coincidió en la estación con las archiduquesas recordaría años más tarde: «Mis ojos se encontraron con los de esas tres desafortunadas jóvenes por un instante, y cuando mi mirada penetró hasta lo más hondo de sus torturadas almas, yo, un revolucionario probado, me sentí sobrecogido por un intenso sentimiento de pena. Fui consciente de que los intelectuales rusos, que afirman ser precursores y la voz de la conciencia, eran responsables de la ridícula indignidad a la que estaban sometiendo a las archiduquesas».[217]

Asignan a los recién llegados otras estancias, las chicas reunidas en una única habitación, con prohibición expresa de subir al piso superior desde el que se divisa la calle. En cualquier caso, las ventanas altas, que quedan expuestas a las miradas de los transeúntes curiosos, se ciegan pegando a los cristales hojas de periódico.

En Ekaterimburgo menudean los cortes de luz, como en el resto de Rusia, y la augusta familia aprende lo que es tener piojos.

El tiempo que la familia del zar permanezca en la «Casa del Propósito Especial» será un pequeño calvario de humillaciones. Por lo pronto, les racionan la comida, el agua caliente y el carbón de la chimenea. El comisario encargado de la custodia, Alexandr Avdéev, hombre aficionado a la bebida, invita a veces a sus amigotes a echarle un vistazo a *Nikolachka*. Sus hombres, tan soeces como él, se complacen en subirse en el sofá del cuarto de estar con las botas sucias o en dibujar en el baño escenas pornográficas alusivas a la presunta relación de la zarina con Rasputin.

Unos días después de la llegada de los niños se reciben los baúles con el resto de las pertenencias de la familia. Los bolche-

216. Gilliard, 1970, pp. 74-76
217. *Ibid.*, pp. 159-160.

viques los saquean en el mismo almacén de la estación. Los Románov tienen que adaptarse a la escasa cubertería hallada en la casa, que no alcanza a todos sus habitantes. Especialmente doloroso resulta que los saqueadores confisquen la morfina con la que la zarina aliviaba sus jaquecas y las dolencias del pequeño Alexis.

A las humillaciones de los primeros días sucede, cuando la forzada convivencia que impone el cautiverio se prolonga, que algunos guardias se apiaden de las muchachas. Les instalan un columpio en el jardín por el que los cautivos pasean a horas tasadas y en el que juegan con sus perros *Ortipo*, *Joy* y *Jimmy*, que las han acompañado al cautiverio.

Olga, con su tendencia a la melancolía, se niega a confraternizar con los vigilantes y adopta la actitud distante de la madre, pero las tres hermanas menores coquetean con los guardias más amables, especialmente María, a la que el día de su diecinueve cumpleaños la sorprenden en comprometida situación con el guardia Iván Skorojodov, que le ha llevado un trozo de tarta. El episodio horroriza al zar y a la zarina, y provoca la expulsión del muchacho de la «Casa del Propósito Especial».

—No se puede confraternizar con los prisioneros —advierte el carcelero jefe.

Los bolcheviques siempre recelando posibles maquinaciones de los blancos para liberar al zar.

Llega el mes de junio. Rusia sigue dividida y en guerra civil. Parece que el Ejército Rojo cede terreno ante el empuje del Blanco que se ha robustecido con el apoyo de los veinticinco mil hombres del cuerpo checoslovaco (los que desertaron del Ejército austriaco y se pasaron a los rusos).

En junio de 1918 los checos, que actúan como una fuerza independiente, conquistan buena parte del oeste de Siberia, el Volga y los Urales, lo que amenaza el suministro de grano para el resto de Rusia. Bien entrenados y armados, están tan peligrosamente cerca de Ekaterimburgo y del ferrocarril transiberiano que los dirigentes rojos se preocupan. ¿No se habrán propuesto liberar al zar y a su familia?

Mientras tanto, Goloshchokin aprovecha su viaje a Moscú

para asistir al V Congreso de los Sóviets para consultar a Lenin sobre la suerte de los Románov.

La decisión final es ejecutarlos sin formación de juicio.

Lenin encomienda a un hombre de confianza, Yákov Yurovski, que releve al borracho Avdéev y restablezca la disciplina en la prisión del zar.

Prosigue la guerra civil. Los partidarios del zar ganan terreno en la región. Temen los sóviets que Ekaterimburgo caiga en manos de la legión checa, que se ha unido a las fuerzas blancas.

El verano es terrible. A las largas colas delante de los establecimientos para conseguir la escasa ración de pan, carne o leche que garantizan, y no siempre, los cupones de racionamiento, se suma una epidemia de tifus que afecta a casi la mitad de la población de Ekaterimburgo.

El aspecto de la otrora próspera ciudad ha degenerado desde que la gobiernan los bolcheviques. Las calles están llenas de vagabundos, muchos de ellos soldados desertores, que merodean en busca de alimento o se establecen en los espacios públicos comiendo pipas de girasol para engañar el hambre.

La casa Ipátiev con la empalizada que la convierte en prisión.

CAPÍTULO 57

Malas noticias

16 de julio de 1918. Las tropas del Ejército Rojo están cediendo terreno ante la legión checa, mejor armada y más disciplinada. El rumor de los cañonazos en el sector del transiberiano se percibe claramente en la casa Ipátiev. Los ilustres prisioneros perciben el nerviosismo de sus guardianes. Se ha extendido el rumor de que la caída de Ekaterimburgo es inminente, quizá cosa de tres días.

Yurovski anda en conciliábulos con la cúspide del Sóviet. Sería desastroso para la causa que los contrarrevolucionarios liberaran al zar.

Goloshchokin solicita permiso a Moscú para ejecutar a la familia imperial.

La respuesta no tarda en llegar: Moscú —¿el propio Lenin quizá?— concede el permiso para eliminar a los Románov.

Lo que sigue, un recuento bastante detallado de las circunstancias del asesinato de la familia imperial, lo hemos obtenido de las confesiones de los propios asesinos que durante años alardearon de su acción en diarios y entrevistas periodísticas.[218]

El procedimiento habitual de las checas consiste en llevar a los condenados a un bosque, hacerlos arrodillar y descerrajarles un tiro en la nuca, pero Yurovski prefiere algo más discreto. Ma-

218. Especialmente valioso es el informe remitido por Yurovski a Moscú tras la ejecución. Se reproduce en el libro *El último zar*, de Edward Radzinsky, 1994.

nejar a once personas despavoridas ante la perspectiva de morir puede ser complicado. Por otra parte, la ejecución debe ser secreta y Ekaterimburgo está lleno de espías blancos.

Yurovski consulta con Piotr Yermakov y Grigori Nikulin, asesinos notorios de la Checa, la mejor manera de eliminar a los cautivos sin sacarlos de la casa Ipátiev. Se descarta la idea de degollarlos mientras duermen y la de juntarlos en una habitación y arrojarles un par de granadas. Busquemos un procedimiento más sutil.

Al final deciden ejecutarlos a tiros en el semisótano del inmueble, una habitación de seis por cinco metros que tiene el techo abovedado. El lugar parece ideal: es menos ruidoso que el primer piso y debajo del papel pintado a rayas hay un tabique de madera estucado que absorberá las balas y evitará los rebotes.

Yurovski reparte entre sus hombres los revólveres Nagant disponibles. El Nagant es el arma ideal para disparar de cerca, aunque él se reserva un Colt, que por algo es el jefe.

Yermakov designa a los doce hombres que formarán parte del piquete. Les reparte las armas y les señala a quién debe disparar cada uno para asegurarse de que todos los condenados morirán a la primera descarga. Trece tiradores para ejecutar a once reos parece una proporción razonable.

Dos de los designados declaran que prefieren no disparar sobre mujeres. Los sustituyen por otros menos escrupulosos. Yermakov despide a otro que titubea.[219]

Otro contratiempo: Goloshchokin no consigue el camión necesario para trasladar los cadáveres al campo donde piensan enterrarlos en una fosa común. La ejecución se aplaza un día.

219. Componentes seguros del piquete fueron, además de Yákov Yurovski, G. P. Nikulin, M. A. Medvédev (Kudrin), P. Yermakov, S. P. Vaganov, A. G. Kabanov, P. S. Medvédev, V. N. Netrebin e Y. M. Zelms. Las órdenes de ejecutar al zar las transmitió Filipp Goloshchokin.

CAPÍTULO 58

Diamantes en el corsé

El 16 de julio todo está dispuesto. Ajenos a la amenaza que se cierne sobre ellos, el zar y su familia han cenado y están haciendo lo que suelen, una breve sobremesa para leer y jugar al pinacle. La velada de una familia acomodada y bien avenida que aguarda mejores tiempos.

Alejandra ha anotado en su diario que el tiempo es bonancible, quince grados. Una anotación anodina que será la última.

Los Románov se retiran a descansar cerca de la una de la madrugada.

En la planta baja los componentes del piquete preparan sus armas y las municionan.

Es la 1.30 del 17 de julio de 1918.

Yurovski sube al piso donde se alojan sus augustos huéspedes y hace sonar la campanilla de la puerta.

Abre el doctor Botkin, que todavía no se ha acostado.

El bolchevique informa al doctor de que los prisioneros y sus acompañantes deben vestirse porque los van a trasladar a un lugar más seguro. No hay tiempo que perder. Los checos están cerca de Ekaterimburgo y Yurovski teme que la multitud enfurecida quiera vengarse en el zar y su familia.

El doctor Botkin despierta a los zares y al resto de los prisioneros. Bajo la supervisión de Alejandra, las muchachas se visten con blusas y faldas holgadas.

La familia y sus criados hablan en susurros que el impaciente

Yurovski, con el oído pegado a la puerta, intenta descifrar. «¿Habrán sospechado que planeamos asesinarlos?»

Después de cuarenta minutos de preparativos (la gente fina es así de lenta), la familia real emerge con ropas de casa. El zar lleva en brazos al pequeño Alexis, imposibilitado para caminar a causa de una herida en la rodilla. La zarina baldada por la ciática usa bastón y se apoya en el brazo de Olga, la mayor. Las otras chicas siguen en el orden al que están acostumbradas en las ceremonias palaciegas. Detrás bajan el doctor Botkin, la doncella Demídova y el cocinero Jaritonov.

Parece que no sospechan nada.

Yurovski los acompaña al semisótano y los deja en el vestíbulo, casi a oscuras. Pocos minutos después reaparece y los hace pasar a la habitación contigua. La zarina se extraña de que esté desamueblada. Una triste bombilla que pende del techo la alumbra. ¿Tendremos que esperar mucho? La zarina pide unas sillas al menos. Yurovski ordena al guardia Alexandr Strekotin que traiga dos.

Sube Strekotin a buscar las sillas.

—¿Qué pasa? —lo interroga Nikulin, que está arriba con los otros.

—El *tsarevich*, que como no puede estar de pie quiere una silla.

Se ríe Nikulin por lo bajo.

—¡Vaya, hombre! El heredero quiere morir en una silla. Muy bien, llévasela.

Baja Strekotin con las dos sillas. La zarina y Nicolás toman asiento, el padre con Alexis en brazos.

Yurovski pide educadamente que las archiduquesas y los servidores se alineen detrás de los zares. Como si los colocara para una foto (antes de meterse a revolucionario fue fotógrafo de profesión).

—Tenemos que esperar un poco a que llegue el camión que os evacuará —explica Yurovski.

Sale de la habitación dejando a solas a la familia imperial y a sus acompañantes.

Transcurre una media hora.

Arriba, los verdugos aguardan el momento de actuar. Nerviosos repasan una vez más sus armas, fuman un cigarrillo tras otro, se entonan con unos tragos de vodka.

Llega por fin el camión que es una camioneta Fiat algo renqueante. Yurovski instruye al chófer para que ponga en marcha el motor y lo acelere causando el máximo ruido para ahogar el sonido de los disparos.

—Despertaremos al vecindario —advierte el chófer.

—¡Que se joda!

Entra Yurovski en la casa e imparte a sus hombres las últimas instrucciones: mantened la calma y que cada cual dispare a la persona que se le ha asignado. «Tiros certeros y al corazón, ya sabéis. Quiero una ejecución limpia y rápida.»

En realidad, por la torpeza o el nerviosismo de sus hombres, unidos a una circunstancia que desconocen, la ejecución no resultará ni limpia ni rápida.

Ha llegado el momento. Se sitúan en silencio frente a la puerta de la estancia. Sacan las pistolas. Yurovski abre la doble puerta y se presenta ante los zares seguido por el resto de la cuadrilla.

Nicolás cree que el camión que oye es el transporte que esperaban.

—Bueno, aquí estamos —dice—. ¿Qué vais a hacer ahora?

Yurovski saca un papel que Goloshchokin le ha entregado, una circular del Consejo del Sóviet de los Urales, y solemnemente ordena a los zares que se pongan de pie. Obedecen, la zarina protestando entre dientes por la ciática.

Yurovski lee:

—Nicolás Románov: en vista del hecho de que tus parientes europeos continúan su ofensiva contra la Rusia soviética, el Consejo del Sóviet de los Urales te condena a muerte...

El zar no acaba de comprender lo que oye. Se vuelve hacia los suyos y dice: «¿Qué? ¿Qué?».

El doctor Botkin empieza a comprender:

—Entonces, ¿no nos lleváis a ninguna parte?

—No entiendo. Léalo de nuevo... —dice el zar.

Yurovski continúa leyendo:

—... ante el hecho de que los checos amenazan la capital de los Urales y en vista de que el verdugo coronado podría escapar del tribunal del pueblo, el Consejo del Sóviet de la región, acorde con el servicio de la revolución, ha decretado que el depuesto zar Nicolás Románov, culpable de innumerables crímenes contra el pueblo, sea condenado a muerte...

Todo ocurre en un instante. Sin aguardar respuesta, Yurovski desenfunda su Colt, da un paso hacia el zar y le dispara a quemarropa en el pecho. Previamente había advertido a sus hombres que se reservaba el derecho de matar personalmente al «verdugo coronado». Cumplido el deseo del jefe, Yermakov y Medvédev, igualmente deseosos de pasar a la historia, disparan sobre sus víctimas.

La zarina y Olga habían comenzado a santiguarse al escuchar la sentencia de muerte. Espantadas por la ejecución de su esposo y padre, no terminan de hacer la señal de la cruz. Yermakov se ha vuelto hacia ellas y dispara a la zarina con su pistola máuser. La bala le penetra por la sien izquierda, y abre una brecha en el lado opuesto salpicando sangre y sesos. Otros disparos de los asesinos alcanzan a la zarina en el tronco. Ya está muerta antes de desplomarse. El pequeño Alexis, salpicado por la sangre de su padre, intenta incorporarse.

Durante un minuto se suceden los disparos. Los Nagant son del modelo antiguo, fabricado en Bélgica, que emplea balas cargadas con pólvora negra, lo que produce una buena cantidad de humo azufrado al que se une el polvo de yeso desprendido de la pared del fondo. En un momento se forma una humareda tan espesa que dificulta la visión e impide respirar.

Yurovski ordena alto el fuego.

Tosiendo y lagrimando, los matarifes escapan de la humareda. Una vez en la antesala, recargan los Nagant, una operación algo engorrosa porque primero hay que extraer los cartuchos gastados, uno a uno, a través de una portilla de recarga.

Se escuchan gemidos y ayes procedentes del interior de la habitación.

Ejecutada por patanes medio borrachos y nerviosos, la matanza fríamente calculada por Yurovski ha resultado una chapuza. La mayoría de los disparos han errado el blanco o producido heridas veniales.

Yurovski y sus hombres entran de nuevo. Al denso olor de la pólvora y la sangre derramada se suman los de la orina y las heces que involuntariamente dejan escapar los moribundos. Los cinco hermanos Románov siguen vivos, aunque heridos de diversa consideración.

Malherido en el vientre, el doctor Botkin intenta arrastrarse hasta el cadáver del zar. Yurovski lo remata disparándole a la cabeza con su pistola máuser C96.

Nikulin vacía el cargador de su Browning sobre el *tsarevich*, que incomprensiblemente sigue vivo. Yermakov intenta atravesarlo con su bayoneta. Sin éxito. El arma no penetra. Finalmente, el propio Yurovski remata al príncipe con su Colt suplementario.

Yurovski y Yermakov se acercan a Olga y Tatiana, que se han abrazado llorando, la espalda contra la pared.

Yermakov trata de apuñalar a las dos jóvenes con su bayoneta, pero no consigue clavarla. Las dos hermanas pugnan por levantarse cuando Yurovski le dispara a Tatiana en la nuca. Yermakov hace lo propio con Olga.

Se hace el silencio nuevamente. Parece que todos los condenados han muerto. De pronto, la doncella Demídova, que solo está herida en una pierna, se alza de la pila de cadáveres diciendo:

—Gracias a Dios me he salvado.

No por mucho tiempo. Yermakov la bayonetea. Ella interpone los cojines que llevaba consigo (cargados de joyas) y se escuda con ellos hasta que los otros esbirros se los arrebatan y Yermakov puede rematarla.

Yurovski, haciendo uso de ciertos conocimientos de medicina adquiridos en el frente, toma el pulso de los cadáveres para asegurarse de que no queda ninguno con vida. Yermakov, por su parte, se cerciora a su manera clavando la bayoneta en los cadáveres del zar y de su esposa.

Los condenados están muertos por fin. La escena es espeluznante. El olor dulzón de la sangre, el de los excrementos y el de la pólvora se mezclan en una combinación nauseabunda. Los matarifes abandonan la estancia trastabillando. Lo que Yurovski había calculado una limpia operación de un minuto se ha convertido en una carnicería de un cuarto de hora.

Traen ropa de cama de las habitaciones superiores para envolver los cadáveres. Yermakov encomienda a Goloshchokin que se deshaga de ellos.

Cuando los están transportando al camión, una de las muchachas que solo estaba malherida se recobra, grita y se incorpora hasta sentarse en el suelo cubriéndose la cara con las manos. Otro de los milicianos, Strekotin intenta rematarla con la bayoneta, pero el arma no penetra. Recurre a la pistola y le dispara en la cabeza.

Llevan arriba a los once cadáveres y los amontonan en la reducida caja de la camioneta Fiat en la que previamente han esparcido una buena capa de arena que absorba la sangre.

Los trasladan al campo donde han excavado una fosa para sepultarlos. Antes, Yurovski ordena registrarlos en busca de objetos de valor. Descubren por qué las balas han resultado tan poco efectivas y por qué las bayonetas no penetraban: los hijos de los zares vestían bajo la ropa una especie de coseletes en los que, durante los meses de cautividad, la zarina y sus hijas habían cosido pacientemente las joyas, perlas y piedras preciosas que llevaban consigo. En la práctica aquellas prendas se habían convertido en chalecos antibalas. En total son unos diez kilos de joyas.

Al día siguiente, Yurovski ordena trasladar los cadáveres a la mina de los Cuatro Hermanos, una excavación abandonada distante doce kilómetros. Después de quemarlos sucintamente, les desfigura los rostros con ácido para que nadie pueda reconocerlos y los inhuman en dos fosas distantes entre sí.

Muchos años después, uno de los implicados en la ocultación de los cadáveres, Radzinski, grabó sus recuerdos en magnetófono:

> Un hombre bajó al agua con cuerdas y sacó los cadáveres. El primero que sacaron fue el de Nicolás. El agua estaba tan fría que los rostros de los cadáveres estaban sonrojados, como si estuvieran vivos... El camión se atascó en un lodazal, y a duras penas avanzábamos [...]. Y de pronto tuvimos una idea y actuamos en conse-

cuencia [...]. Decidimos que no encontraríamos un lugar mejor [...]. Excavamos en el lodazal [...], sumergimos los cadáveres en ácido sulfúrico [...]. Los desfiguramos [...]. Cerca había un ferrocarril [...]. Llevamos las traviesas podridas para camuflar la tumba. Enterramos en el lodazal solo a algunos de los ejecutados, a los otros los quemamos [...]. Quemamos el cadáver de Nicolás, me acuerdo [...]. Y el de Botkin también [...]. Y creo que el de Alexis...

Para demostrar al mundo que el régimen bolchevique respeta la legalidad, se publica la sentencia del Sóviet de los Urales que ha ordenado la ejecución del zar.[220]

¿Quién ordenó ejecutar a la familia imperial?

La historiografía soviética señala al Sóviet de los Urales, pero Trotski, en su diario, asegura que la orden partió de Lenin:

En mi siguiente visita a Moscú, después de la caída de Ekaterimburgo, le pregunté a Yákov Sverdlov por el paradero del zar. «Se acabó —respondió—. Lo han fusilado.» «¿Y su familia?» «También.» «¿Los han fusilado a todos?», pregunté fingiendo sorpresa. «A todos —respondió—. ¿Qué te parece?» «¿Y quién lo decidió?», pregunté. «Lo decidimos aquí. Ilich [Lenin] creía que en las circunstancias difíciles por las que atravesamos no debíamos dejar a los blancos un símbolo vivo que les procuraría apoyos.»[221]

220. El texto reza: «Decisión del Presídium del Consejo de Diputados, Obreros, Campesinos y Guardias Rojos de los Urales. En vista del hecho de que bandas checoslovacas amenazan la capital roja de los Urales, Ekaterimburgo, y que el verdugo coronado podía sustraerse a la justicia del pueblo (un complot de la Guardia Blanca para llevarse a la familia imperial acaba de ser descubierto) el Presídium del Comité Divisional, cumpliendo con la voluntad del pueblo, ha decidido que el exzar Nicolás Románov, culpable ante el pueblo de innumerables crímenes sangrientos, sea fusilado».

221. King, 1999, p. 358. En 1993 el Gobierno ruso nombró un Comité Investigador presidido por el prestigioso historiador V. N. Solovyov, para esclarecer las circunstancias en que murió la familia de Nicolás II. Su conclusión es que no existen documentos fiables que prueben la responsabilidad de Lenin o de Sverdlov.

¿Qué fue del resto de la familia Románov?

Los bolcheviques internaron en la improvisada prisión de Napólnaya (una escuela rodeada de alambre de espino al norte de los remotos Urales) al grupo formado por la archiduquesa Isabel Fiódorovna Románova,[222] el príncipe Vladimir Pávlovich Paléi,[223] al archiduque Serguéi Mijáilovich Románov,[224] y a sus tres primos los príncipes Iván, Konstantino e Ígor Konstantínovich,[225] el aristócrata Vladimir Paléi,[226] la monja de la congregación Varvara Yakovleva y Fiódor Rémez, secretario del archiduque Serguéi.

Conocemos el triste destino de aquel grupo por Vasili Ryábov, un testigo ocular. Una noche entraron en la escuela varios guardias rojos que informaron a los prisioneros de que los iban a maniatar y vendar los ojos para trasladarlos a un lugar más seguro. Al archiduque Serguéi Mijáilovich, que se resistió, le dispararon en el brazo.

Metieron a los prisioneros en un carro y los condujeron du-

222. Una princesa alemana nacida Isabel Alejandra Luisa Alicia de Hesse y nieta de la reina Victoria del Reino Unido. Ya hablamos de ella en la p. 76, aunque es comprensible que el lector no la recuerde, dado lo intrincado de la fronda dinástica en la que nos movemos. Era la chica en cuya boda, con el archiduque Serguéi Alexándrovich, se conocieron Nicolás y Alejandra, de la que era hermana. Su nombre alemán era Isabel Alejandra Luisa Alicia de Hesse y del Rin. En 1905 se había quedado viuda. Casada con el archiduque Serguéi Alexándrovich después de que su marido pereciera en un atentado terrorista en 1905, vendió sus propiedades y fundó el convento de Santa Marta y Santa María de Moscú, en el que profesó como monja.

223. Era hijo del archiduque Pável Alexándrovich, hijo menor a su vez de Alejandro II, y por tanto primo de Nicolás II. Era un excelente poeta y mediano pintor.

224. Hijo de Mijaíl Nikoláievich y nieto del zar Nicolás I. Recordemos que sucedió a Nicolás en los amores de la bailarina Matilde Kshesinskaya, a la que más adelante se resignó a compartir con su pariente el archiduque Andréi Vladimirovich.

225. Hijos del archiduque Konstantino Konstantínovich Románov y por tanto nietos del zar Nicolás I.

226. Hijo del ya mencionado archiduque Pável Alexándrovich, el benjamín del zar Alejandro II.

rante varias horas por un sendero de cabras. El archiduque Serguéi, aunque padecía grandes dolores a causa de su herida, se encaró con sus verdugos:

—¿Por qué nos vais a matar? Nunca me he metido en política.

En efecto, las pasiones del archiduque habían sido el deporte, la numismática y el billar.

Llegaron a su destino, una zona en la que abundaban los pozos mineros abandonados. Los milicianos ayudaron a los prisioneros a descender del carro.

Habían colocado una pasarela de tablones sobre un pozo particularmente profundo. Cuando intentaban obligar a los prisioneros a caminar sobre las tablas, el archiduque Serguéi se resistió nuevamente, por lo que le volaron la cabeza de un tiro y arrojaron el cadáver al pozo.

Nadie más intentó resistirse. Dócilmente se dejaron llevar uno a uno a la improvisada pasarela. Cuando el condenado llegaba a su parte central, oscilando sobre el vacío, le propinaban un culatazo en la cabeza y lo hacían caer al pozo.

Cuando el último de los condenados hubo caído, retiraron la pasarela y lanzaron al pozo unos cuantos maderos y varias granadas de fragmentación que al estallar provocaron un desplome en las paredes del hoyo.

El archiduque Serguéi había muerto instantáneamente, pero a sus compañeros de infortunio malheridos y sedientos, les estaba reservada una agonía espantosa. Los campesinos de la zona los oyeron entonar salmos durante unos días hasta que los cantos se fueron apagando y finalmente se extinguieron.

Once semanas después el Ejército Blanco se adueñó de la comarca y rescató los cadáveres, el del archiduque con su vendaje en el brazo. Los sepultaron con honores en la catedral de Alapáyevsk. Cuando se volvieron las tornas y regresaron los rojos, los blancos trasladaron los cadáveres a la cripta de la Iglesia de la Misión rusa en Pekín.

La Iglesia de la Misión ha desaparecido, pero en su solar hay un aparcamiento bajo cuya capa de cemento deben seguir los restos de los mártires.

No fueron los únicos Románov víctimas de la revolución. A otros cuatro nietos del zar Nicolás I, los hermanos Gueorgui y Nikolái Mijáilovich, y sus primos Dmitri Konstantínovich y Pável Alexándrovich, los fusilaron en enero de 1919 extramuros de la fortaleza de San Pedro y San Pablo, como represalia por la ejecución en Berlín de los comunistas Rosa Luxemburgo y Karl Liebknecht.

Corpse of the Grand Duke John. Corpse of the Grand Duchess Elizabeth.

Los cadáveres del príncipe Iván y de la archiduquesa Isabel rescatados del pozo minero por los blancos.

CAPÍTULO 59

Los burgueses se disfrazan de mendigos

Ocupados en la suerte de la familia imperial hemos olvidado contar cómo sigue la guerra civil.

Al principio los rojos ceden terreno, batidos en todos los frentes. Por el centro, los blancos les ocupan Orel y amenazan Moscú (general Antón Denikin); por el noroeste (general Nikolái Yudénich) y el este (general Alexandr Kolchak) amenazan San Petersburgo (o sea, Petrogrado).[227]

Mientras, solo se reciben noticias negativas del frente, luchando contra reloj, Trotski se esfuerza en meter en cintura a la milicia bolchevique mediante «amenazas, organización y represalia».[228] Hombre práctico por encima de las ideologías, no vacila en alistar a los mandos del antiguo Ejército zarista que vagan por Rusia sin trabajo, especialmente a los subalternos más próximos al pueblo (a los que mantendrá vigilados por los comisarios políticos de los respectivos regimientos).

Los blancos llegan a treinta kilómetros de la capital de los zares, tan cerca que las avanzadas ven brillar las cúpulas doradas de la catedral de San Isaac heridas por el sol.

227. En la figura de Alexandr Kolchak se inspira la interesante película rusa *Almirante* (2008).

228. Algo parecido ocurrió en la guerra de España: cuando los milicianos indisciplinados del principio formaron unidades bien adiestradas (Quinto Regimiento), ganaron en calidad y acometividad, aunque al final perdieran la guerra.

Es el máximo esfuerzo blanco. Llegado el verano, los rojos contraatacan, más disciplinados y mejor armados. Kolchak, Denikin y Yudénich se baten en retirada.

El sueño de los contrarrevolucionarios se disipa. Ahora sálvese quien pueda.

Entre los que se repliegan huyendo de la guerra y de los rojos volvemos a encontrar a nuestro amigo Juan Martínez, que ha llegado a Kiev, la capital de Ucrania, conquistada en mayo de 1920 por el Ejército polaco aliado de los nacionalistas de la República Nacional Ucraniana.

> Kiev era la ciudad más alegre y animada del mundo, toda la gente de dinero de Rusia se había refugiado allí huyendo de los bolcheviques. Las calles hervían de gente bien vestida, los mercados estaban abarrotados, los restaurantes elegantes rebosaban, los cafés y las pastelerías se veían concurridísimos y en cada esquina funcionaba una casa de juego [...]. Las noticias que llegaban del norte hablando del Gobierno bolchevique no interesaban a nadie. Se creía que todo aquello de los sóviets era cosa de los obreros de San Petersburgo y Moscú, que no tardarían en acabar más o menos violentamente.[229]

Un mes después, el Ejército Rojo toma Kiev y Juan Martínez se despide «de las comodidades y bienestar de la vieja vida burguesa».

En Kremenchuk, la ciudad industrial a orillas del Dniéper donde lo han contratado, Juan Martínez aguarda con preocupación la llegada de los bolcheviques.

> Nos fuimos a Gomel, el último refugio de las comodidades de la vida burguesa [...]. Nos habían contratado en el Splendide, un cabaret muy lujoso en el que nos invitaban a pastelillos de nata y *champagne* y nos regalaban flores [...] hasta que el negocio empezó a ir mal. Los bolcheviques estaban cada vez más cerca y los buenos clientes huían.
>
> ¡Adiós al viejo mundo burgués! Los príncipes, derrotados sin

229. Chaves Nogales, 2011, pp. 116-118.

lucha, huían a galope campo a través y allí quedaba la población civil, buena gente que no se mete en nada, espiando temerosa por las rendijas de las ventanas a los nuevos amos de Rusia [...]. Aquella misma tarde, inmediatamente detrás de los destacamentos militares, aparecieron los funcionarios civiles del régimen soviético, que con una celeridad sorprendente en Rusia, se incautaron del municipio, montaron sus oficinas, fijaron sus bandos manuscritos en las fachadas, y se pusieron a repartir los inevitables bonos para el pan y demás comestibles. Desplegaban aquellos hombres una actividad prodigiosa. A las doce horas de llegar ya se habían incautado de cuantas subsistencias había en Gomel y tenían formadas las colas a la puerta de los almacenes. En esto eran los amos. Simultáneamente practicaban detenciones de contrarrevolucionarios, efectuaban requisas, extendían salvoconductos y organizaban mítines. Mitineaban en todas partes y a todas horas del día y de la noche: en los cafés, en las esquinas de las calles, en los patios de las casas, hasta en los comedores y las alcobas de las familias que los alojaban. Repartir bonos y echar discursos eran cosas que hacían con la mayor facilidad del mundo. Dar de comer era ya otra cosa. Al principio no se portaron mal con la población civil, y dieron buenas palabras a todo el mundo. Lo malo fue cuando empezaron las requisas a los aldeanos. Se lo llevaban todo: el pan, el trigo, la cebada, el ganado, los carros. El Ejército Rojo venía hambriento y desprovisto de prendas de abrigo, caballerías y medios de transporte.[230]

Juan Martínez, de nuevo con la maleta a cuestas, se dirige a Kiev en un tren casi completamente ocupado por tropas bolcheviques, «es decir, campesinos a los que unos días antes habían entregado un fusil y autorizado a asesinar a los padres que se les pusieran por delante».[231]

Los milicianos rojos, muchos de ellos gente simple escapada de la besana o de la trinchera, que ejercen un poder omnímodo porque les han entregado un fusil, andan atentos a la caza del burgués. Hace tiempo que en los lugares que ellos dominan desapareció la gente elegantemente vestida. Los burgueses que no hu-

230. *Ibid.*, pp. 128-129.
231. *Ibid.*, p. 130.

yeron se han disfrazado de proletarios y ahora visten andrajos, calzones anchos, botas desgastadas, pelambre descuidada y barba de varios días. El que comete el error de mostrarse aseado o luce alguna prenda considerada burguesa es motivo de sospecha. Nuestro amigo Juan Martínez lo va a aprender en sus propias carnes:

> En una estación estaba yo llenando de agua nuestra tetera cuando se me acercó un hastial que de un manotazo me tiró el cacharro y me dijo:
>
> —¡Largo de aquí, cochino burgués!
>
> —¡Largo si no quieres que te arrastremos! —corearon diez o doce gandules que lo seguían.
>
> Me revolví furioso al verme atropellado tan injustamente.
>
> —Pero ¿por qué?
>
> —¡Porque eres un burgués asqueroso y te vamos a colgar ahora mismo!
>
> —Yo soy tan proletario como ustedes.
>
> Me contestó una salva de carcajadas. Yo, realmente, con mi cuello almidonado y la chaqueta de punto que llevaba, debía de tener un aire bastante ridículo entre aquellos bárbaros, que lucían las ropas en jirones.
>
> —¡Yo soy tan proletario como ustedes! ¡O más! —grité exasperado.
>
> —¡Mentira! O demuestras ahora mismo que te ganas la vida trabajando o te arrastramos.
>
> Hubo un momento de silencio. Los miré a los ojos y les grité con rabia:
>
> —¡Mirad, idiotas!
>
> Y les mostraba, metiéndoselas por las narices, las palmas de mis manos deformadas por dos callos enormes, cuya contemplación causó un gran estupor a aquellas gentes.
>
> Eran los callos que a todos los bailarines flamencos nos salen en las manos de tocar las castañuelas.
>
> Ellos me salvaron.[232]

El regreso de Juan Martínez a Kiev es decepcionante. «¿Qué ha pasado aquí? Aquella ciudad rica y aristocrática con sus co-

232. *Ibid.*, pp. 131-132.

mercios fastuosos, sus parques, sus palacios y su vida intensa [...] se había convertido bajo la dominación bolchevique en una población miserable sin luz, sin escaparates, las grandes mansiones cerradas a piedra y lodo, las calles desiertas, los escasos transeúntes esquivándose unos a otros, todos mal vestidos con un aire triste de mendigos [...], todos los habitantes de Kiev se habían disfrazado de mendigos, como obedeciendo a una consigna.»[233]

El flamenco Martínez se ve en la calle «en el borde de la acera y sin saber para dónde tirar», pero afortunadamente el sistema soviético tiene un empleo para cada ciudadano de acuerdo con sus capacidades. A los artistas de variedades los envían al Hipo Palace, el circo local, que ha renovado su público: donde antes se divertían los despreocupados burgueses ahora se actúa para los camaradas bolcheviques. El circo pertenece ahora a los artistas encuadrados en el Sindicato de Artistas de Circo. Juan Martínez se inscribe y recibe su trabajo y sus cupones de racionamiento.

Pasan unos meses sin mucha novedad y una arremetida de los blancos requiere la militarización de los afiliados a los sindicatos. «Sin comerlo ni beberlo me encontré convertido en guardia rojo de la noche a la mañana —cuenta el flamenco Martínez—. No teníamos armas. Todo nuestro armamento consistía en el papel sellado por las autoridades soviéticas que se nos entregaba al movilizarnos.»[234]

233. *Ibid.*, pp. 133-134.
234. *Ibid.*, p. 138.

CAPÍTULO 60

Un revolucionario arrepentido

Batido en todos los frentes, el Ejército Blanco se fortifica en Crimea, tradicional refugio de los *byvshie liudi*, «los de antes».[235] Durante un tiempo parece que puede recomponerse para atacar de nuevo, pero el refuerzo del Ejército Rojo aumentado con las tropas que regresan de luchar contra los polacos (una guerra marginal paralela a la civil) obliga al remanente de los blancos a evacuarse a Estambul en noviembre de 1920 y de allí al exilio.

La última alocución del general Wrangel a sus tropas es conmovedora: «Abandonado por todos y desangrándose a raudales, el Ejército ruso que ha luchado no solo por la causa de Rusia, sino por la del mundo entero, abandona la tierra natal. Vamos a la emigración como mendigos que tienden la mano, pero con la frente muy alta y la conciencia de haber cumplido nuestro deber hasta el límite».[236]

Los Románov supervivientes de la caída de la dinastía embarcan en el acorazado británico *Marlborough* rumbo a la libertad con escala en Yalta.

La última esperanza de «los de antes» se ha disipado. Los que

235. Allí están, entre otros, los restos de la familia Románov, la emperatriz viuda María Fiódorovna y su hija la archiduquesa Xenia y los archiduques Nikolái y Piotr Nikoláievich.

236. Chaves Nogales, 2011, p. 223.

no han podido reciclarse en comunistas de toda la vida, empiezan a pensar en que no les queda otro camino que el exilio.

La alternativa es caer en manos de la Checa tarde o temprano. La oficina de seguridad bolchevique está funcionando a pleno rendimiento. Mejor organizada que la Ojrana, ya ha abierto cincuenta y cinco centros de detención con capacidad para veinticuatro mil reclusos. La justicia bolchevique es rápida; unos detenidos terminan en los campos de trabajos forzados (que en 1922 superan una población de sesenta mil internos), pero la mayoría acaba sus días frente al pelotón de fusilamiento. «En Crimea fusilaron a unos cincuenta mil blancos, entre oficiales y funcionarios; en Yekaterinodar a unos tres mil oficiales, en Odesa a dos mil, en Ekaterimburgo a dos mil ochocientos.»[237]

Tras la guerra civil llega la hambruna que afecta principalmente a la región del Volga entre 1921 y 1922. Es la primera lección práctica de las consecuencias del establecimiento de una sociedad comunista, agravadas por la pertinaz sequía.

Los bolcheviques han dispuesto que los campesinos entreguen su producción a los sóviets locales para su administración y redistribución.

—Ya sabéis, camaradas, de cada cual según sus aptitudes; a cada cual según sus necesidades.

El campesino, poco dado por naturaleza a la especulación, no comprende la profunda doctrina social que esa propuesta encierra, sino el hecho de que va a deslomarse trabajando para que el burócrata bolchevique que le ha requisado la cosecha decida desde su cómodo despacho cuánto se le puede devolver.

Resultado: la producción cae en picado. El taimado campesino no trabaja con el mismo afán que cuando la cosecha era suya.

Esa actitud tiene un nombre en el diccionario bolchevique: sabotaje.

Florece el estraperlo. Los tenderos y los acaparadores guardan el género para venderlo bajo cuerda a precios de mercado.

«¿Esas tenemos?», dice Lenin. Y ordena requisar los víveres de los campesinos, incluido el grano de simiente.

237. Smith, 2015, p. 257.

—Creo que nos hemos pasado —comenta Trotski (y eso que despreciaba a los campesinos).

Pero ya la palabra de Lenin se ha convertido en ley. Es el zar rojo, el nuevo autócrata que reina sobre Rusia.

¿Qué ha sido de Juan Martínez, nuestro bailaor flamenco atrapado en la vorágine revolucionaria?

Dando tumbos por la ancha Rusia, intentando buscarse la vida con un arte que los nuevos amos no aprecian, ha dado con sus huesos en los muelles de Odesa una mañanita de verano de 1921.

Me llamó la atención un hombre que dormía a pierna suelta en un banco del malecón, boca arriba, con la cabeza colgando y la pelambrera alborotada. Lo reconocí, era René, un francés conocido mío que había desertado de la embajada de su país para unirse a los bolcheviques. Me dijo: «No tengo más obsesión que volver a Francia, mi patria».

—Pero usted, René, es un desertor. ¿No lo castigarán en Francia?

—Sí, mi nombre está pregonado en todas las fronteras.

—¿Entonces?

—En cuanto salga de territorio soviético me echarán el guante.

—Es que si lo cogen, ¡lo fusilan!

—¿Y qué? Aunque me fusilen me da igual. Que me fusilen, si quieren. Yo lo que anhelo es salir de esta cochambre como sea. Me asfixio bajo esto que llaman dictadura del proletariado, me muero de asco y de tristeza. ¡Volver a Francia, y luego morir si es inevitable! Todo menos seguir en este gigantesco presidio de treinta millones de seres.

—Pero usted, René, hizo mucho por la revolución...

—¡Mal me han pagado esos perros! Son una tropa de salvajes con la que no es posible la convivencia a ningún europeo. Una horda de criminales que se está cebando en este pobre pueblo inculto y hambriento.[238]

238. Chaves Nogales, 2011, pp. 103-105.

No es el único arrepentido. El escritor Máximo Gorki, que como tantos otros abominaba del zarismo y había puesto grandes esperanzas en la revolución, muestra su decepción en múltiples escritos: «Los nuevos burócratas aceptan sobornos lo mismo que los antiguos y tratan a la gente con una grosería y un desprecio incluso mayores».[239]

Los nuevos amos de Rusia. Trotski en la Plaza Roja.

239. Figes, 2010, p. 451. También es cierto que con la edad y la desesperanza se acomodará al Estado soviético y acabará tomando té con Stalin. También es cierto que el historiador Arkadi Vaksberg se muestra convencido de que Stalin lo envenenó.

CAPÍTULO 61

La diáspora de la aristocracia rusa

En 2005 un joven historiador especializado en Rusia, Douglas Smith, estaba invitado a cenar en casa de una pareja de origen ruso, Nikita y Maïko Cheremeteff, de Connecticut. En la distendida sobremesa, Nikita tomó de la mesa un cuchillito de plata de pala ancha, de los que sirven para untar paté, y dijo: «Esto es lo único que queda de la fortuna de los Cheremeteff».

—¿Los Cheremeteff? —preguntó Smith. Le sonaba el apellido.

—Sí, una de las familias más ricas y poderosas de la aristocracia rusa, en tiempo de los zares, tan rica que mantenía su propia compañía de ópera con la que en fechas señaladas del año montaba espectáculos para deleite propio y de sus invitados. La familia tenía propiedades en las principales ciudades europeas. En San Petersburgo, Moscú y en su principal hacienda campesina (que ocupaba la extensión de una provincia española) tenían tres grandes palacios que cada año redecoraban según las modas de París y Londres. Lo único permanente en ellos eran los lienzos que adornaban las paredes firmados por Van Dyck, Rembrandt, Rafael, prerrafaelitas ingleses e impresionistas franceses.

El servicio, pajes, *dames de chambre*, cocineros, pinches, mozos de establo sobrepasaba el millar de personas. Huelga decir que los Cheremeteff vestían igualmente a la última moda europea y con los lujosos vestidos tradicionales rusos bordados en oro. En sus viajes, además de un vagón de baúles, los Cheremeteff llevaban consigo sus propias vacas para asegurarse un suministro de leche de toda confianza.

Todo aquel esplendor se quedó en nada cuando lo barrió la revolución.

El cuchillito salvado de aquel inmenso naufragio que fue la revolución inspiró al joven Smith para emprender una búsqueda casi tan complicada como la del Grial: ¿qué fue de la aristocracia rusa, en su momento la más rica, mundana y quizá la más ilustrada de Occidente?

Smith se entrevistó con los nietos y biznietos de aquellos nobles potentados que ahora viven en Francia, en Estados Unidos, en Inglaterra, incluso en España, y con el resultado de aquel trabajo compuso un libro.[240]

—Somos, querido amigo —dijo Nikita a su invitado— los últimos restos de «los de antes» *(byvshie liudi)*, un grupo en el que los bolcheviques englobaban al centenar de estirpes aristocráticas y a los altos funcionarios que habían escalado puestos de responsabilidad en el reinado del zar, generales, terratenientes y patriarcas de la Iglesia ortodoxa.

Después del triunfo del comunismo se produjo un éxodo de población que se ha cifrado entre medio millón y tres millones de personas (ya se ve que datos concretos no existen).

Algunos aristócratas, los que tenían fortunas en el extranjero o consiguieron sacarlas cuando vieron anubarrarse el horizonte, se establecieron en París para vivir rumbosamente como si nada hubiera cambiado, pero otros que habían escapado con lo puesto (quizá lamentando haber repatriado sus fortunas al comienzo de la Gran Guerra por un impulso patriótico) tuvieron que emplearse como chóferes, o mayordomos de familias pudientes, dado que lo único que sabían era conducir o la etiqueta de las personas educadas.

El periodista Chaves Nogales, corresponsal del diario *El Heraldo* en París, frecuentó los ambientes de la emigración rusa y entrevistó a algunos personajes que habían sido relevantes en la corte de los zares.

240. *El ocaso de la aristocracia rusa*, Smith, 2015, véase bibliografía.

En los países fronterizos de Rusia se formaron unas aglomeraciones monstruosas de emigrados [...], en Viena hubo durante 1918 y 1919 millares de muchachitas rusas hambrientas con la ilusión de ganarse la vida en los medios fáciles que, según creían, podía brindarles la tradicional frivolidad vienesa.[241]

En la isla de Prinkipo, en el mar de Mármara, llegaron a concentrarse más de mil mujeres, casi todas damas de la aristocracia.[242]

Después vino la diáspora por todo el globo.

Yo he visto en regiones apartadas de Canadá colonias de rusos cuyas costumbres eran tan netamente rusas como cuando estaban en el terruño natal.[243]

Ingenieros, médicos, arquitectos, abogados, etcétera, han encontrado buenas colocaciones en los países de emigración y en cambio los que no eran más que gente distinguida solo para *chauffers* de taxis han servido.[244]

Muchos antiguos oficiales se han enrolado en ejércitos extranjeros: la Legión francesa tiene varios centenares, también hubo algunos que fueron a Marruecos a luchar bajo las banderas del Tercio.[245]

Todos los lugares de placer de Europa están llenos de titulados aristócratas zaristas que utilizan su patética condición de grandes señores venidos a menos, para vivir del sablazo, la franca mendicidad, el petardismo y los viles oficios.[246]

La emigración rusa, que en casi todas partes se conduce con bastante decoro, aquí en la Riviera tiene un tono mendicante que

241. Chaves Nogales, 2011, p. 41.
242. *Ibid.*, p. 40.
243. *Ibid.*, p. 101.
244. *Ibid.*, p. 141.
245. *Ibid.*, p. 43.
246. *Ibid.*, p. 139.

avergüenza. A la Riviera vienen los rusos que no tienen valor para doblar el espinazo sobre el surco, con una azada en la mano, y prefieren tender la mano a los turistas en el paseo de los Ingleses de Niza. Vienen a ser lacayos los que antes fueron señores, a ensayar «combinaciones infalibles» en la ruleta, a «levantar muertos» y dar «sablazos» los que antes se dejaban explotar y engañar en las salas de juego, a regar los jardincitos de las villas que antes fueron suyas, y a recibir propinas que antes dieron. Creen por lo visto que tienen derecho a esta mísera restitución. Todo menos trabajar.[247]

Los Yusúpov, tenidos por los más ricos de Rusia, perdieron todos sus bienes raíces, pero consiguieron huir del país con las maletas llenas, con varios Rembrandt y con la famosa perla Peregrina.[248] No les fue tan mal. Yusúpov, el asesino de Rasputin, «ha establecido una casa de modas y perfumes en París. Tiene instalado un salón de la moda en el que sirve a las damas más exigentes y aristocráticas de Europa que pagan a precios fabulosos el estar vestidas por un auténtico príncipe ruso».[249]

Historias particulares de cómo el que lo fue todo se acomoda a no ser nada o casi nada abundan en el libro de Chaves: «De todos, el gran duque Borís, primo del zar, es el que con más elegancia arrastra su nostalgia y su fatalismo por las *boîtes de nuit* de Montmartre y las salas de juego de la Costa Azul».[250]

Efimovsky, periodista batallador y abogado famoso, presta sus servicios como «encargado de mostrador en un restorán de la Rue Viviani».[251]

Kokovtzov, el hombre que quiso sobornar a Rasputin para que se fuera a Siberia, «vive en un cuartito alto, al que no llega el

247. *Ibid.*, p. 171.

248. Esta famosa perla aparece en algunos retratos reales del Museo del Prado. Felipe IV de España la regaló a su hija María Teresa con motivo de sus esponsales con Luis XIV de Francia.

249. Chaves Nogales, 2011, p. 128.

250. *Ibid.*, p. 46.

251. *Ibid.*, pp. 47-48.

ascensor, en la Avenue Marceau»; Alejandro Kérenski, que fue cabeza del Gobierno provisional y casi amo de Rusia, «vive pobremente, como un humilde periodista».[252]

El príncipe Cirilo, hijo de la princesa Xenia, hermana del zar, «vive a expensas del rey Jorge de Inglaterra, que le ha puesto un pisito en el castillo de Windsor».[253]

Matilde Kshesinskaya, la bailarina amante de Nicolás y de otros Románov, renta «una academia de baile clásico en la Rue Viot Whitcomb».[254]

El archiduque Dmitri, completamente arruinado, paseó por Europa su fama de asesino de Rasputin. Tuvo suerte, «su fama, su juventud y su belleza le trajeron de nuevo la omnipotencia en la forma de una muchacha norteamericana fabulosamente millonaria, hija de un negociante yanqui. *Miss* Audrey Emery, bella, joven, inmensamente rica, se enamoró del prestigio romántico del archiduque Dmitri y se casó con él poniendo en sus manos algo que en Occidente vale tanto como el cetro de los zares: los millones del negociante yanqui».[255]

La princesa Vera Panteleiev «ha tenido que colocarse en una casa de modas de París como maniquí viviente».[256]

El general Ikonnikov «se ayuda dando clases de esgrima a los ases de la pantalla en Hollywood [...]. El general Brummer, ayudante del archiduque Nicolás, se colocó como guardia nocturno para poder comer».[257]

La princesa Nina Gueorguievna, hija del archiduque Gueorgui, «se gana hoy la vida en Nueva York como dependienta de unos almacenes de la Quinta Avenida».[258]

En algunos casos, el aristócrata venido a menos juega a ser tan rumboso como en los viejos tiempos, quizá como compen-

252. *Ibid.*, p. 89.
253. *Ibid.*, p. 105.
254. *Ibid.*, p. 110.
255. *Ibid.*, p. 124.
256. *Ibid.*, p. 134.
257. *Ibid.*, p. 248.
258. *Ibid.*, p. 136.

sación psicológica frente a las calamidades del presente. Chaves Nogales conoce en París...

> ... algún *gentleman* de estos que juntan los tacones y doblan ceremoniosamente la espina dorsal para besar la mano de estas altivas damas, piensa con inquietud en que unas horas más tarde estará descargando vagones en una estación de mercancías de la *banlieu* o tiritando de frío en el *baquet* de un taxi. Estos hombres y estas mujeres que lo han perdido todo no se resignan a dejar de jugar por lo menos una vez al año la comedia de que siguen siendo los grandes y poderosos señores que eran antes. Conozco un caso emocionante. Un pobre chófer de taxi que ahorra las propinas que recibe durante todo el año, el dinero suficiente para irse, durante tres o cuatro días, a la Costa Azul, y pasear altivamente su traje de etiqueta por los hoteles, cabarets y salas de juego donde, en otra época, hacía polvo sus auténticos millones. El sueldo dura poco, tres días, cuatro, antes de que termine la semana, el resucitado gran señor tiene, fatalmente, que regresar a su agujero de París para seguir alimentándose todo el año con té y mermelada.[259]

La plácida madurez del matrimonio Lenin.

259. *Ibid.*, p. 192.

CAPÍTULO 62

El paraíso soviético

El sufrido pueblo ruso cree que rompe las cadenas de la opresión capitalista y que ingresa en un paraíso socialista cuyo ejemplo guiará a los pueblos del mundo por el camino de la libertad.

Craso error. En cuanto Lenin accede al poder absoluto disuelve la Asamblea Constituyente, en la que predominan los socialistas revolucionarios, y favorece a los sóviets, que están en manos de los bolcheviques. Lenin impone el unipartidismo bolchevique, alegando que es la única garantía de que Rusia no recaiga en la explotación capitalista.

Los rusos han escapado de la sartén zarista para caer en el fuego del comunismo soviético. La religión comunista tiene un mandamiento principal: el individuo trabaja para el bien de la comunidad. El ciudadano que no alcanza el rendimiento que se espera de él es un saboteador contrarrevolucionario susceptible de reeducarse en un campo de trabajo.

Los antiguos esclavos de la aristocracia rentista se convierten en esclavos del Estado. La única diferencia estriba en que si los amos de antes *(byvshie liudi)* los acusaban de deslealtad y los mandaban a la comisaría local para que les dieran una tunda de palos, los de ahora los acusan de sabotear al Estado con consecuencias más graves: una larga temporada en el gulag o el tiro en la nuca. La traición al Estado está tipificada en el artículo 58 del Código Penal («actividad contrarrevolucionaria y otros crímenes graves contra el Estado»).

¿La democracia? Eso es cosa de los mencheviques y de los burgueses liberales. Lenin y los bolcheviques siempre supieron que eso de la democracia es una bobada.

El régimen soviético se impone por el terror. No por gusto, que conste, sino porque, como escribió Lenin a su colega Fiódorov, «el terror es necesario para construir el orden revolucionario».[260]

«Nada tiene de inmoral —remacha Trotski— que el proletariado aniquile a una clase que ya se está desmoronando.»[261]

Una observación del mandamás, por teórica que sea, adquiere fuerza de ley (es lo que pasa en las dictaduras). En septiembre de 1918, Grigori Zinoviev lo pone en palabras: «Debemos atraernos a noventa de los cien millones de habitantes de la Unión Soviética. En cuanto a los demás, nada tenemos que decirles: hay que aniquilarlos».[262]

El padrecito Lenin, guía de la infancia.

260. Carta del 8 de agosto de 1918 (Lenin, *Obras completas*, vol. L, p. 52, tomado de Internet).
261. Figes, 2010, p. 510.
262. Leggett, 1987, p. 114, citado por Smith, 2015, p. 35.

CAPÍTULO 63

Balas contra Lenin

30 de agosto de 1918. Lenin sale de la fábrica de armamento de Moscú poéticamente llamada Hoz y Martillo donde ha pronunciado un vibrante discurso y se dirige a su coche camino del hogar.

Atardece y en el patio no hay más luz que la de una distante bombilla. Una mujer se abre paso entre la multitud que aclama al padre de la revolución. Los barandas que acompañan y sirven al gran hombre no ven nada sospechoso en que una admiradora se acerque a tocar, aunque solo sea, la orla del vestido del profeta. La mujer llama a Lenin, él se vuelve solícito y electoral. Charlan durante un par de minutos y cuando parece que se han despedido y él se vuelve hacia el coche, suenan tres disparos.

El primer tiro falla, el segundo lo alcanza en el cuello y el tercero le atraviesa el pulmón izquierdo.

Tremenda impresión entre los seguidores del profeta. ¿Cómo alguien puede querer asesinar al liberador del proletariado, al benefactor de la humanidad?

Los dieciocho testigos interrogados no se aclaran sobre el suceso y más bien despistan a la policía con tanta declaración contradictoria. El propio chófer de Lenin, el camarada Piotr Guil, que esperaba al jefe con la portezuela del vehículo abierta, no está seguro de lo que ha visto.

Trasladan a Lenin mortalmente herido a su residencia, que no es otra que el Kremlin (los soviéticos prefieren la capital asiática a San Petersburgo, demasiado europea).

Los médicos que reconocen al herido, solo facultativos de toda confianza, deciden que las heridas requieren urgente hospitalización y quirófano. Lenin se niega.

—Que me operen aquí.

Algo cobarde como es, teme ser objetivo de un segundo atentado si abandona la seguridad de la fortaleza.

—Camarada secretario, aquí no tenemos apaños para extraer las balas —le dice el médico—. Falta un quirófano hospitalario.

Ni por esas. Lenin se niega, seguro de que quieren eliminarlo. Allá se queda la bala incrustada en su corto cuello hasta que, cuatro años más tarde, como no deja de molestarlo, accede a que se la extraiga un cirujano alemán, una eminencia.[263]

Regresemos ahora al día del atentado. Vuela la noticia por Moscú y por toda Rusia. Los fieles bolcheviques se niegan a darle crédito. ¿Cómo puede tener enemigos este hombre providencial?

En realidad, Lenin bien pudo decir como nuestro general Narváez cuando el confesor le preguntó, en su lecho de muerte, si perdonaba a sus enemigos. Enarcó una ceja y le espetó al cura:

—¿Enemigos? ¡Yo no tengo enemigos, padre: los he fusilado a todos!

También Lenin los ha fusilado o va camino de hacerlo en el episodio llamado Terror Rojo, del que nos ocuparemos enseguida.

Tras el desconcierto inicial, la policía detiene a una sospechosa y tres días después se encuentra el arma empleada, un revólver Browning con tres casquillos percutidos. La autora de los disparos es la eserista Fanny Kaplan, que confiesa haber actuado por cuenta propia, sin cómplices.[264]

263. Es posible que, a la postre, esa bala le costara la vida, porque al mes de extraerla sufrió el infarto que lo privó del habla y lo dejó hecho un guiñapo y un año después los otros dos infartos que acabaron con su vida, como en su momento se verá.

264. En su declaración leemos: «Me llamo Fanya Kaplan. Hoy disparé a Lenin. Lo hice con mis propios medios. No diré quién me proporcionó la pistola. No daré ningún detalle. Tomé la decisión de matar a

¿Qué interés tenía en la muerte de Lenin?

De los interrogatorios se deduce que el móvil ha sido una combinación de venganza personal y de motivación política. Venganza personal porque los bolcheviques la han despedido de la oficina donde trabajaba. Motivación política porque es eserista y por tanto mortal enemiga del bolchevismo. Dan por suficientemente averiguado el atentado y fusilan a la Kaplan con nocturnidad y alevosía, en un callejón del Kremlin, e incineran artesanalmente su cadáver (en un bidón de gasolina).

¿Quién era esta Fanny?, se preguntan muchos camaradas en los círculos del poder. Buscan su ficha policial. Al parecer tenía cierta experiencia como terrorista. Hace doce años, en pleno zarismo, siendo solo una cría, intentó asesinar al gobernador de Kiev, inducida por su amante Víktor Garski, un terrorista encallecido. El intento fracasó porque la bomba estalló a destiempo y solo mató a una sirvienta del hotel e hirió a la desafortunada Fanny. Víktor logró huir, pero a ella la sentenciaron a cadena perpetua en Siberia. La amnistía promulgada por el Gobierno provisional en 1917 le devolvió la libertad.[265]

Lenin hace ya mucho tiempo. Lo considero un traidor a la revolución. Estuve exiliada en Akatuy por participar en el intento de asesinato de un funcionario zarista en Kiev. Permanecí once años en régimen de trabajos forzados. Tras la revolución fui liberada. Aprobé la Asamblea Constituyente y sigo apoyándola».

265. El impulso soberano del atentado contra Lenin nunca se ha identificado con seguridad. Recientes investigaciones apuntan a que fue el eserista Grigori Semiónov y que las dos manos ejecutoras fueron las de su amiga y cómplice, Lidia Konopliova, y la del chequista Alexandr Protopopov disparando al alimón. En ese caso, Fanny Kaplan estaría presente solamente para cargar con las culpas, persuadida por su antiguo amante el anarquista Víktor Garski, del que seguía enamorada. Suena a novelón, lo admito. También se ha sugerido que el organizador del atentado pudo ser el joven Yákov Sverdlov, mano derecha de Lenin para los asuntos delicados o sucios (como el asesinato del zar y la erradicación de la estirpe Románov). Sverdlov se había vuelto algo díscolo, y resulta sospechoso que tuviera tanta prisa en ejecutar cuanto antes a la Kaplan. ¿Ambicionaba el puesto de Lenin? Nunca lo sabremos: falleció, al parecer,

Los comunistas acuerdan adoptar medidas extremas. «No vaya a creerse la gente que somos unos blandos como los zares.»

—Los zares no eran blandos. Recuerda, *továrich*, que cuando asesinamos a Alejandro II todos los implicados o sospechosos acabaron colgados.

—Nosotros vamos a ser más severos.

Tres días después del atentado contra Lenin empieza el nuevo capítulo de esta serie, que llamaremos el Terror Rojo.

El atentado contra Lenin reconstruido
en una película de la época.

---

de la famosa gripe española, nueve meses después, el 16 marzo de 1919. Lenin no mostró gran pesar por la muerte de su colaborador. También es cierto que no era aficionado a expresar sentimientos.

CAPÍTULO 64

El Terror Rojo

El acoso y derribo de la dinastía Románov comenzó por los atentados terroristas contra el propio zar o contra elementos de la aristocracia dominante.

La cúpula bolchevique no va a consentir que sus enemigos empleen la misma táctica contra ellos. El asesinato del jefe de la Checa de San Petersburgo, Moiséi Uritski, y el atentado que ha herido gravemente a Lenin, ocurridos casi simultáneamente, desencadenan la purga de elementos ajenos al régimen que conocemos como Terror Rojo.

Durante la Revolución francesa se había producido *la Terreur* (el Terror), una matanza de posibles contrarrevolucionarios que en menos de un año (de septiembre de 1793 a la primavera de 1794) eliminó a todos los posibles opositores al nuevo orden.

Los líderes bolcheviques, conscientes de estar repitiendo una secuencia histórica similar, deciden que solo una represión de elementos indeseables equivalente a *la Terreur* puede salvar su revolución. Para guardar las formas emiten un decreto oficial que ampara las detenciones de sospechosos «en defensa de la revolución».[266]

266. Instrucción enviada a todos los sóviets el 3 de septiembre de 1918 por el comisario del Pueblo para el Interior: «Ya es hora de poner fin a toda esa blandura y a ese sentimentalismo. Todos los socialistas revolucionarios de derechas deben ser inmediatamente detenidos. Hay que capturar

Quizá algún bolchevique poco avisado se pregunte: ¿no nos estaremos desviando de los principios morales que decíamos defender? El propio jefe de la Checa admite que «los decretos de los días 3 y 5 de septiembre de 1918 nos atribuían finalmente de manera legal aquello contra lo que incluso algunos camaradas del partido habían protestado hasta entonces: el derecho de acabar sobre el terreno, sin tener que informar a nadie, con la canalla contrarrevolucionaria».

¿Quiénes componen la canalla contrarrevolucionaria? Los eseristas, naturalmente, el colega crítico, el enemigo natural del bolchevique una vez que se ha anulado a los mencheviques y se ha eliminado a los zaristas y a los burgueses kadetes.

La Checa arresta a unos ochocientos eseristas, la cúpula del partido, los juzga y los ejecuta. En pocos meses el eserismo desaparece y pasa a la historia.

---

un número considerable de rehenes entre la burguesía y los oficiales. A la menor resistencia, hay que recurrir a las ejecuciones masivas. Los comités ejecutivos de provincias deben demostrar la iniciativa en este terreno. Las checas y otras milicias deben identificar y detener a todos los sospechosos y ejecutar inmediatamente a todos los que se hayan comprometido en actividades contrarrevolucionarias [...]. Los responsables de los comités ejecutivos deben informar inmediatamente al Comisariado del Pueblo para el Interior de toda blandura e indecisión por parte de los sóviets locales [...]. Ninguna debilidad, ninguna duda, pueden ser toleradas en la realización del terror de masas». El 3 de septiembre de 1918 aparece en la revista *Izvestia* un «llamamiento a la clase obrera» en el que se anima a los militantes a «aplastar a la hidra de la contrarrevolución con el terror masivo» y se advierte que «cualquiera que se atreva a difundir el rumor más leve contra el régimen soviético será detenido de inmediato y enviado a un campo de concentración». Dos días más tarde se publica el decreto acerca del Terror Rojo: «En la situación actual resulta absolutamente vital reforzar la Checa [...], proteger a la República Soviética contra sus enemigos de clase aislando a estos en campos de concentración, fusilar en el mismo lugar a todo individuo relacionado con organizaciones de guardias blancos, conjuras, insurrecciones o tumultos; publicar los nombres de los individuos fusilados dando las razones por las que han sido pasados por las armas» (tomo los textos del artículo de Nicolas Werth, «Un Estado contra su pueblo: violencias, temores y represiones en la Unión Soviética», en VV. AA., 1999).

Las cárceles que los bolcheviques han vaciado de delincuentes comunes vuelven a llenarlas los mismos bolcheviques con enemigos de la revolución. Las deportaciones a Siberia, las torturas, las detenciones caprichosas, todas las prácticas abusivas de la policía zarista se reproducen con aumentos.

Trotski lo justifica: «Cuando los bolcheviques conquistaron el poder en noviembre de 1917, los burgueses apenas reaccionaron, tan desmoralizados estaban por la guerra y por el régimen de Kérenski. Pero una clase revolucionaria que ha conquistado el poder por las armas tiene la obligación de conservarlo por las armas ante cualquier intento de arrebatárselo. Teníamos que defendernos contra el ejército enemigo que se levantó contra nosotros y teníamos que reprimir las conspiraciones, intentos de asesinato o de sublevación de nuestros enemigos con castigos despiadados».[267]

En las checas, que brotan en Rusia como flores en primavera, sádicos que justifican su inclinación en nombre de la defensa de la revolución contra los enemigos burgueses, idean las torturas más refinadas, incluida la de lanzar prisioneros a la colada de los altos hornos.

> En Odesa ataban a un tablón a oficiales del Ejército Blanco y los introducían lentamente en hornos o en calderas de agua hirviendo; en Jarkov, se decalvaban y se despellejaban las manos para producir guantes de piel humana; en la Checa de Vorónezh desnudaban a los presos y los metían en barriles guarnecidos interiormente de clavos que hacían rodar por el suelo; en la de Kremenchuk, crucificaban, lapidaban y empalaban a los religiosos y enterraban vivos a los campesinos rebeldes; en la de Orel, mojaban a los presos desnudos y los exponían al sereno en pleno invierno hasta que se congelaban y se convertían en estatuas de hielo; en Kiev, encerraban una rata en un tubo metálico que presionaban contra el vientre del condenado. Cuando aplicaban calor en el extremo libre del artilugio la aterrorizada rata se abría camino a dentelladas a través del cuerpo del prisionero.[268]

267. Trotski, 1920, p. 54.
268. Leggett, 1987, pp. 197-198.

Un procedimiento especialmente cruel usado con eclesiásticos (curas o monjas) consistió en administrarles la «comunión» comunista, que consistía en plomo fundido.[269]

Al principio se ejecutaba en las propias prisiones, de forma individual. Más adelante se agilizó el procedimiento con ejecuciones masivas en las afueras de las ciudades, donde los propios condenados cavaban previamente su fosa.[270]

El llamado Terror Rojo duró apenas dos años, pero sus métodos se perpetuaron en los campos de trabajo y reeducación del gulag estalinista.[271]

Un chiste del gulag: un condenado le pregunta a otro:

—¿A cuántos años te han condenado?

—A diez.

—¿Y qué es lo que has hecho?

—Nada.

—Permíteme que lo dude: por no hacer nada solo te caen cinco años.

269. Yakovlev, 2002, p. 156.

270. Leggett, 1987, p. 199.

271. Solzhenitsyn, en su novela testimonio *Archipiélago Gulag*, escribe: «Nadie podía imaginar que en veinte años (después de la revolución) [...] se oprimiría el cráneo con un aro de hierro, se sumergiría a un hombre en un baño de ácidos, que se le metería por el ano una baqueta de fusil recalentada con un infernillo (el *herrado secreto*), que se le aplastarían lentamente con la bota los genitales, o que como una variante más suave, se le atormentaría con una semana de insomnio y sed y se le azotaría hasta dejarlo en carne viva...».

CAPÍTULO 65

La orfandad de la revolución

Aquella bala de la terrorista Fanny Kaplan que Lenin tiene alojada en el cuello desde hace cuatro años le causa tantas molestias que se decide a ponerse en manos de un prestigioso cirujano alemán para que se la extraiga.

Durante un tiempo se siente mucho mejor, pero la operación le acarrea efectos secundarios imprevistos. En 1922 sufre dos infartos, el primero lo deja sin habla, y el segundo le paraliza la mitad derecha del cuerpo, condenándolo a una silla de ruedas.

«Va a ser menester preparar mi sucesión», piensa Lenin.

Mirando al pasado puede sentirse satisfecho. Deja una obra ingente acabada. Ha eliminado a los Románov, ha destruido la sociedad burguesa, ha aniquilado a la odiada aristocracia y ha transferido sus privilegios de clase a los dignatarios de la nueva sociedad bolchevique.

Solo le queda, para rematar la faena, borrar el nombre de Rusia como entidad política. Con este propósito crea la Unión Soviética o Unión de Repúblicas Socialistas Soviéticas (URSS).[272]

La nueva nación, en realidad una especie de sociedad limitada, nace con la vocación de ir sumando otros países (la idea de la

272. Resultado de la fusión de la República Socialista Federativa Soviética de Rusia, la República Federal Socialista Soviética de Transcaucasia, la República Socialista Soviética de Ucrania y la República Socialista Soviética de Bielorrusia. Suma y sigue.

Internacional) hasta extenderse por toda la faz de la tierra, esa vocación ecuménica que también observamos en otras religiones monoteístas y dogmáticas (cristianismo e islam).

Postrado en la silla de ruedas piensa Lenin que debe ir preparando su sucesión. Tiene dos candidatos claros a sucederle, Stalin y Trotski. Los dos son personas valiosas y leales que se disputan su favor con actitudes convenientemente serviles, pero parece que Lenin se inclina por Trotski y para evitarle problemas quiere alejar a Stalin del poder. Es lo que se deduce de lo que podemos considerar su testamento político, una carta que dirige al XIII Congreso del Partido Comunista de la Unión Soviética. En ella, Lenin expresa su preocupación porque

> [...] las relaciones entre Stalin y Trotski [...] encierran un peligro de escisión que se podría evitar [...]. El camarada Stalin, llegado a secretario general, ha concentrado en sus manos un poder inmenso, y no estoy seguro de que siempre sepa utilizarlo con la necesaria prudencia. Por otra parte, el camarada Trotski [...] quizá sea el hombre más capaz del actual CC [Comité Central], pero está demasiado ensoberbecido y demasiado atraído por el aspecto puramente administrativo de los asuntos. Estas dos cualidades de dos destacados jefes del CC actual pueden conducir sin quererlo a la escisión [...] de nuestro partido [...]. Stalin es demasiado brusco, y este defecto, plenamente tolerable en nuestro medio y en las relaciones entre nosotros, los comunistas, se hace intolerable en el cargo de secretario general. Por eso propongo a los camaradas que piensen la forma de pasar a Stalin a otro puesto y de nombrar para este cargo a otro hombre [...] que sea más tolerante, más leal, más correcto y más atento con los camaradas, menos caprichoso, etcétera. Esta circunstancia puede parecer una fútil pequeñez. Pero yo creo que, desde el punto de vista de prevenir la escisión y desde el punto de vista de lo que he escrito antes acerca de las relaciones entre Stalin y Trotski, no es una pequeñez, o se trata de una pequeñez que puede adquirir importancia decisiva.[273]

273. Lenin dictó esta carta entre el 22 de diciembre de 1922 y el 4 de enero de 1923. Leída ante el Congreso en mayo de 1924, Stalin censuró su publicación mientras permaneció en el poder. Se publicó por vez primera en 1956, en el número 9 de la revista *Kommunist* y simultánea-

Los amados de los dioses mueren jóvenes, escribió Plutarco.[274] Obediente a la norma, Lenin, Dios él mismo para muchos, muere el 21 de enero de 1924, a los cincuenta y cuatro años de edad. Poco antes de abandonar este valle de lágrimas que él tanto ha contribuido a convertir en un paraíso obrero, le pide a su esposa, la paciente Nadia Krúpskaya, que le lea el cuento *Amor a la vida*, de su admirado escritor Jack London.

¿Conoce el lector este cuento?

Ya veo que no. Bueno, no es lo mejor de Jack London, pero mantiene cierta actualidad porque ha inspirado algunas películas del subgénero de supervivencia extrema.[275]

En las montañas del norte de Canadá dos buscadores de oro cruzan un río caudaloso. Uno de ellos sufre un accidente y los rápidos lo estrellan contra unas rocas. Su compañero lo abandona a su suerte y prosigue su camino. El moribundo, un hombre duro, de gran determinación, se niega a morir. Juntando sus maltrechas fuerzas se encamina penosamente al más cercano lugar habitado, con la esperanza de que allí puedan atenderlo.

Un lobo viejo y enfermo, igualmente en el límite de sus fuerzas, que ya no sirve para cazar, lo sigue.

El primero que flaquee servirá de alimento al otro y será su salvación. Al final, vence el hombre, mata al lobo exhausto y bebe su sangre, lo que le da fuerzas para llegar al puerto donde lo socorrerán.

Lenin se identifica con el buscador de oro que, como Prometeo, ha regalado a la humanidad el fuego de los dioses, o sea, el triunfo de la revolución comunista.

---

mente en forma de separata, tras el XX Congreso del Partido Comunista de la URSS. Está disponible en Internet, Marxists Internet Archive, 2000, <www.marxists.org/espanol/indice.htm>.

274. Bueno, en realidad lo que escribió fue «los que se distinguen por sus virtudes, porque son amados por los dioses, mueren jóvenes», pero no he querido meter lo de virtudes hablando de Lenin, que más que virtudes tenía cualidades. La sentencia era de uso común entre autores griegos (Menandro) y latinos (Plauto).

275. London, 1985.

Los infartos son quizá las rocas contra las que los rápidos fluviales lo han estrellado. Ahora, en el límite de sus fuerzas, se enfrenta con la amenaza de un lobo.

O sea, le está dando pasaporte a Stalin. En la mente atormentada de Lenin gana enteros el camarada Trotski.

Stalin tiene un olfato especial para barruntar peligros. ¿Se olió la tostada y asesinó a Lenin antes de que lo apartara definitivamente del poder? ¿Recurrió al veneno para acelerar su muerte?[276]

¿Quién era el lobo del cuento de Jack London? ¿Stalin? ¿Una conjura? Vaya usted a saber.

En lugar de ponernos a especular podríamos considerar esta muerte en clave religiosa, como el último legado doctrinal del gran hombre, su *consummatum est*.

Cumplido su papel en este mundo, Lenin se pone malito y se deja morir dulcemente.

El gran hombre expira al atardecer. Reacción mundial ante la noticia: en muchos países los obreros abandonan el trabajo en señal de duelo; aparecen crespones rojos y negros en ventanas, brazos y solapas.[277] Los rusos blancos exiliados brindan con champán y no dejan de regocijarse al notar que enero es la peor época del año para un entierro en Moscú.

Los treinta grados bajo cero no disuaden a la multitud silenciosa y aterida, cientos de miles de compungidos fieles que acuden a despedirlo.

Convocado con carácter de urgencia, el pleno del Comité Central del partido redacta la nota necrológica, un texto pensa-

276. Algunos autores encuentran llamativo que la autopsia de Lenin omitiera exámenes toxicológicos.

277. Me consta que las comparaciones son odiosas, pero para manifestaciones populares de duelo las que la clase humilde hizo a la muerte de nuestro Fernando VII el Deseado: dos pastores de un cortijo de la sierra de Segura (Jaén) le escribieron una carta de pésame a la reina el 26 de abril de 1834, en la que le contaban que «... lloraron la muerte de su amado rey, derramaron sus zaques y apalearon a los perros en justo sentimiento de la orfandad en que quedaban» (*Panorama español*, Madrid, 1842, tomo II, p. 153).

do para permanecer en la historia: «Ha muerto el hombre bajo cuya dirección combativa nuestro partido, envuelto en el humo de la pólvora, enarboló con mano firme la bandera roja de octubre, quebrantó a los enemigos y consolidó el dominio de los trabajadores en la Rusia zarista. Ha muerto el fundador de la Internacional Comunista [...], el amor y el orgullo del proletariado internacional, la bandera del Oriente oprimido, el dirigente de la clase obrera rusa».

Ningún zar mereció jamás exequias tan sonadas y lloradas como las del padrecito Lenin. Estaba previsto que acudieran millones de agradecidos rusos a despedirlo, por lo que la exposición del cadáver en su capilla ardiente se aplazó tres días (recordemos la deficiente red de ferrocarriles y las grandes distancias de la madre Rusia).

En esos tres días, el afamado arquitecto Alexéi Shchúsev, un hombre adicto al más puro constructivismo, diseña un regio mausoleo inspirado en la pirámide escalonada de Saqqara, lo que subraya una vocación de eternidad que no parece compatible con el laicismo militante que dicen profesar los comunistas.

—¿Estará presentable el cadáver dentro de tres días? —objeta Félix Dzerzhinski, presidente del Comité Funerario encargado de los funerales (y fundador de la Checa, recordemos).

Dzerzhinski consulta al patólogo Alexéi Abrikósov sobre la conservación del cadáver.

—No habrá problema si le inyectamos en la aorta seis litros de alcohol, formol y glicerina.

Tres días después, la capilla ardiente de Lenin, féretro, cadáver, cirios y flores, se instala en la catedralicia Sala de las Columnas de la Casa de los Sindicatos. Durante cuatro días, colas kilométricas de obreros, campesinos, soldados y empleados llegados de toda Rusia hacen cola a muchos grados bajo cero (se helaban las lágrimas nada más salir) para rendir el último homenaje al patriarca del comunismo.

El 26 de enero se reúne en el teatro Bolshói el II Congreso de los Sóviets de la URSS para honrar la memoria del líder.[278] Se

278. En esta memorable ocasión hicieron abuso de la palabra nume-

acuerda por aclamación perpetuar el recuerdo de Lenin con un embalsamamiento definitivo que garantice la conservación de su momia para beneficio de las generaciones futuras. El doctor Abrikósov se pone al frente del Comité de Inmortalización nombrado al efecto.[279] El cerebro se deposita en un instituto expresamente creado para que el reputado neurocientífico Oskar Vogt, pueda estudiarlo.

Pasan tres meses. En el Politburó no todo el mundo está de acuerdo con lo de conservar el cadáver. Trotski, Bujarin y Kamenev son partidarios de darle comunista sepultura. La viuda también quiere enterrarlo en el cementerio de Vólkovo, en San Petersburgo, junto a su madre y sus dos hermanas, pero Stalin se empeña en conservarlo.[280]

El zorro ha comprendido que si fomenta la veneración religiosa de su antecesor reforzará su poder.[281] Si la sucesión bolche-

---

rosos oradores, entre los que es de justicia señalar a la desconsolada viuda, a Stalin, a la luchadora feminista Clara Zetkin, del Komintern, a Nariman Narimanov, del Comité Central, y a A. Serguéev en representación de los obreros de la mítica fábrica Krasni Putílovets, vivero de los principales héroes de las revoluciones de 1905 y 1917. En congresos como este ponía el Politburó a prueba la resistencia de los camaradas destinados a hacer carrera en la política. No todo el mundo estaba facultado para soportar siete u ocho horas de discursos reiterativos sin permitirse una mala cabezada, fija la vista y arrugado el entrecejo, en actitud atenta hacia lo que el orador orara en la tribuna.

279. El cuerpo de Lenin pasa su ITV cada dos años. Durante dos meses lo bañan en una solución especial fabricada por el Centro de Tecnologías Médico-Biológicas del Instituto de Plantas Medicinales y Aromáticas de Rusia. El equipo científico encargado (conocido como «el grupo del mausoleo») consta de anatomistas, biólogos y bioquímicos, entre otros.

280. La viuda publicó una carta en el *Pravda:* «Tengo una petición que hacerles: no dejen que el dolor por Ilich se convierta en culto a su personalidad. No le construyan monumentos, palacios en su nombre ni hagan magníficas celebraciones en su memoria. Durante su vida, él prestaba poca atención a estas cosas, todo eso le agobiaba». No le hicieron ni puñetero caso: si no quieres caldo, taza y media.

281. Nikolái Bujarin, que en una carta privada escribió: «Hemos

Mausoleo de Lenin

A falta de granito rojo, lo hacen de mader

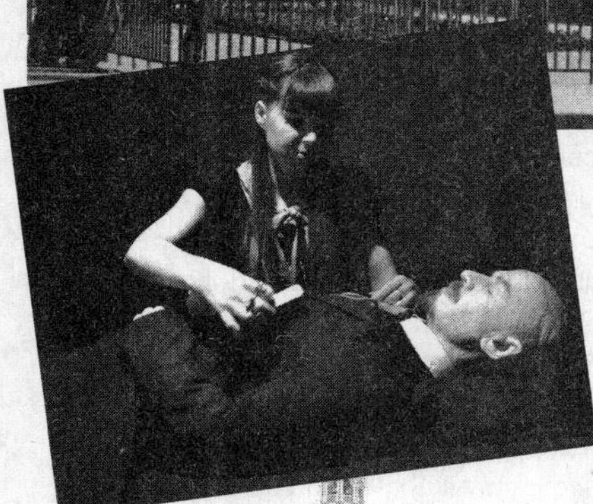

Mantenimiento de la momia de Lenin.

El mausoleo actual.

vique va camino de convertirse en una dinastía electiva es mejor que el secretario general se convierta en Dios.

Un guiño de la historia: ¿así que al final estáis aceptando la autocracia como el régimen adecuado para gobernar Rusia?

—¿Qué hacemos con Lenin? —pregunta Dzerzhinski a los embalsamadores.

El profesor Borís Zbarski reconoce que el cóctel de alcohol y la glicerina inyectados por el profesor Abrikósov no puede garantizar la conservación de la momia.

—¿Entonces?

—Un colega mío, el profesor Vorobiov, catedrático de Medicina en la Universidad de Jarkov (Ucrania), ha creado un reactivo que podría interrumpir la putrefacción.

Traen a Vorobiov a Moscú. Estudia el caso con Zbarski y acuerdan sumergir a Lenin en un tanque de glicerina y acetato de potasio.

Al propio tiempo se trabaja en un mausoleo permanente, construido en los materiales más nobles aportados por las canteras soviéticas: mármol, pórfido, granito y labradorita.[282]

Ahí lo tienen: el mausoleo de Lenin, el mayor atractivo de la Plaza Roja (salvando la rubia láctea que aparecerá en páginas venideras. Paciencia).

---

sustituido el catecismo por el abecé del comunismo. La ley de Dios es la instrucción política. En lugar de iconos, ahora colgamos líderes. Intentamos abrir el cerebro de Ilich a las clases bajas y a la masa comunista. ¡País estúpido!».

282. De este cómodo y céntrico hogar solo ha salido la momia durante un breve periodo de la segunda guerra mundial en que, ante la proximidad de los alemanes, la trasladaron a Tiumén, en Siberia, junto con los científicos encargados de su conservación.

CAPÍTULO 66

Combate en el Kremlin

Es notorio que Lenin ha resultado, a pesar de los méritos que atesoraba, un personaje pernicioso para el pueblo ruso e incluso para la humanidad. Lo prueba el hecho de que, en cuanto cayó el comunismo, sus supuestos beneficiarios se ensañaran con sus estatuas antes omnipresentes en toda la URSS y países satélites.

Los lectores que han visitado Moscú notan que las kilométricas colas que se formaban ante el mausoleo de Lenin están menguando. Este que les habla visitó por vez primera la capital rusa en 1990, en plena *perestroika* (reestructuración) y *glásnost* (abertura) de Mijaíl Gorbachov y se admiró de que, en pleno invierno, la cola para visitar la momia de Lenin fuese más corta que la del primer restaurante McDonald's, recién abierto en la plaza Pushkinskaya. ¡Con qué consuetudinaria paciencia aguardaban bajo la persistente nevada los alegres *továrichi* de todas las edades que habían roto la hucha proletaria para degustar una hamburguesa capitalista en plato de cartón y una Coca-Cola en vaso de papel!

Hoy la figura de Lenin está de capa caída. Incluso en Rusia, empieza a gustar más Stalin, el notorio genocida, cuyo poder autoritario concuerda más con el de Putin. Aplastado por la caída del muro de Berlín, el comunismo solo se mantiene en Cuba y Corea del Norte.[283]

283. China, Laos y otros países de reciente tradición comunista evolucionan rápidamente hacia el capitalismo.

Regresemos ahora, fugazmente, a la muerte del gran hombre y al torneo pugilístico disputado por Stalin y Trotski como aspirantes al I Trofeo Kremlin (es una metáfora).

En el cuadrilátero, a la derecha, vistiendo calzón negro y perilla, tenemos a Liev Davidovich Bronstein, más conocido por Trotski, un reputado intelectual y elocuente orador mitinero, además de gran organizador. Tiene en su haber la formación de un disciplinado Ejército Rojo en plena guerra civil, lo que condujo a la victoria bolchevique.

A la izquierda, vistiendo calzón rojo y bigotazo, tenemos al georgiano Iósif Vissarionovich Dzhugashvili, más conocido por Stalin, un fajador nato que suple sus carencias expresivas, intelectuales y culturales con astucia y un excelente juego de piernas con el que esquivar la acometida de sus rivales.

Los espectadores conocen las enfrentadas posturas de cada uno de los contrincantes: Trotski insiste en exportar la revolución por todo el mundo, mientras que Stalin, más fiel a Lenin, defiende que hay que limitarla solo a la URSS y después ya se verá.

El público está expectante. Se ha apostado fuerte. Del resultado del combate pudiera depender el futuro de más de uno, especialmente a la hora de planear vacaciones por cuenta del Estado: los partidarios del que pierda podrán ganarse una estancia laboriosa en Siberia, mientras los seguidores del ganador la disfrutarán en la soleada y balnearia Crimea.

Suena la campana. Los aspirantes intercambian golpes y fintas. Más golpes, algunos de ellos bajos y antirreglamentarios. A los pocos asaltos se echa de ver que Stalin tiene más fondo, sabe cubrirse mejor y asesta los golpes con mayor contundencia.

Es que lleva años preparándose para este combate: ha ganado músculo (una buena facción del partido) mientras su rival, que es conocido por su comodidad y petulancia, ha descuidado ese aspecto.

Gana Stalin a los puntos, aunque en cuanto disponga de las actas del combate las corregirá para que conste que el triunfo fue por KO.

El diario oficial del Partido Comunista, llamado sin sarcasmo

Pravda («Verdad»), anuncia con letra chiquita en páginas interiores el nombramiento de Stalin como secretario general del partido. El cargo no parece gran cosa cuando él lo recibe, pero cuando lo deje, arrebatado por la parca, treinta años después, habrá concentrado en él, mediante sucesivas ampliaciones, un poder absoluto y dictatorial, más poder del que nunca tuvieron los zares.

La revancha del combate se aplaza hasta el próximo congreso del partido, en 1927. Será el triunfo definitivo de Stalin, que para entonces se habrá hecho una clientela: 854.000 miembros votarán por él y solo 4.000 por Trotski.

Trotski, me temo que tu hora ha pasado. Intelectual al fin, no es consciente del lugar que ocupa, o más bien que no ocupa y se gana como premio de consolación las vacaciones en Siberia.

Desterrado del paraíso soviético, Trotski vivirá sucesivamente en Estambul, en París y en Coyoacán (México), rodeado de libros y de artistas (Frida Kahlo y Diego Rivera), consagrado a la defensa de su revolución permanente y criticando al Gobierno de Stalin, al que apostrofa de traidor al marxismo-leninismo.

Cuando uno ha sido conspirador durante media vida es complicado no seguir siéndolo en la otra media. Stalin lo entiende así y le manda a un agente, Ramón Mercader, español, a que le clave un piolet de alpinista en el cráneo, a consecuencia de lo cual fallece el 21 de agosto de 1940.

Regresemos junto a Stalin. ¡Menuda papeleta la de convertir la URSS en el paraíso del obrero! Se rodea de economistas fieles e impulsa un Primer Plan Quinquenal (1928-1932). Primer objetivo: industrializar el país para incorporarlo a la modernidad (el anhelo incumplido de los últimos zares). Segundo objetivo (o puede que primero): reforma agraria. Hay que expropiar la tierra, colectivizarla y repartirla en granjas del Estado. Racionalizando la agricultura podremos alimentar a las ciudades y producir excedentes de cereal para vender en el extranjero.

—¿Y si se resisten los propietarios agrícolas *(kulaki)*?

—Toda resistencia burguesa se considerará sabotaje. Procederemos sin piedad contra los enemigos del Estado.

Nunca sabremos la cifra de *kulaki* deportados a Siberia por

Trotski expulsado del paraíso

En la foto superior aparece Trotski al pie de la tribuna desde la que Lenin se dirige a las masas. En la inferior, Trotski, caído en desgracia, ha desaparecido.

resistirse a las colectivizaciones o directamente ejecutados con el clásico tiro en la nuca.

¿Desabasteció Stalin deliberadamente a la rebelde Ucrania entre 1932 y 1933?

La hambruna (*holodomor* en ucraniano) provocó la muerte de entre un millón y medio y cinco millones de personas (las fuentes difieren). Se produjeron tantos casos de canibalismo que hubo que editar carteles desaconsejando el consumo de carne humana.[284]

A sus cincuenta y tres años, la edad en que se agostó Lenin, Stalin demuestra ser más «hombre de acero» que nunca. Su capacidad de trabajo es proverbial. Vive para el Estado, sin apenas vida familiar. Su segunda mujer, Nadia Allilúyeva, de treinta y dos años, que padece frecuentes migrañas, aparece muerta de un disparo en el corazón junto a la pistola Walther. ¿Suicidio o asesinato? Oficialmente ha muerto de apendicitis aguda.

Complejo carácter el de este hombre. Fue un niño sensible traumatizado por un padre borracho que propinaba frecuentes palizas a su esposa. «Esas palizas gratuitas y despiadadas volvieron al niño tan duro y falto de corazón como su padre», opinaba su amigo de la infancia Iósif Iremashvili.

Esa ausencia de empatía que se le atribuye a Stalin contrasta con otros rasgos de su personalidad que muestran a un hombre sensible. Era aficionado a la música, al canto y a la jardinería. Escribía poemas. Hacía gala de un humor socarrón.[285]

284. El único paralelo contemporáneo de esta hambruna es la provocada en China por el régimen comunista de Mao, aventajado discípulo de Stalin. En el periodo 1959-1961 también se produjeron en China brotes de canibalismo, dándose el caso de que las familias campesinas intercambiaban a sus hijos para evitarse el trance de comerse al propio.

285. Un ejemplo: su camarada de los viejos tiempos Mijaíl Kalinin desarrolló con la edad una próstata del tamaño de una naranja que lo obligaba a orinar con enfadosa frecuencia. Como presidente del Sóviet Supremo hubiese resultado descortés y hasta peligroso que se ausentara de la sala durante una intervención de Stalin. Notó el dictador el apuro de su viejo camarada y, conociendo la causa, alargó su discurso por el

Un tipo complejo, sin duda. Toda su vida demostró una carencia casi total de afectos, y sin embargo los tenía, aunque escondidos tras su máscara glacial. Cuando de niño acompañaba a su madre lavandera, solía frecuentar la casa de un judío acomodado de Gori, David Papismédov, que regalaba libros al pequeño Iósif y lo animaba a progresar en sus estudios. Pasaron cuarenta años y Papismédov, ya anciano, visitó a Stalin en el Kremlin. El tirano suspendió todos los actos programados ese día para recibirlo y saltándose los protocolos le hizo de cicerone por Moscú.

El Primer Plan Quinquenal no ha salido del todo mal. Vayamos por el Segundo (1933-1938). El objetivo está claro: industrialización, autarquía, autosuficiencia. Que la URSS produzca cuanto necesita para competir con los países capitalistas. Tractores para el campo y tanques para el campo de batalla.

Así como en las granjas se instala una iluminación especial para estimular en las gallinas la producción de huevos, en las fábricas del Estado soviético se instalan altavoces que difunden consignas patrióticas e himnos.

En los concursos de productividad se hace famoso el minero Alexéi Stajánov, que extrae ciento dos toneladas de carbón en una peonada (catorce veces más que la media). Su nombre, estajanovismo en español, ha pasado al vocabulario internacional para designar la adicción al trabajo. Con comunistas ejemplares como Stajánov, la producción de hierro y acero se multiplica por cuatro y la del carbón por tres y medio.

Stalin está exultante. Un progreso comparable no se conoce en ningún país capitalista.

—Cierto, camarada, pero hemos puesto toda la fuerza en la industria pesada y la minería en detrimento de los bienes de consumo.

—¿Bienes de consumo? ¿Te refieres a viviendas dignas, fondo de armario, fondo de despensa, diversiones...? ¡Eso es basura ca-

---

gusto de ver cómo la urgencia mingitoria de Kalinin se reflejaba en su rostro progresivamente sombrío hasta que finalmente a la expresión desesperada sucedía otra de alivio y bonanza: el viejo camarada se lo había hecho en los pantalones.

pitalista! En la URSS amamos la vida austera, el régimen espartano, el camino empinado que nos conduce, por un atajo, al paraíso comunista.

El Tercer Plan Quinquenal (1939-1941) lo interrumpió la gran guerra patriótica, como llaman los rusos al enfrentamiento y derrota de la Alemania hitleriana.

Después de la guerra siguieron otros planes quinquenales que consiguieron impulsar a la URSS al rango de segunda potencia mundial, con capacidad incluso para la exploración espacial, pero este espectacular despegue se consiguió mediante el sacrificio del pueblo ruso, que después de setenta años de comunismo seguía explotado por un Estado totalitario y policiaco.

El entusiasmo estajanovista dio paso al desánimo, y el desánimo a la abierta decepción. Descendió la productividad y, a pesar de las campañas oficiales que intentaban insuflar entusiasmo en el trabajador, hubo que recurrir a la coacción para mantener los rendimientos.

—¿Qué pasa? ¿Es que no sois felices?

No lo eran. Los camaradas de las nuevas hornadas envidiaban el consumismo occidental: pantalones vaqueros como los que usa el enemigo capitalista, lencería fina, carmín de labios que no sepa a manteca rancia, medias de cristal, condones *extrasensitive* sin recauchutar, bolígrafos que no manchen la camisa, una tele en color, una túrmix en la cocina, un utilitario en la puerta, una confitería en la esquina... ¡Coño, los productos que se anuncian en las revistas occidentales!

—¿Os vais a fiar de la intoxicación propagandista del capitalismo? —preguntó el Régimen.

—¡Síííí, nos fiamos! —clamaba calladamente el pueblo.

Espejismo o no, les parecía que los trabajadores del otro lado del Telón de Acero vivían mejor bajo la explotación capitalista.

CAPÍTULO 67

Españoles de visita en el paraíso soviético

Los comunistas del mundo mitificaron la URSS. Les parecía que el paraíso soviético era la patria del proletariado, la única sociedad del mundo en la que no se explotaba al obrero.

En los cenáculos izquierdistas, en los ateneos, en las reboticas y en las tabernas menestrales, los misioneros de la nueva religión mostraban a sus catequistas folletos que retrataban a familias felices, a amas de casa realizadas, a agricultores satisfechos que posaban sobre los enormes tractores que les facilitaba el Estado, a obreros sonrientes a los mandos de máquinas que prácticamente les hacían el trabajo.

En Rusia se había abolido la propiedad privada. El benéfico Estado repartía el trabajo y sus frutos. En los carteles que la prensa comunista difundía aparecían a menudo obreros, campesinos, oficinistas y soldados sonriendo felices y marchando hombro con hombro hacia el sol esplendente del mañana.

Uno de los primeros izquierdistas españoles que visitó la Rusia soviética fue el dirigente anarquista Ángel Pestaña, enviado en 1920 como delegado de la Confederación Nacional del Trabajo (CNT) al Congreso de la Tercera Internacional. De su experiencia en Rusia, además de comprender que el Congreso estaba amañado por los bolcheviques, regresó con una visión negativa del país de los sóviets que plasmó en dos libros. Su testimonio determinó el alejamiento de la CNT de la órbita comunista.

La conclusión del libro de Pestaña es descorazonadora:

La desorganización resultante de la organización bolchevique exigiría capítulos enteros [...]. Gente que iba y venía de aquí para allá, empleados en constante ajetreo y recibiendo órdenes de cualquier personaje; movimiento, sí, mucho; pero nada más que movimiento [...]. Si las instituciones soviéticas hubiesen sido organizadas para perder el tiempo, difícilmente lo habrían logrado más cumplidamente [...]. La realidad, pues, era bien desfavorable para el Estado bolchevique. Dueño y amo absoluto de todo; único comprador y vendedor; en sus manos cuantos medios de circulación y cambio de productos puede poseer un país, no era capaz de entregar a cada individuo sino el 25 por ciento de lo que necesitaba, mientras que a través de todos los obstáculos que el Estado ponía al individuo, lograba este procurarse con sus recursos el doble de lo que aquel le entregaba, ¿no nos enseña esto y nos dice claramente sobre la incapacidad del Estado muchísimo más que todas las fantasías de la literatura bolchevique defendiéndolo? Pero ¿para qué seguir por este camino?

Y téngase en cuenta que no se nos ocurre, para demostrar una vez más el fracaso del Estado en la organización de la vida social, hacer argumento de los cuadros de horror y miseria que presenciamos, ni de la degradación a que el pueblo iba descendiendo por efecto de la miseria.

Advertimos, de paso, que en esta ligerísima apreciación de incapacidad estatal, no solo incluimos al Estado bolchevique; los incluimos a todos, porque todos han dado pruebas evidentísimas de incapacidad. Nosotros hemos visto en la Plaza Roja de Moscú, a las puertas mismas del Kremlin, decenas de personas, mujeres y niños entre ellas, durmiendo sobre el duro suelo, cuando terminadas las tareas del Congreso nos retirábamos a descansar.[286]

Por los mismos años llegaba a Estados Unidos la escritora y filósofa judía rusa Ayn Rand, que en pocas palabras analizó el fracaso del régimen comunista en el que «para producir necesitas autorización de quien no produce nada. Compruebas que el dinero es para el que negocia no con bienes, sino con favores, y que

286. Pestaña, 1924, pp. 200-201.

muchos son ricos por sobornos e influencia más que por el trabajo. Adviertes que las leyes no nos protegen de ellos, sino al contrario, los protegen a ellos de nosotros. La corrupción se recompensa y la honradez se convierte en autosacrificio. Sin temor a equivocarme, creo que tu sociedad está equivocada».

En febrero de 1932, poco después de que la República española estableciera relaciones diplomáticas con la URSS (aunque todavía sin intercambio de embajadores), un grupo de intelectuales españoles fundó una Asociación de Amigos de la Unión Soviética en cuyo texto fundacional leemos:

> Quince años tiene ya de existencia la República obrera rusa. Durante ellos, con esfuerzos inauditos, se ha venido levantando en aquel inmenso territorio el acontecimiento económico y social más formidable del mundo moderno. Este acontecimiento crea en todos los países un ambiente más o menos difuso, pero manifiesto, de curiosidad, de simpatía y de expectación. De él participan todos los hombres atentos a los problemas del presente y a las perspectivas del porvenir, los intelectuales y los técnicos, las grandes masas trabajadoras. Todo el mundo ansía saber la verdad de lo que pasa en aquel país en construcción. Sobre esta gran página de la historia humana se exacerban las pasiones políticas. Hasta hoy, en nuestro país, no se había intentado todavía ningún esfuerzo serio para situarse ante estos hechos con plenas garantías de veracidad.

Todo el que era algo en España, especialmente los que se tenían por liberales, no digamos los rojos, se inscribió en la asociación: Pío Baroja, Jacinto Benavente, Concha Espina, Federico García Lorca, Gregorio Marañón, Ortega y Gasset, Ramón J. Sender...

El socialista Luis Araquistáin, en un soneto, se congratula del triunfo del comunismo («Por Oriente otra vez el Evangelio asoma») y termina: «Vos, don Ramón, que sois el primer bolchevique, / y el último cristiano —que sois fuego y justeza— / consentidme que nueva tan buena os comunique».

El don Ramón en cuestión no es otro que Valle-Inclán, el extravagante ciudadano, que, en el brindis de un banquete (quizá las previas libaciones lo disculpan) había declarado: «Rusia es el porvenir del mundo».

Araquistáin vivió lo suficiente como para cambiar de opinión respecto al comunismo. A Antonio Machado, muerto tempranamente en Colliure, no le dio tiempo, así que su última opinión sigue siendo positiva: «Moscú es hoy el foco activo de la historia [...]. La Rusia actual, la gran República de los Sóviets, va ganando de día a día la simpatía y el amor de los pueblos, porque toda ella está consagrada a mejorar la condición humana».[287]

Tan idílica versión atrajo a muchos izquierdistas que se inscribieron en auténticas «romerías a Rusia» (como las llamaba Giménez Caballero) para asistir con sus propios ojos al milagro.

Las izquierdas a Rusia y las derechas a la pícara París o a la devota Roma, con la santa esposa estrenando velo de encaje en la obligada audiencia papal (entonces el velo femenino era obligatorio para entrar en la iglesia).

La realidad soviética era poco halagüeña. Lenin y Trotski habían diseñado la Nueva Política Económica (NEP), un capitalismo de Estado para crear un país industrial (el mismo empeño en el que habían fracasado los últimos zares). Ello exigía que el obrero trabajara como un esclavo y padeciera todos los errores de una planificación teórica a menudo emanada de funcionarios incompetentes, pero políticamente leales a Moscú.

El obrero así explotado (por el Estado, no por el amo, menos mal) se consolaba pensando que al final valdría la pena, pues, en cuanto el país se desarrollara convenientemente, podría disfrutar de la sociedad feliz y la vida desahogada que el comunismo le prometía.

Se le pidió a una generación que aplazara su bienestar para legarlo a sus hijos, los de la generación siguiente. Fallaron los cálculos y se le pidió a la generación siguiente que aplazara su bienestar para legárselo a sus hijos. Fallaron nuevamente los cálculos (Hitler por medio, cierto es) y se pidió a la generación siguiente que bla, bla, bla. Y así llegamos al momento en que el

287. Garrido Caballero, 2006, p. 36.

sistema hacía aguas por todas las costuras y cayó estrepitosamente, en el tiempo de Gorbachov.

El poeta Miguel Hernández visitó Rusia como integrante de la delegación oficial que el Ministerio de Instrucción Pública de la República enviaba al Quinto Festival de Teatro Soviético. A estas delegaciones extranjeras se ocupaba de pastorearlas la agencia de turismo soviética Inturist en un apretado programa ideado para deslumbrar al visitante sobre los logros del paraíso soviético.[288]

Las fábricas a las que Inturist llevaba a los invitados extranjeros existían, ciertamente, pero se les ocultaba la existencia de un lado oscuro de gulag y regiones donde millones de personas padecían escasez o, llegado el caso, morían de hambre.

Desde sus mismos inicios, el comunismo se basó en la represión inmisericorde del individuo y en su sacrificio en aras de un hipotético y futuro bien común. Al exterminio de los opositores al régimen en los tiempos de Lenin sucedió la sistematización de la represión con la institución del gulag en tiempos de Stalin, el propicio vertedero al que el Estado socialista enviaba lo mismo a delincuentes comunes que a presos políticos.[289]

En la URSS, el extranjero no podía moverse libremente. Solo le

288. Inturist (en ruso, Интурѝст) se creó en 1929 con el propósito de atraer divisas extranjeras y de camino vender al mundo libre (y asquerosamente capitalista) una imagen edulcorada de la URSS. Era una consecuencia derivada de Decreto sobre la Paz, de noviembre de 1917, en virtud del cual Lenin instituía el monopolio estatal sobre la propaganda. Los famosos logros propagandísticos de Goebbels no fueron tan originales como se piensa: se inspiró en los logros propagandísticos de la URSS. Carteles, películas, documentales, revistas, etcétera. A cada cual sus méritos.

289. Aunque el sistema se inició en 1930, como una dependencia de la policía secreta soviética (OGPU), su existencia solo se divulgó en Occidente a partir de 1973, con la publicación de la novela *Archipiélago Gulag*, de Alexandr Solzhenitsyn. *Gulag* es un acrónimo que significa Dirección General de Campos de Trabajo. El gulag se liquidó oficialmente el 25 de enero de 1960. Se calcula que pasaron por sus campos de trabajo unos quince millones de personas, de las cuales perecerían un millón y medio.

estaba permitido seguir los itinerarios oficiales marcados por la agencia cuyos guías (a menudo beldades rubias más buenas que el pan) eran funcionarios del Estado aleccionados para mostrar al visitante lo que debía ver, el milagro soviético, y ocultarle lo que no debía ver, la miseria del pueblo sobre la que se fundaba ese milagro. Era como hacer un cursillo de intoxicación propagandística: tenían respuesta para todo, siempre embustera, y manejaban datos fabulosos que subrayaban o corregían lo que el turista tenía ante sus ojos.

La experiencia de un viaje a la URSS podía ser agotadora. En uno de los escasos momentos de descanso que les permitían, Miguel Hernández le escribe a su mujer, Josefina Manresa: «No sabes lo que nos hacen trabajar al cabo del día los rusos. Es una gente que no quiere que nos vayamos de aquí sin llevarnos una impresión profunda de todo».

Un impresión profunda, pero desde luego manipulada y falsa. Después de visitar Leningrado (o sea, San Petersburgo), Inturist, la agencia de turismo (y propaganda) soviética llevó a los españoles a la acostumbrada visita a fábricas de tractores de Jarkov, una industria considerada ejemplar.[290] Miguel Hernández alcanzó un sentimiento muy cercano al nirvana aquel 17 de septiembre de 1937, y, en la misma inmensa nave donde una muchedumbre de obreros felicísimos domaba el hierro agrícola, concibió su poema «La fábrica-ciudad»: «En una ciudad de la URSS —Jarkov— he asistido al nacimiento multiplicado, numeroso, rápido, del tractor».[291]

290. Los guías de Inturist ocultaban cuidadosamente que la fábrica, antiguamente llamada Malyshev, o «Fábrica de Locomotoras de Jarkov» había sido remodelada y modernizada por técnicos alemanes en virtud del Tratado de Rapallo, de amistad y cooperación entre Alemania (República de Weimar) y la URSS, firmado en 1922. Al principio solo se producían tractores marca Kommunar, pero a partir de 1928 se produjeron también carros de combate y durante la guerra, trasladada la fábrica más allá de los Urales, producía T-34.

291. *Polvo para los zares, los reales bandidos:*
Rusia nevada de hambre, dolor y cautiverios.
Ayer sus hijos iban a la muerte vencidos,
hoy proclaman la vida y hunden los cementerios.
Ayer iban sus ríos derritiendo los hielos,

Lo que nunca supo Miguel Hernández es que tan solo cuatro años antes aquella próspera región industrial (eso le parecía a él) había sufrido una hambruna que había llevado a la muerte a millones de ciudadanos, consecuencia de la combinación de una mala cosecha con la defectuosa planificación del Gobierno comunista que requisaba grano a los pequeños campesinos para forzarlos a colectivizar sus campos.

Recientemente se han entreabierto, para contados historiadores, los archivos del Ministerio del Interior (*MVD-MGB*) y de la policía de Estado *(Ogpu-Nkvd)* de Stalin.

Lo que allí se encuentra es espeluznante. Los funcionarios

---

quemados por la sangre de los trabajadores.
Hoy descubren industrias, maquinarias, anhelos,
y cantan rodeados de fábricas y flores [...].
Las chozas se convierten en casas de granito.
El corazón se queda desnudo entre verdades.
Y como una visión real de lo inaudito,
brotan sobre la nada bandadas de ciudades.
La juventud de Rusia se esgrime y se agiganta
como un arma afilada por los rinocerontes.
La metalurgia suena dichosa de garganta,
y vibran los martillos de pie sobre los montes.
Con las inagotables vacas de oro yacente
que ordeñan los mineros de los montes Urales,
Rusia edifica un mundo feliz y transparente
para los hombres llenos de impulsos fraternales.

Una visión, como vemos, ligeramente idílica. Pero le gana Semprún, autor de una *Oda a la muerte de Stalin*, el más cumplido asesino de masas del siglo XX y de buena parte de la historia anterior, mucho más asesino que el propio Hitler. En la jeremiada anuncia entre lágrimas la muerte del *padre, el camarada, el Jefe y el Maestro* y, después de explayarse en epítetos nerudianos, concluye, lacrimoso, que «No hay palabras». Hemos de suponer que Jorge Semprún, un hombre inteligente que sabía rectificar, no suscribiría las mismas razones después de que los revisionistas divulgaran los aspectos menos positivos del régimen staliniano.

que manejaban la máquina represiva de Stalin llevaban las cuentas como probos oficinistas: minuciosos recuentos de los enviados al gulag, de los presos en cárceles, de los fusilados, deportados, etcétera. Entre 1921 y 1953 fueron fusiladas, por motivos políticos, 800.000 personas.

En el momento en que los intelectuales españoles expresaban mayor admiración y amor por la Unión Soviética, la cruda verdad era que estaban arreciando las matanzas. En el «Gran Terror», en solo un año, entre 1937 y 1938, la policía detuvo a 2,5 millones de ciudadanos. Otros ciudadanos morían simplemente de hambre a consecuencia de la imprevisión del Estado: en 1932-1933 la hambruna afectó a Ucrania, Kazajistán, el Cáucaso norte, el Volga, el sur de los Urales y Siberia occidental.

El Estado se ocupó de que las noticias no trascendieran a Occidente. Solo después de la *glásnost* (relajamiento de la censura estatal que acompañó a la *perestroika*), de Mijaíl Gorbachov (1986 y 1987) se ha sabido que murieron de inanición entre seis y ocho millones de personas (las dos terceras partes en Ucrania, como queda dicho).

El aparato propagandístico de la URSS no engañaba a todo el mundo, naturalmente. En otoño de 1920, el Partido Socialista Español comisionó al catedrático Fernando de los Ríos y al ferroviario Daniel Anguiano para que visitaran el paraíso socialista e informaran sobre sus logros antes de aceptar integrarse en la Tercera Internacional. El programa incluía diversas entrevistas con los líderes de la revolución (Lenin, Trotski, Bujarin y Lunacharski). En la entrevista con Lenin, Fernando de los Ríos quiso saber cuándo permitiría la libertad de los ciudadanos. Lenin respondió: «Libertad, ¿para qué?».

Decepcionado tras comprobar el carácter dictatorial del sistema bolchevique, Fernando de los Ríos emitió un juicio negativo: el régimen soviético era antidemocrático y consagraba a una clase dominante sobre la clase obrera dominada. Consecuentemente, el PSOE rechazó la oferta de integrarse en la Internacional Comunista.[292] Por el contrario, Daniel Anguiano, menos

292. Fernando de los Ríos recoge su experiencia en el libro *Mi viaje a la Rusia sovietista*, 1970.

preparado intelectualmente que su compañero, sucumbió a la propaganda bolchevique y se sumó a la facción del PSOE que con el tiempo se desgajaría del tronco principal para fundar el Partido Comunista de España.

Por los mismos años anduvo en Rusia, ya integrada en la URSS, el periodista Chaves Nogales, tan recurrido en las páginas precedentes. Este «pequeño burgués liberal» que tuvo que morir en el exilio por simpatizar con la República, no se dejó embaucar y criticó a Lenin y a Stalin en los años de su pleno apogeo, en lo que se adelantó a otros intelectuales europeos. «Todos esos tipos de intelectuales, artistoides, platónicos amantes de la humanidad que en Occidente sienten veleidades comunistas, se horrorizarían si vieran de cerca lo que es la vida comunista.»[293]

Otro lúcido español viajero por Rusia es el catedrático de derecho Eloy Montero: «Atravesamos la gran avenida Nevski, que hace apenas veinte años era una de las más bellas del mundo. ¡Qué pena y qué tristeza! Han desaparecido los escaparates y almacenes de otros tiempos, que, según afirma quien los vio, eran suntuosos y brillantes. Solo quedan hoy unos pequeños cuchitriles con los cristales destrozados y a la puerta de las cooperativas, la fila inmensa, la cola interminable de pobres gentes, mal vestidas y peor calzadas, que esperan resignadas la distribución de alimentos [...]. Todo transmite una impresión de sufrimiento y de miseria. Llueve copiosamente y solo hemos visto tres paraguas en todo Leningrado».[294]

Otro intelectual que denunció la maldad del sistema tras un viaje a la URSS fue el escritor francés André Gide. Comunista convencido, Gide viajó a la URSS con la idea preconcebida de escribir una hagiografía del sistema soviético, pero su libro *Regreso de la URSS* (1936) resultó ser la crónica y denuncia de su decepción: «La Unión Soviética ha defraudado todas nuestras más íntimas esperanzas y nos ha mostrado en qué traicionero cenagal puede hundirse una revolución honrada. Han restablecido la misma sociedad vieja y capitalista, un terrible despotismo aplasta

293. Chaves Nogales, 2012, p. 175.
294. Lo cuenta en el libro *Lo que vi en Rusia*, 1935.

y explota a los hombres con toda la mentalidad abyecta y servil de la esclavitud. Rusia, como Demofoo, no ha conseguido convertirse en dios y nunca podrá ya salvarse de la prueba de fuego soviética».

En sucesivos escritos, Gide replicó a los que criticaban su postura desde la obediencia servil a los postulados del Kremlin: «No protesto por la falta de igualdad de los salarios; reconozco que era necesaria. Pero hay medios de remediar las diferencias de condición. Ahora bien, creo que esas diferencias están acentuándose en lugar de atenuarse. Temo que pronto vuelva a formarse una nueva especie de burguesía obrera satisfecha (¡y por ende conservadora!), muy comparable con nuestra pequeña burguesía».

Idéntica decepción acertó a plasmar el británico George Orwell, miliciano en el trotskista Partido Obrero de Unificación Marxista (POUM) durante la guerra de España. Orwell denuncia la deriva totalitaria del comunismo soviético en su fábula *Animal Farm* (traducida como *Rebelión en la granja*, 1945).

El tema del libro es una sostenida fábula: los cerdos expulsan al granjero (el zar) en nombre de la libertad de los animales y acaban instándose ellos mismos en la vivienda del tirano para explotar a sus semejantes.[295]

295. Es conocido que los líderes comunistas se construían residencias de lujo a las afueras de Moscú, las famosas dachas, o de las respectivas capitales, en las que discretamente vivían a todo lujo sin privarse de ninguna comodidad capitalista. Ni siquiera un referente moral tan nuestro como Julio Anguita parece haberse sustraído a esa tendencia si damos crédito a la noticia aparecida en el diario *El País*: «Tras el último descalabro electoral, una indiscreción entre uno de sus colaboradores, Pedro Granados, y el secretario de Estado para la Seguridad Ricardo Martí Fluxá, reveló que el coordinador general de Izquierda Unida, paradigma de la austeridad en cada discurso, vivía en un chalé con piscina en la zona norte de Madrid. Ya no era secretario general del PCE, pero el partido corría con sus gastos: 300.000 pesetas mensuales de alquiler; otras tantas en sueldos de asistenta, jardinera y chófer, y cerca de 50.000 en consumo de agua, gas y electricidad. Luis María González, representante de la corriente de opinión de IU Tercera Vía, dedujo que Anguita cobraba cinco

Estos intelectuales denunciantes del fracaso del comunismo soviético fueron una excepción. Hasta que la caída del muro de Berlín hizo caer simultáneamente el velo que muchos intelectuales occidentales mantenían voluntariosamente sobre sus ojos, ha existido lo que Ferdinand Mount denomina una «asimetría de indulgencia»: la misma memoria histórica del mundo occidental que condenaba, muy justamente, los crímenes del nazismo cerraba los ojos ante crímenes del comunismo cuantitativamente más graves.

Los intelectuales occidentales progres seguían (¿siguen?) aferrados al catecismo marxista, humanista y utópico. A nadie se le ocurría comparar el «genocidio de raza» practicado por Hitler con el «genocidio de clase» practicado sucesivamente por los bolcheviques, por Lenin y por Stalin. Que esa tendencia aún persiste lo prueba el hecho de que la palabra *fascista* o su castiza contracción *facha* se haya convertido en insulto de uso corriente, mientras que no existe un equivalente para *rojo*.[296] El filósofo francés Alain Besançon incide sobre el mismo hecho cuando se refiere a la «hipermnesia» que usamos con el nazismo en contraste de la amnesia del comunismo.

---

veces el sueldo del secretario general de un sindicato, Antonio Gutiérrez, de quien había sido colaborador durante años» (Joaquina Prades, «Auge y caída del líder que nunca se equivocaba», en *El País*, 29 de octubre de 2000).

296. Mientras el *Libro rojo* de Mao se popularizaba en Occidente y una ola de simpatía y camaradería cristalizaba en cenáculos maoístas en nuestras universidades, el régimen maoísta exterminaba a unos 65 millones de disidentes o «enemigos del pueblo» en el *laogai* o gulag chino.

CAPÍTULO 68

La construcción del paraíso

Escribo estas líneas en la terraza del Bosco Bar, en plena Plaza Roja de Moscú, una deliciosa mañana de primavera. Como mi abuelita victoriana me inculcó que quejarse denota mala educación, no aludiré a mis pies aspeados ni al ardor de estómago producto de los raviolis moscovitas que ingerí anoche (*palmeni*, creo que los llamó el *maître*) aparte del principio de tortícolis producido por una almohada que debieron adquirir en un *outlet* de la Lubianka.

Innecesario decir que la Plaza Roja es un espectáculo en sí misma, quien lo probó lo sabe. No observo por parte alguna el tilo del que hablaba Frederick Forsyth, pero aparte de esa ausencia todo parece en su sitio, como posando para una postal.

Delante tengo el mausoleo de Lenin; detrás, los almacenes GUM (siglas rusas de «Principales Tiendas Universales»), en los que acabo de comprobar que la sección *delicatessen* es infinitamente mejor y más surtida que Valentina Notting Hill de Londres y Dean & DeLuca de Nueva York. Baste decir que no falta el jamón Sierra Mayor de Jabugo Gran Diez Vetas para disfrute de los nuevos potentados rusos.

Considere el lector la decadencia de los tiempos: desde que se apartaron del camino recto para reciclarse en capitalistas, los soviéticos se interesan más por las momias porcinas del Jabugo que por la de Lenin.

Aparto de mí esos funestos pensamientos y regreso a la contemplación del momento. A mi derecha tengo a mi señora, embebida en la lectura de la guía Lonely Planet de Moscú, no sea que se nos escape algún museo o galería visitable. A mi izquierda, en un velador vecino, tengo a un tipo de unos cuarenta años, pelado al cepillo, chaqueta cruzada, ancha corbata Ralph Lauren Black Label, mandíbula prominente y grisácea a pesar del apurado afeitado, y envuelto en un Chernóbil de lavanda que la brisa mañanera, soplando a sotavento, arrastra hasta mis pituitarias. Se acompaña el sujeto por una señorita de abundante melena rubia, pródiga con el *rouge* labial y excelentemente cualificada para la lactancia, y se flanquea por dos escoltas gigantescos, igualmente trajeados, sobaquera abultando en el lado del corazón, gafas Ray-Ban negras, gesto hosco, brazos como jamones terminados en manos como palas de panadero que cruzan beatíficamente bajo el ombligo.

Por la calzada adyacente discurre un tránsito fluido en el que llama la atención la abundancia de limusinas (de las que solo en Moscú hay más que en todo Estados Unidos). Tomo otro sorbo del vaso de agua mineral Borjomi que tengo delante y me pongo a considerar lo que ha sido la historia del último siglo en estos lares.

Me viene a la memoria un encuentro entre el escritor Alfonso Ussía y el príncipe Yusúpov, joven periodista el uno, anciano veraneante el otro, en la cafetería del hotel du Palais de Biarritz:

> El afanoso asesino de Rasputin era un personaje lleno de interés, dueño de una mirada con ojos violetas [...]. Dijo: «Para que Rusia vuelva a ser Rusia tendrá que pasar por dos fases dramáticas, la comunista y la fascista. El fin del comunismo es el fascismo porque uno y otro se comprenden a la perfección».[297]

Curioso lo de Rusia: tuvo su renacimiento, su Ilustración y su Revolución Industrial como el resto de Europa (a la que, a pesar de todo, pertenece, dicho sea con las debidas reservas),

297. Alfonso Ussía, «Las palabras de un anciano», en *ABC*, 9 de febrero de 1994, p. 16.

pero su campesinado seguía anclado en la Edad Media, lo que, unido a las penosas condiciones en que vivía el proletariado y al descontento por la participación en la primera guerra mundial, desencadenó una revolución tan sonada y cruenta como la francesa.

Hace ahora cien años el zar Nicolás II abdicó y cedió el poder a un Gobierno provisional que, a su vez, fue derrocado por una segunda revolución, la de Octubre. Aquí empezó a correr la sangre con una feroz guerra civil entre los rojos (bolcheviques acaudillados por Lenin, un abogado sin pleitos convertido en revolucionario profesional) y los blancos (la nobleza y parte del Ejército que propugnaban el regreso del zar).

Ganaron los rojos, fusilaron al zar y a su familia, la aristocracia huyó a París y a Londres, unos con sus joyas y otros con lo puesto (ya dije que estos tuvieron que emplearse como chóferes y mayordomos de familias adineradas), y un nuevo y prometedor amanecer alboreó el futuro del pueblo ruso. «Hemos roto las cadenas de la opresión capitalista —se dijeron—, ahora seremos libres y felices: construiremos un paraíso comunista que será el faro poderoso que alumbre la libertad de los pueblos del mundo.»

Cuando el benéfico Lenin le tomó el gusto al poder comprendió que eso de la democracia a la occidental es una bobada, e impuso el unipartidismo bolchevique, único garante de que Rusia no recaería en la explotación capitalista.

El autócrata rojo, hombre de ideas avanzadas, abordó un ambicioso plan de modernización de Rusia: economía centralizada, industrialización del país, centrales eléctricas por doquier y, cuando todo esto se consiga, redención del campesinado.

El negocio marchaba tan viento en popa que muy pronto pudo admitir franquicias. En 1922 se creó la Unión de Repúblicas Socialistas Soviéticas (URSS), que integró a una serie de países satélites o aliados de Rusia (Transcaucasia, Ucrania, Bielorrusia, etcétera).

Lenin falleció en 1924 (y lo momificaron como santo y fundador de la nueva religión comunista). Tras algunos forcejeos, lo sucedió Iósif Stalin, un antiguo seminarista georgiano quien, tras anular a sus rivales,[298] gobernó tiránicamente durante veinte años, en los que los Planes Quinquenales (desde 1928) contribuyeron al desarrollo de una poderosa economía industrial que no tuvo su contrapartida en el desarrollo social. Para realizar todas esas reformas fue necesario crear un funcionariado fiel, la aristocracia del partido, políticos profesionales pendientes de ascenso en el aparato soviético.[299]

Las hambrunas (consecuencia en parte de la deficiente planificación económica) y los excesivos sacrificios exigidos a los trabajadores por el Estado mataron a unos cuantos millones de personas. Las ejecuciones y los gulags (campos de trabajos forzados para disidentes o supuestos disidentes) mataron a otros pocos millones.[300]

Lo curioso del caso es que, mientras las purgas de Stalin eliminaban a millones de personas en la URSS, los intelectuales occidentales (Sartre, Neruda, Alberti, Semprún y una larga lista)

298. Trotski tuvo que exiliarse en México, lo que no lo libró de morir asesinado. En la Gran Purga, entre 1937 y 1938, perecieron casi todos los viejos bolcheviques que habían participado en la Revolución de Octubre. En ese único año la policía política del NKVD (siglas que corresponden a Naródny Komissariat Vnútrennij Del, «Comisariado del Pueblo para Asuntos Internos») interrogó a más de un millón y medio de personas, y eliminó a más de medio millón.

299. El poder corrompe, incluso el comunista. Pronto se preocuparon más de tener la despensa llena, de la vida cómoda y regalada y de la dacha en las afueras que del bienestar de la clase obrera.

300. El historiador Robert Conquest, autor del documentado (y controvertido, qué remedio) ensayo *The Great Terror: Stalin's Purge of the Thirties*, 1968, declara: «Los números exactos nunca se sabrán con absoluta certeza, pero el total de muertes causadas por el terror del régimen soviético en ningún caso será inferior a quince millones». Por su parte Stéphane Courtois, editor del también controvertido (de nuevo, qué remedio) *El libro negro del comunismo*, opina que «el comunismo real [...] puso en funcionamiento una represión sistemática, hasta llegar a erigir, en momentos de paroxismo, el terror como forma de gobierno» y achaca a los distintos regímenes comunistas que en el mundo han sido una cifra global de unos cien millones de muertos. Al final acabaremos pensando que Hitler era un bendito. Conste que no es criticar, es referir.

cerraban los ojos a la evidencia y continuaban cantando las maravillas del paraíso comunista.[301] Ninguno vio, o quiso ver, la paradoja de la religión comunista: propone crear el cielo en la tierra, pero en cuanto sus practicantes alcanzan el poder construyen el infierno.

Muchachas mineras felices en el paraíso soviético.

301. Sobre este tema, me lean el estupendo ensayo de Martin Amis *Koba, el Temible*, 2004, que aborda con humor corrosivo el papanatismo y la voluntariosa ceguera de los intelectuales occidentales comprometidos con la izquierda frente a los crímenes de Stalin. Es sorprendente que personas de probada inteligencia y dotadas de apreciable discernimiento hayan alabado en sus escritos a la URSS de Stalin, a la China de Mao y a la Cuba de Castro encontrándolas superiores a las podridas democracias de las que ellos procedían. Lo más grave es que han persistido en el error incluso después de visitarlas (en viajes subvencionados, lo admito) y constatar el abismo existente entre la propaganda política y la insobornable realidad. Tampoco deja de sorprender que hayan elevado al santoral laico a tipos como el mítico *Che* Guevara, mártir de la redención de la humanidad, cuya catadura queda de manifiesto con solo leer sus diarios.

Epílogo

Existe cierto consenso para simbolizar el fracaso del comunismo en la caída del muro de Berlín el 9 de noviembre de 1989.[302]

La demolición del muro de Berlín acarreó un rosario de más menudas demoliciones entre las que, ya para despedirme, quisiera destacar la de la dictadura rumana (si se me permite llamarla dictadura en desacuerdo con Santiago Carrillo, que era íntimo amigo y frecuente huésped del dictador).

¿Por qué ha fallado la religión comunista? ¿Es porque sus elevados ideales, su altruismo universal, colisionan con la naturaleza humana, esencialmente egoísta?

Es posible.

Donde triunfó el comunismo, hubo un bienintencionado periodo inicial en el que se impuso la solidaridad universal, todos generosos, todos buenos, todos filántropos, pero después, cuando se serenaron los ánimos, el sistema desembocó en la creación de una nueva clase dirigente privilegiada que reproducía los esquemas de la clase burguesa que había venido a abolir.

Como dice el cerdo comunista de *Rebelión en la granja:* todos los animales son iguales, pero algunos somos más iguales que otros.

Ya acabo. Recordará el lector que la Revolución rusa comen-

302. Más bien debería simbolizarse con la erección del muro, el 13 de agosto de 1961, pero, en fin, eso es cuestión de gustos.

zó el 22 de enero de 1905 cuando el Ejército zarista disparó contra la multitud de manifestantes frente al Palacio de Invierno en San Petersburgo.

La misma escena se repitió el 17 de diciembre de 1989, cuando el Ejército de Ceaucescu disparó contra la multitud de manifestantes en Timisoara, Rumanía.

Días después, con efecto multiplicador, las manifestaciones se habían reproducido por todo el país. Cuando algunas unidades del Ejército se negaron a disparar contra el pueblo (como ocurrió en San Petersburgo en 1917), el tirano Ceaucescu y su taimada esposa y compinche Elena comprendieron, demasiado tarde, que había llegado su hora. Intentaron escapar del país en helicóptero, pero los militares los entregaron a un tribunal popular que los acusó de genocidio, de quebranto de la economía nacional, de saqueo de las arcas públicas en provecho propio (miles de millones de dólares en cuentas extranjeras) y de empleo de las fuerzas armadas en la represión de civiles. Condenados a muerte, sin más ceremonia, los pusieron contra la pared y los ametrallaron delante de una cámara de televisión para que la ejecución quedara debidamente registrada para la posteridad. El millonario Ceaucescu incurrió en el cinismo de morir entonando *La Internacional* («¡Arriba parias de la tierra / en pie, famélica legión...!»).

Hoy, el vestigio más importante de aquel régimen es el Palacio del Pueblo de Bucarest, un faraónico proyecto —el edificio más grande del mundo— que Ceaucescu emprendió cuando Rumanía detentaba una de las rentas per cápita más bajas de Europa.

«¿Por qué Palacio del Pueblo? —se quejaron algunos—. Si solo van a vivir él, su esposa, la rapiñadora Elena, y sus holgazanes hijos.»

El palacio resultó otra utopía comunista. El nuevo Gobierno no sabía qué hacer con él. En un principio se pensó en demolerlo o en cubrirlo de tierra y considerar la montaña resultante un monumento contra el comunismo, después pensaron en darle alguna utilidad práctica, ya que en su construcción se había invertido una millonada. Hoy alberga docenas de dependencias gubernativas, Parlamento, ministerios, y hasta un insólito Museo y Parque del Totalitarismo y Realismo Socialistas, pero es tan grande que más de la mitad de sus dependencias siguen deshabitadas. Parece que finalmente las alquilarán para centros comerciales, cines y otros recreos.

Recientemente visité el Memorial del Muro de Berlín (Gedenkstätte Berliner Mauer), irresistiblemente atraído por el mural de Dmitri Vrúbel que inmortaliza el beso en la boca que intercambiaron Leonid Breznev (URSS) y Erich Honecker (RDA) en junio de 1979.[303]

Cerca de la efusiva escena descubrí una pintada antigua: *Proletarier aller Welt, vereinigt euch!*, o sea, «¡Proletarios de todo el mundo, uníos!».

Una mano anónima había tachado las dos últimas palabras y escrito encima *Proletarier aller Welt, verzeihen uns!*, «¡Proletarios de todo el mundo, perdonadnos!».

303. Se dice, pero la verdad solo Dios la sabe, que Breznev acudió al aeropuerto a despedir a su amigo y cuando el avión levantó el vuelo, lo oyeron exclamar, con los ojos arrasados de lágrimas: «Como político es una calamidad... Pero ¡hay que ver cómo besa!».

APÉNDICE

¿Qué fue de...?

¿Qué fue de las joyas imperiales? El Gobierno de la recién creada URSS estaba sin blanca y en ese apuro solicitó un crédito de veinticinco mil dólares a la república de Irlanda, dejando en prenda de pago las enseñas imperiales (corona con la friolera de 4.936 diamantes, orbe de oro y cetro con el famoso diamante Orlov). Estas joyas habían aparecido públicamente por última vez en la apertura de la Duma de 1906.

La transacción se realizó en Nueva York. El enviado irlandés, Harry Boland, regresó a Dublín con las joyas en la maleta y las depositó en el lugar que le ofrecía más confianza, la casa de su madre, la señora Kathleen O'Donovan Boland.

Boland murió poco después y nadie reparó en el paradero de las joyas hasta que la señora O'Donovan las devolvió al Gobierno irlandés en 1938. El Gobierno las guardó en una caja fuerte y las olvidó.

En 1948, el Gobierno irlandés intentó subastarlas en Londres, pero la oportuna intervención del embajador soviético permitió que la URSS recuperara su tesoro previa devolución de los 25.000 dólares más los intereses. Hoy la colección forma parte del Fondo de Diamantes de la Armería del Kremlin, en Moscú, y es muy admirada por los turistas.

* * *

Los tres principales implicados en la muerte de Nicolás II y su familia, Yákov Yurovski, Pável Medvédev y Filipp Goloshchokin, conservaron su amistad después de la guerra y se reunían a menudo para tomar té y rememorar el acontecimiento más importante de sus vidas.

Yurovski ocupó cargos tan importantes como la presidencia de la Checa provincial de los Urales, la jefatura del Tesoro del Estado (Gosjran) y la dirección del Museo Politécnico de Moscú. Murió de úlcera péptica tras dolorosa agonía en el hospital del Kremlin, un exclusivo centro reservado a la *nomenklatura.*

Medvédev ascendió a coronel y llegó a dirigir la I Sección Especial del NKVD. En su vejez de abuelo cebolleta iba por los institutos y las universidades de la URSS contando la ejecución de los Románov. Le disputaba a Yurovski el honor de haber sido el principal ejecutor de la matanza. En un encuentro con alumnos de la Facultad de Derecho de la Universidad Estatal de Moscú (MGU) se ufanó de haber rematado a bayoneta a sus víctimas porque en aquellos tiempos heroicos había que ahorrar cartuchos.

En su testamento legó al entonces máximo mandatario de la URSS, Nikita Jruschov, la pistola Browning con la que disparó a Nicolás II junto con la narración detallada de la ejecución de los Románov, «torbellinos hostiles», que cómo será de repugnante que nadie se ha atrevido a editar.[304]

Goloshchokin fue presidente de Kazajistán entre 1929 y 1932. Después ocupó diversos cargos en el Sóviet Central, pero al final pereció en la Gran Purga de Stalin (fue detenido el 15 de octubre de 1939 y ejecutado el 28 de octubre de 1941). En 1961 rehabilitaron su memoria.

* * *

El joyero Fabergé realizó entre 1885 y 1917 un total de setenta huevos de Pascua, de los que sesenta y uno se conservan en museos y colecciones privadas.

304. Shenkman, 2013.

La Revolución rusa acabó con la empresa y Fabergé se mudó a Suiza, donde falleció en 1920. Sus huevos alcanzan exorbitantes precios cuando salen a subasta.

* * *

Beilis, el judío de Kiev acusado de asesinato ritual, emigró con su familia a Palestina (entonces provincia del Imperio otomano) y de allí a Estados Unidos, donde falleció en 1934. Unos días antes de su muerte concedió una entrevista a un periódico en la que hizo notar su eterno agradecimiento al policía Krasovski y al periodista Brazul-Brushkovski: «Ellos fueron verdaderos héroes que sacrificaron sus carreras e incluso pusieron en peligro sus vidas porque sabían que yo era inocente».

* * *

Alexéi Stajánov, el coloso minero capaz de hacer el trabajo de diez hombres, recibió una beca del Estado para estudiar ingeniería en la Academia Industrial de Moscú. Licenciado en 1941, lo nombraron director de una mina en Karagandá, y un poco después recibió un alto cargo en el Ministerio del Carbón y fue diputado en el Sóviet Supremo.

* * *

A Anna Vyrubova, la amiga y confidente de la zarina Alejandra, la detuvieron los bolcheviques con intenciones aviesas, pero cuando comprobaron que era una bendita de Dios de limitada inteligencia comprendieron que nunca pudo inspirar las supuestas maldades de la zarina y la dejaron libre. Ella, tonta, pero no descerebrada, emigró a Finlandia, no fueran a cambiar de idea si revisaban su causa, y allí vivió el resto de su vida, los últimos años en calidad de monja ortodoxa. El escritor Máximo Gorki le ayudó a redactar sus interesantes memorias, *Memories of the Russian Court* (1920), cuyo texto está disponible en Internet.

* * *

Natalia Sheremetievskaya, la esposa del archiduque Mijaíl, el zar por un día que liquidó la dinastía Románov y fue fusilado por los bolcheviques, pudo escapar de Rusia y regresó a la casita de Inglaterra donde había sido tan feliz con su marido. En 1927 se le acabó el dinero, vendió la propiedad y se mudó a Francia, a una modesta pensión que fue su estación intermedia antes de acabar en la más absoluta miseria. A veces la socorría el príncipe Yusúpov con cestas de comida o dinero. También le costeó el entierro y una modesta tumba en el cementerio de Passy cuando murió de cáncer en un hospital de beneficencia a los setenta y dos años.

***

Ramón Mercader, el asesino de Trotski, resultó condenado a diecinueve años de prisión. Stalin quiso liberarlo mediante un golpe de mano, pero la imprudente actuación de la madre del preso levantó la liebre y malogró la operación. Ramón se resignó a cumplir toda su condena. Liberado en 1960, fue condecorado con la medalla de héroe de la Unión Soviética y pasó sus últimos años entre Moscú y La Habana, donde murió de cáncer en 1978.

Lo sepultaron en el cementerio moscovita de Kúntsevo, donde reposan los héroes de la Unión Soviética.

***

En 1991 se exhumaron los cuerpos de la familia imperial y después de las preceptivas autopsias y análisis de ADN (que también demostraron la impostura de Anna Anderson, la mujer que durante mucho tiempo se hizo pasar por la archiduquesa Anastasia), recibieron sepultura en la capilla de Santa Catalina de la catedral de San Pedro y San Pablo, hoy convertida en panteón real. La Iglesia ortodoxa los declaró santos mártires.

Cronología

	Rusia	El mundo y la cultura	España
1870-1871		Guerra franco-prusiana: derrota de Francia. Unificación de Alemania. Unificación de Italia.	
1873		León Tolstoi publica *Ana Karenina.*	
1876		Graham Bell inventa el teléfono.	
1877		Thomas Alva Edison inventa el fonógrafo.	
1879		Thomas Alva Edison inventa la bombilla eléctrica.	Pablo Iglesias funda el PSOE, partido de la clase obrera, socialista y marxista. Matrimonio de Alfonso XII con María Cristina de Habsburgo-Lorena.
1880		Dostoievski publica *Los hermanos Karamazov.*	Se inicia el turno pacífico de gobierno entre conservadores y liberales.
1881	El zar Alejandro II acepta una Constitución que limita sus poderes, pero es asesinado antes de firmarla. Le sucede su hijo Alejandro III.	Gran Bretaña ocupa Egipto.	

	Rusia	El mundo y la cultura	España
1882	Alejandro III suaviza las condiciones de trabajo en fábricas y minas, especialmente para las mujeres y los niños.		
1883		Se promulga la Ley de Seguridad Social en Alemania.	
1885		Louis Pasteur descubre la vacuna antirrábica. Carl Benz y Gottlieb Daimler inventan, independientemente, el primer automóvil de combustión interna.	Noviembre: muere Alfonso XII y María Cristina asume el Gobierno como reina regente.
1886		El 1 de mayo los obreros de Chicago van a la huelga, exigiendo jornada laboral de ocho horas.	Mayo: la reina da a luz a Alfonso XIII, hijo póstumo. Crisis económica y paro obrero.
1887	El hermano de Lenin, Alexandr Ulianov, es ahorcado por atentar contra la vida de Alejandro III.		La Ley de Asociaciones permite la creación de sindicatos obreros.
1888		George Eastman inventa la cámara fotográfica.	Fundación del sindicato Unión General de Trabajadores (UGT).
1889		El fisiólogo Iván Pavlov publica sus experimentos sobre reflejos condicionados.	
1890			Una nueva ley electoral restaura el sufragio universal.
1891	La hambruna se extiende por el Imperio ruso.	El papa León XIII condena la explotación de los obreros en su encíclica *Rerum novarum*.	
1891-1893		Alianza francorrusa.	
1893		Rudolf Diesel inventa el motor diésel.	Menudean los atentados anarquistas. El más sonado, la bomba del Liceo de Barcelona.

	Rusia	El mundo y la cultura	España
1894	A la muerte del zar Alejandro III, su hijo Nicolás II asciende al trono. Pocos días después contrae matrimonio con la aristócrata alemana Alicia de Hesse y del Rin, nieta de la reina Victoria del Reino Unido que, al convertirse a la fe ortodoxa, recibe el nombre de Alejandra Fiódorovna.	Se promulga la Ley de Seguridad Social en Francia.	Fin de la guerra de Melilla con el convenio de Marrakech.
1895	Exilio de Vladimir Lenin.	Guglielmo Marconi inventa la radio. Wilhelm Röentgen descubre los rayos X.	
1896		Henry Ford prueba el primer coche Ford en Detroit.	
1897		Guerra entre Grecia y Turquía por la isla de Creta.	Un anarquista asesina a Cánovas, jefe del Partido Conservador y presidente del Consejo de Ministros durante la mayor parte del último cuarto del siglo XIX.
1898			España pierde sus colonias tras la guerra contra Estados Unidos («el Desastre»). Con el Tratado de París pierde además sus últimas colonias en Cuba y Filipinas.
1900		Creación del Tribunal Internacional de La Haya. Freud publica *La interpretación de los sueños.* Karl Landsteiner descubre los grupos sanguíneos. Von Zeppelin realiza el primer vuelo en globo dirigible.	
1902			Se declara la mayoría de edad de Alfonso XIII.

	Rusia	El mundo y la cultura	España
1903	Congreso del Partido Socialdemócrata ruso, que se escinde en dos agrupaciones: la bolchevique, liderada por Lenin, y la menchevique, menos radical, de Mártov.	Los hermanos Wright realizan el primer vuelo de la historia en un aeroplano, que ascendió veinticuatro metros durante doce segundos.	
1904	La zarina da a luz al heredero, Alexis. Anteriormente había tenido cuatro hijas.		
1904-1905		Guerra ruso-japonesa.	
1905	Enero: estalla la revolución en San Petersburgo. Las tropas del zar la sofocan en un baño de sangre (Domingo Sangriento). Mayo: la flota rusa del Báltico es prácticamente aniquilada por los japoneses en la batalla de Tsushima, que decide la guerra. Desprestigio del zar. Junio: motín del acorazado *Potemkin*. Octubre: el zar Nicolás II firma un manifiesto estableciendo el primer Parlamento o Duma, ampliando las libertades civiles.	Albert Einstein establece la teoría de la relatividad y desarrolla la famosa ecuación $E = mc^2$.	
1906	Marzo: primeras elecciones legislativas en la Duma. Victoria de los partidos liberal y socialista. Julio: disolución de la primera Duma. El partido Democrático Constitucional (kadete) publica el *Manifiesto de Víborg*, que invita a los ciudadanos a diversos actos de resistencia. Todos los firmantes del manifiesto pierden su derecho a ser		

	Rusia	El mundo y la cultura	España
1907	Febrero-junio: segunda Duma. 14 de noviembre: tercera Duma, dominada por reaccionarios y nacionalistas. Otorga poderes a los grandes terratenientes en detrimento de los pequeños campesinos.		
1908		En Inglaterra, se promulga la Ley de Seguridad Social. Inicios del movimiento cubista en París por Picasso y sus colegas.	
1909			Comienzo de la guerra de Marruecos.
1910		Mayo: con ocasión de los funerales de Eduardo VII, nueve reyes coinciden en Londres y posan para una histórica fotografía con Jorge V, el sucesor del rey difunto. Haakon VII de Noruega, Fernando I de Bulgaria, Manuel II de Portugal, Guillermo II de Alemania, Jorge I de Grecia, Alberto I de Bélgica, Alfonso XIII de España, Jorge V del Reino Unido y Federico VIII de Dinamarca.	
1910-1917		Revolución mexicana.	
1911			Huelgas generales en protesta por la guerra en Marruecos. Fundación de la Confederación Nacional del Trabajo (CNT).
1912		China se convierte en República.	Asesinato de Canalejas. Fin de la rotación de partidos.

	Rusia	El mundo y la cultura	España
1914	1 de agosto: Alemania declara la guerra a Rusia. 4 de agosto: el Imperio austrohúngaro declara la guerra a Rusia. 26-30 de agosto: los alemanes derrotan al ejército ruso en Tannenberg. 8-12 de septiembre: los rusos derrotan a los austrohúngaros e invaden su territorio.	Junio: asesinato en Sarajevo del heredero del Imperio austrohúngaro y de su esposa. Comienza la primera guerra mundial. Francia, Rusia y el Reino Unido declaran la guerra a Alemania, Austria-Hungría y al Imperio turco. Agosto: Japón entra en guerra, alineándose con las potencias occidentales. Noviembre: comienza la llamada guerra de trincheras.	Elecciones generales, que gana el conservador Eduardo Dato. Creación de la Mancomunidad de Cataluña. España se declara neutral en la Gran Guerra.
1915	Septiembre: Nicolás II toma el mando del ejército, sustituyendo al archiduque Nikolái.	El ejército aliado desembarca en Galípoli para conquistar Estambul, pero los turcos lo contienen. La voz humana cruza el Atlántico, desde una emisora de Virginia (EE. UU.) hasta un receptor de la torre Eiffel, en París, Francia.	
1916	29 de diciembre: asesinato de Rasputin por un grupo de conspiradores, entre los que se encuentran el príncipe Félix Yusúpov, el archiduque Dmitri Pávlovich Románov y Vladimir Purishkevich.	Febrero: los alemanes atacan Verdún para desgastar a las tropas francesas. Mayo: batalla de Jutlandia entre las flotas inglesa y alemana. Julio: comienza la batalla del Somme. Rumanía se une a los aliados. Lawrence (de Arabia) agita a los árabes para que se levanten contra los turcos	Elecciones generales, que gana el Partido Liberal, con el conde de Romanones a la cabeza.

	Rusia	El mundo y la cultura	España
1917	23-26 de febrero: comienza la revolución con huelgas, manifestaciones y motines en Petrogrado (la Revolución de Marzo, según el calendario gregoriano occidental). 27 de febrero: los soldados se amotinan en varias ciudades, algunos se unen a los obreros en huelga, otros desertan, algunos asesinan a sus oficiales. Se libera a los presos en algunas prisiones, se asaltan comisarías, se reparten armas a los sublevados. 2 de marzo: Nicolás II se dirige en tren a Tsárskoye Seló, el palacio de verano de los zares; el convoy es detenido en la estación de Pskov. Enviados de la Duma le solicitan que dimita. Nicolás II abdica en su nombre y en el de su hijo. Al día siguiente, su hermano Miguel rechaza formalmente el trono. Se forma un gobierno provisional. 6 de marzo: el gobierno provisional amnistía a los presos políticos. 3 de abril: Lenin regresa del exilio y es recibido triunfalmente en la estación de Petrogrado. 18 de abril: el gobierno considera la retirada de la guerra. No obstante, el ministro de Exteriores, Pável N. Miliukov, envía una nota privada a los aliados franceses e ingleses	1 de febrero: Alemania declara la guerra submarina total, lo que provoca la ruptura de relaciones diplomáticas con EE. UU. 11 de marzo: los ingleses conquistan Bagdad a los turcos. 2 de abril: EE. UU. declara la guerra a Alemania. 16 de abril: la ofensiva francesa en Chemin des Dames acaba en fiasco. 15 de mayo: el general Nivelle cede el mando a Pétain. 26 de junio: llegada a Francia de las primeras tropas norteamericanas. 19 de julio: los alemanes atacan en el frente oriental, mientras en el ejército ruso cunde el fermento revolucionario. 31 de julio: la ofensiva inglesa se atasca en Passchendaele. 15 de octubre: los franceses fusilan a la espía Mata Hari. Octubre-noviembre: desbandada de los italianos tras el desastre de Caporetto. 20 de noviembre: ofensiva aliada en Cambrai. 7 de diciembre: Estados Unidos declara la guerra al Imperio austrohúngaro. 9 de diciembre: los británicos conquistan Jerusalén a los turcos. Juan Ramón Jiménez publica *Platero y yo.*	Presidencia del liberal García Nieto (abril-junio) y Eduardo dato (junio-noviembre). Creación de las Juntas Militares de Defensa, elemento de presión amparado por el rey sobre el Gobierno liberal. Huelga general revolucionaria en España.

	Rusia	El mundo y la cultura	España
1917	asegurando que Rusia continuará hasta la victoria final. La prensa divulga la nota, lo que produce una crisis de gobierno. 20-21 de abril: multitudinarias manifestaciones a favor de la paz unilateral. 2 de mayo: dimisión de Miliukov. 4 de mayo: León Trotski regresa de América. 18-28 de junio: fracasa la ofensiva rusa del general Brusílov en el frente austríaco. 3-7 de julio: manifestaciones en Petrogrado contra el gobierno provisional, alentadas por los bolcheviques. Las autoridades reaccionan y Lenin pasa a la clandestinidad. 11 de julio: nombran primer ministro del gobierno provisional a Alexander Kérenski. 22-27 de agosto: fracasa el intento de golpe de Estado del general Kornílov, comandante en jefe del ejército ruso. 10 de octubre: IV Conferencia de los Comités Obreros de Petrogrado. Debate de diez horas del Comité Central bolquevique. Lenin convence a sus camaradas de la necesidad de la rebelión armada. 12 de octubre: constitución del Comité Militar Revolucionario del Sóviet de Petrogrado.		

	Rusia	El mundo y la cultura	España
1917	25 de octubre: los bolcheviques dominan Petrogrado (Revolución de Noviembre, según el calendario gregoriano). 26 de octubre: los bolcheviques asaltan el Palacio de Invierno, sede del gobierno provisional, cuyos ministros huyen en desbandada. Lenin se adueña del gobierno en calidad de jefe del Sóviet de Comisarios del Pueblo (Sovnarkom). Se establece el gobierno bolchevique.		
1918	1-14 de febrero: el nuevo gobierno bolchevique adopta el calendario gregoriano. El día 1 se convierte en 14. 3 de marzo: Rusia firma el Tratado de Brest-Litovsk con Alemania y se sale del conflicto mundial. 8 de marzo: el partido bolchevique cambia oficialmente de nombre. En adelante se llamará Partido Comunista. 11 de marzo: se decreta que la capital de Rusia será Moscú. Junio: comienza la guerra civil entre rojos y blancos (zaristas). 17 de julio: asesinato de Nicolás II y su familia. 30 de agosto: Lenin resulta herido grave en un atentado.	8 de enero: Wilson publica sus Catorce Puntos. Marzo: los alemanes atacan en el Somme y bombardean París. Octubre: ofensiva aliada sobre Damasco que, finalmente, obliga a los turcos a firmar el armisticio. Movimientos revolucionarios en Alemania (motín del Kiel). Noviembre: Guillermo II abdica y se proclama la República Alemana. Alemania firma el armisticio. Comienza la descomposición del Imperio austrohúngaro: Carlos I abdica y en Austria se proclama la República. Poco después, también en Checoslovaquia y Hungría se proclama la República. Federico García Lorca publica *Impresiones y paisajes*.	Se convocan nuevas elecciones en medio de una grave crisis social, política y económica. Gana el liberal Manuel García Prieto. Por primera vez, concurre a las elecciones una coalición de izquierdas, formada, entre otros, por el Partido Reformista, la Federación Republicana, el PSOE, o el Partit Republicà Català.

	Rusia	El mundo y la cultura	España
1919		Enero: Conferencia de Paz de París bajo la dirección del Comité de los Cuatro (Wilson, Clemenceau, Lloyd George y Orlando, representantes de EE. UU., Francia, Gran Bretaña e Italia, respectivamente). 28 de junio: firma del Tratado de Versalles. En la India, Gandhi comienza la resistencia pacífica contra los británicos.	Elecciones ganadas por el conservador Antonio Maura. Huelga de la empresa eléctrica La Canadiense en Barcelona, que acaba convirtiéndose en general.
1920	Noviembre: fin de la guerra civil. Los blancos (zaristas) escapan al exilio.		Elecciones ganadas por el conservador Eduardo Dato.
1921		Carl Gustav Jung publica *Tipos psicológicos*.	Asesinato de Eduardo Dato. Nacimiento del PCE. Desastre de Anual.
1922-1939		Pío XI publica la encíclica *Quadragessimo anno*, sobre temas sociales.	
1922	3 de abril: Stalin es nombrado secretario general. 26 de mayo: Lenin sufre su primer infarto. 15 de diciembre: Lenin se retira de la política tras un segundo infarto. 30 de diciembre: fundación de La Unión de Repúblicas Socialistas Soviéticas (URSS).	Triunfo de Mussolini (fascismo), en Italia. Jacinto Benavente recibe el Premio Nobel de Literatura.	
1923		Italia, con Mussolini a la cabeza, se convierte en Estado fascista.	Golpe de Estado de Miguel Primo de Rivera e institución de la Dictadura.
1924	21 de enero: Lenin fallece y Stalin lo sucede al frente de la URSS.		
1926		John L. Bird inventa la televisión.	
1927			Pacificación de Marruecos.

Bibliografía escogida

ABRAHAM, Richard, *Alexander Kerensky: The First Love of the Revolution*, Columbia University Press, Nueva York, 1990.

ALEXANDER, gran duque de Rusia, *Always a Grand Duke*, Parrar & Rinehart, Nueva York, 1933.

ÁLVAREZ CHILLIDA, Gonzalo, *El antisemitismo en España: la imagen del judío (1812-2002)*, Marcial Pons, Madrid, 2002.

AMIS, Martin, *Koba, el Temible*, Anagrama, Barcelona, 2004.

AVILÉS FARRÉ, Juan, *Francisco Ferrer y Guardia: pedagogo, anarquista y mártir*, Marcial Pons, Madrid, 2006.

BUCHANAN, George, *My Mission to Russia and Other Diplomatic Memories*, 2 vols., Little Brown, Boston, 1923.

CANO BALLESTA, Juan, «Una imagen distorsionada de Europa: Miguel Hernández y su viaje a la Unión Soviética», *RILCE, Revista de Filología Hispánica*, núm. 1-2, 1985, pp. 200-203.

CASANOVA, Sofía, *La revolución bolchevista: diario de un testigo*, Biblioteca Nueva, Madrid, 1920. Existe una edición moderna publicada por el Instituto de la Mujer, 1990.

CHAVES NOGALES, Manuel, *El maestro Juan Martínez que estaba allí*, Asteroide, Barcelona, 2007.

—, *Lo que ha quedado del Imperio de los zares*, Renacimiento, Sevilla, 2011.

—, *La vuelta a Europa en avión: un pequeño burgués en la Rusia roja*, Asteroide, Barcelona, 2012.

Conquest, Robert, *The Great Terror: Stalin's Purge of the Thirties*, Oxford University Press, Oxford, 1968.

Courtois, Stéphane, *El libro negro del comunismo: crímenes, terror y represión*, Ediciones B, Barcelona, 2010.

Duranty, Walter, *Duranty Reports Russia*, The Viking Press, Nueva York, 1934.

Enzensberger, Hans Magnus, *Conversaciones con Marx y Engels*, Anagrama, Madrid, 2009.

Ferro, Marc, *Nicolas II*, Payot, París, 1990.

Figes, Orlando, *La Revolución rusa (1891-1924): la tragedia de un pueblo*, Edhasa, Barcelona, 2010.

Garrido Caballero, María Magdalena, *Las relaciones entre España y la Unión Soviética a través de las asociaciones de amistad en el siglo XX*, Universidad de Murcia, Murcia, 2006.

Gorki, Máximo, *Antología de cuentos*, Civilização Brasileira, São Paulo, 1961.

Gilliard, Pierre, *Thirteen Years at the Russian Court*, 1970, en <www.alexanderpalace.org/gilliard/>.

Gutiérrez, Pepe, *Evocación de Ángel Pestaña*, Portal Libertario Oaca, 20 de enero de 2011, en < www.portaloaca.com/historia/biografias/1240-evocacion-de-angel-pestana.html>.

Haffner, Sebastian, *Los siete pecados capitales del imperio alemán en la Primera Guerra Mundial*, Destino, Barcelona, 2006.

Isvolsky, Alexander, *Recollections of a Foreign Minister: Memoirs of Alexander Isvolsky*, Doubleday, Page & Company, Nueva York, 1921.

King, Greg, *The Last Empress, The Life and Times of Alexandra Feodorovna, Tsarina of Russia*, Replica Books, Londres, 1999.

Knox, Alfred, *With the Russian Army, 1914-1917: Being Chiefly Extracts from the Diary of a Military Attaché*, Hutchinson & Co., Londres, 1921.

Kropotkin, Piotr, *Memorias de un revolucionario*, Biblioteca Virtual Antorcha, 2006, en <www.antorcha.net/biblioteca_virtual/historia/memorias/indice.html>.

Leggett, George, *The Cheka: Lenin's Political Police*, Oxford University Press, Oxford, 1987.

Lensen, G., «The Attempt on the Life of Nicholas II in Japan»,

en *The Russian Review*, vol. XX, n.º 3, julio de 1961, pp. 238-239.
LONDON, Jack, *Amor a la vida*, Akal, Madrid, 1985.
LÓPEZ CORTEZO, Carlos, *Miguel Bakunin (apuntes biográficos)*, Zyx, Madrid, 1976.
MAYLUNAS, Andréi, y Serguéi MIRONENKO, *A Lifelong Passion*, Orian Publishing Group Ltd., Londres, 1996.
MCCAULEY, Martin, y Peter WALDRON, *Octobrists to Bolsheviks: Imperial Russia, 1905-1917 (Documents of Modern History)*, Hodder Arnold, Londres, 1984.
MONTERO, Eloy, *Lo que vi en Rusia*, Luz y Vida, Madrid, 1935.
MOUCHANOW, Marfa, *My Empress*, John Lane, Nueva York, 1918.
NIKOLÁIEVNA, Olga, *Estoy viva: las memorias inéditas de la última Románov*, Martínez Roca, Madrid, 2012.
PESTAÑA, Ángel, *Setenta días en Rusia: lo que yo vi*, Cosmos, Barcelona, 1924.
PRICE, Kent de, *Diary of Nicholas II, 1917-1918: An Annotated Translation*, The University of Montana, 1965.
POURICHKEVITCH, Vladimir, «Comment j'ai tué Raspoutine», en *Pages de Journal*, J. Povolozky & Co., París, 1924.
RADZINSKY, Edward, *Stalin: The First In-depth Biography Based on Explosive New Documents from Russia's Secret Archives*, Anchor, Nueva York, 1997.
—, *El último zar*, Plaza & Janés, Barcelona, 1994.
RADZLWILL, Catherine, *Behind the Veil at the Russian Court*, John Lane, Nueva York, 1914.
—, *The Intimate Life of the Last Tsarina*, The Dial Press, Nueva York, 1928.
RAKOVSKY, Christian, «The Origins of the *Potemkin* Mutiny», en *Revolutionary History*, vol. 8, n.º 2, 2002, pp. 65-74.
RAPPAPORT, Helen, *Ekaterinburg: The Last Days of The Romanovs*, Windmill, Londres, 2009.
—, *Las hermanas Románov*, Taurus, Madrid, 2015.
REED, John, *Diez días que estremecieron al mundo*, Akal, Madrid, 2014.
REEVES, P., *Russia from the American Embassy*, Scribner's Sons, Nueva York, 1921.

REGAN, Geoffrey, *Historia de la incompetencia militar*, Crítica, Barcelona, 2001.
RÍOS, Fernando de los, *Mi viaje a la Rusia sovietista*, Alianza Editorial, Madrid, 1970.
ROBINSON, James Harvey, y Charles BEARD, *Readings in Modern European History*, vol. 2, Ginn and Company, Boston, 1908.
SANZ GUITIÁN, Pablo, *Viajeros españoles en Rusia*, Compañía Literaria, Madrid, 1995.
SÁVINKOV, Borís, *El caballo negro*, Impedimenta, Madrid, 2015.
SHENKMAN, Yan, «El destino de los asesinos del último zar», en *Russia beyond The Headlines*, 15 de julio de 2013, en <https://es.rbth.com/cultura/2013/.../el_destino_de_los_asesinos_del_ultimo_zar_3005>.
SMITH, Douglas, *El ocaso de la aristocracia rusa*, Tusquets, Barcelona, 2015.
TOLSTOI, Alexandra, *I Worked for the Soviet*, Yale University Press, New Haven, 1934.
TROTSKI, León, *Terrorism and Communism*, 1920, en <www.marxists.org/archive/trotsky/1920/terrcomm/index.htm>.
—, *Mi vida: memorias de un revolucionario permanente*, Debate, Barcelona, 2006.
—, *Mis peripecias en España*, España, Madrid, 1929.
—, *En España*, Akal, Madrid, 1975.
—, «La visita de León Trotski a España», en <http://recuerdosdepandora.com/historia/la-visita-de-leon-trotsky-a-espana/>.
URBACH, Karina, *Go-Betweens for Hitler*, Oxford University Press, Oxford, 2015.
VALERA, Juan, *Cartas desde Rusia*, T. I, Afrodisio Aguado, Madrid, 1950.
VILALLONGA, José Luis de, *Memorias no autorizadas: otros mundos, otra vida*, Planeta, Barcelona, 2001.
VV. AA., *The Black Book of Communism: Crimes, Terror, Repression*, Harvard University Press, Harvard, 1999.
WHEEN, Francis, *Karl Marx*, Debate, Barcelona, 2015.
WILSON, Edmund, *Hacia la estación de Finlandia*, Alianza, Ma-

drid, 1972 (reed.: *Hacia la estación de Finlandia: ensayo sobre la manera de hacer y escribir historia*, RBA, Barcelona, 2001).

YAKOVLEV, Alexander, *A Century of Violence in Soviet Russia*, Yale University Press, New Haven, 2002.

Índice alfabético

Los números en cursiva remiten a las ilustraciones.